기독교문서선교회 (Christian Literature Center: 약칭 CLC)는 1941년 영국 콜체스터에서 켄 아담스에 의해 시작되었으며 국제 본부는 미국 필라델피아에 있습니다.
국제 CLC는 59개 나라에서 180개의 본부를 두고, 약 650여 명의 선교사들이 이동 도서차량 40대를 이용하여 문서 보급에 힘쓰고 있으며 이메일 주문을 통해 130여 국으로 책을 공급하고 있습니다. 한국 CLC는 청교도적 복음주의 신학과 신앙 서적을 출판하는 문서선교기관으로서, 한 영혼이라도 구원되길 소망하면서 주님이 오시는 그날까지 최선을 다할 것입니다.

최 동 규 박사 | 서울신학대학교 실천신학 교수

침체된 한국교회를 염려하는 사람마다 현재의 위기를 타개할 수 있는 미래적 대안을 찾지만 쉽게 답을 얻지 못하고 있다. 이런 현실에서 혜안을 얻을 수 있는 탁월한 연구서가 나왔다. 본서는 지금까지 한국교회가 성장하고 발전해 온 이유를 사회 문화적 관점에서 찾는다.

선교 초기부터 최근까지 한국교회는 나름대로 사회 문화적 요구와 필요에 적절하게 반응함으로써 빠른 성장을 구가해 왔지만 압축적 근대화의 논리에 편승한 나머지 여러 가지 부작용에 시달리고 있다. 게다가 포스트모던 문화의 영향 아래 새롭게 출현한 사회 문화적 욕구와 도전에 응답해야 하는 과제를 안고 있다. 이런 한국교회를 향해 저자는 과거의 영광에 안주하지 말고, 문화적 현상과 흐름을 정확하게 읽어내고, 과거의 신앙적 행태에서 무엇이 문제였는지를 비판적으로 성찰함으로써 오늘에 제기되는 문제들에 올바르게 응답해야 한다고 역설한다.

본서는 단순히 한국교회의 성장을 다룬 수많은 평범한 서적 중 하나가 아니다. 저자는 지금까지 그 어떤 학자도 시도하지 않은 매우 독특한 시각으로 한국교회의 성장 원인을 추적하고 있다. 한국의 상황에서 '성장'이라는 용어가 전적으로 부정적인 의미로만 사용되어 왔지만, 저자는 부정과 긍정 양면을 아우르는 균형 잡힌 시각으로 객관적인 분석을 시도한다. 특히 다양한 소재와 영역을 넘나들면서 탁월한 아이디어를 쏟아내는 사회 문화적 분석은 저자의 풍부한 신학적 식견과 예리한 통찰력을 엿볼 수 있게 한다. 한국교회의 과거와 현재를 이해하고 진지하게 한국 기독교의 미래 방향과 목회적 대안을 찾는 목회자와 신학생이라면 반드시 읽어봐야 할 책이다.

정 재 영 박사 | 실천신학대학원대학교 종교사회학 교수

한국의 기독교는 한때 서양에서 기독교를 중심으로 한 종교의 쇠퇴를 논할 때 반증 사례로 거론되었을 정도로 비교적 짧은 시기에 우리 사회를 대표하는 종교로 급성장하였다. 본서는 바로 이 점에 천착하여 쓰였다.

저자 스스로 밝혔듯이, 기독교의 회심과 성장에 관심을 둔 신학자이지만, 단순히 신학적 요인이나 교회 내적 요인만이 아니라 사회적 요인까지 아우르며 관심의 지평을 넓히고 있다.

저자는 서양과 같은 지배 종교의 위치가 아니라 신흥 종교로서의 기독교가 우리 사회에서 어떻게 타당성 구조를 형성하며 신자들을 늘려 왔는가를 매우 촘촘하게 밝혀 보여 주며 자신의 틀 안에 갇혀 있는 좁은 신학자의 경계를 넘어서고 있다. 신학적 관점을 견지하면서도 보다 폭넓게 한국 기독교의 성장 이야기를 살펴보고자 한다면 놓쳐서는 안 될 책이다.

한국 기독교의 성장 내러티브

이 저서는 2015년 정부(교육부)의 재원으로 한국연구재단의 지원을 받아 수행된 연구임
(NRF-2015S1A6A4A01013615)
This work was supported by the National Research Foundation of Korea Grant funded by the Korean Government(NRF-2015S1A6A4A01013615)

한국 기독교의 성장 내러티브
The Growth Narratives of Korean Christianity

2019년 3월 15일 초판 발행

| 지은이 | 김선일 |

편집	변길용
디자인	박인미
펴낸곳	(사)기독교문서선교회
등록	제16-25호(1980.1.18)
주소	서울특별시 서초구 방배로 68
전화	02-586-8761~3(본사) 031-942-8761(영업부)
팩스	02-523-0131(본사) 031-942-8763(영업부)
이메일	clckor@gmail.com
홈페이지	www.clcbook.com
송금계좌	기업은행 073-000308-04-020 (사)기독교문서선교회

ISBN 978-89-341-1923-4 (93230)

이 도서의 국립중앙도서관 출판시 도서목록(CIP)은
서지정보유통지원시스템 홈페이지(http://seoji.nl.go.kr)와 국가자료공동목록시스템
(http://www.nl.go.kr/kolisnet)에서 이용하실 수 있습니다. (CIP제어번호: CIP2018041791)
이 책의 저작권은 저자와 (사)기독교문서선교회가 소유합니다.
신저작권법에 의하여 한국 내에서 보호받는 저작물이므로 무단 전재와 무단 복제를 금합니다.

한국 기독교의 성장 내러티브

김선일 지음

CLC

목차

추천사1	최동규 박사 | 서울신학대학교 실천신학 교수	1
추천사2	정재영 박사 | 실천신학대학원대학교 종교사회학 교수	2

들어가면서		8
제1장	한국 기독교의 성장을 보는 몇 가지 관점	13
제2장	기독교의 성장과 문화적 구조	39
제3장	한국 문화에서의 기독교 수용	63
제4장	기독교의 한국 정착에서 나타난 특징들	94
제5장	현대 한국 문화와 기독교의 성장: 생존의 시대	124
제6장	생활의 시대와 기독교의 성장	171
제7장	행복의 시대와 기독교의 성장	218
제8장	의미의 시대와 기독교의 성장	246
제9장	한국 기독교의 새로운 타당성 서사(plausible narrative)를 찾아서	281
나가면서	다시 한국 기독교의 성장을 생각한다	307

참고 문헌	316

들어가면서

김 선 일 박사
웨스트민스터신학대학원대학교 실천신학 교수

몇 년 전에 중국에서 종교 문화를 연구하는 학자들과 종교 학술 포럼을 가진 일이 있다. 그들은 사회 속에서 종교의 역할을 객관적으로 연구하고 싶어 했는데, 특히, '한국 기독교'가 무엇인지 알고 싶다고 했다. 미국을 비롯한 서구교회와 신학자들과도 많은 접촉했지만, 바로 이웃인 한국에서 기독교가 그토록 크게 성장을 한 이유가 궁금하며, 또한 한국 사회에서 기독교는 어떠한 기능을 하고 있으며, 현재는 어떠한 문제를 안고 있는지 알고 싶다는 것이었다. 기독교가 세계에서 가장 지배적이고 유력한 종교이지만, 그건 주로 서구 세계에서 형성된 현상이었다.

물론 최근에는 아프리카와 남미에서 기독교 성장이 가장 괄목할 만하긴 하지만, 20세기 한국은 비서구권 국가 중에서는 양적으로나, 질적으로나 유례없는 기독교 성장을 이루었다. 전체 인구 대비 기독교인 비율을 따지자면 아프리카에는 인구의 절반 이상이 기독교인인 나라들이 많으며, 심지어 케냐의 경우는 80%가 기독교인이다. 기독교 인구수만 보더라도 중국이나 인도는 기독교가 소수 종교임에도 절대 인구수가 많은 탓에 한국과 비교되지 않는다. 하지만 질적 차원에서 보자면 한국 기독교는 교회의 자립성, 신학 교육 수준, 목회자 배출, 사회적 영향력에서 아마도 미국에 이어 가장 강력한 기독교 사회를 이루고 있다 해도 과언이 아니다.

물론 질적 차원에서 기독교의 윤리성과 사회적 신뢰도를 중요한 기준으로 삼는다면 내세울 것이 없으나 여기서는 기독교의 유, 무형적 자산만을 고려해 보자.

기독교가 한국의 주요 종교들 가운데서 가장 최근에 도입됐음에도 불구하고, 이러한 사회적 비중과 영향력을 지니고 있다는 점은 놀라운 현상이다. 따라서 기성 기독교인 중에는 우리나라를 기독교 국가의 전형인 미국에 버금가는 반열에 놓기도 한다. 심지어는 선민 이스라엘의 계승자로 보기도 한다. (최근 한국 사회의 진보적 변화에 대항하는 태극기 집회에 많은 기독교인이 참여하며 성조기와 이스라엘 국기를 흔드는 것을 보라.)

필자가 만난 중국의 학자들은 비서구 사회이고 전통적인 가치관도 여전히 강한 한국에서 어떻게 해서 기독교가 이처럼 강력한 사회적 지위를 얻게 되었는지, 그리고 한국의 정치, 경제적 발전에 건설적으로 기여한 바가 무엇인지 궁금해했다. 그들의 의문은 곧 나의 학문적 관심사로 이어졌다. 물론, 필자의 전공이 '전도학'인 탓에 개인적으로 추정하던 한국 기독교 성장의 일반적 원인이 늘 머릿속을 맴돌고 있었다. 그렇게 흩어져 있던 생각들을 모으고, 관련 자료들을 좀 더 살펴보면서, 현대 한국 기독교 성장의 동력을 추적하고자 본서를 쓰게 되었다. 한국 기독교사의 문헌들을 보니 초기 기독교의 정착과 형성에 대한 자료와 연구들은 적잖이 접할 수 있었다. 하지만 한국 기독교가 본격적으로 성장하며 사회의 중추적 역할을 하게 된 20세기 중반 이후에 관한 분석이 상대적으로 적었다.

현재 한국교회는 2015년 종교 인구 조사에 의하면 통계적으로는 성장했다고는 하지만, 현실적으로 많은 목회자를 만나 보면 공통으로 상당한 위기의식을 느끼고 있다. 통계상의 결과와는 달리 기독교 내적으로는 성장 동력이 떨어지고, 이전과 같은 열정과 상승의 분위기를 찾아보기 힘들다는 것이다. 교회 내부에서는 교회 안 다니는 그리스도인이라 불리는 가나안 교인 현상, 주일학교의 동공화로 인한 다음 세대 신앙 전승의 위기에 관한 우려가 들려온다.

필자는 현재 한국 기독교가 안팎으로 상당한 도전과 위기를 맞이하면서도, 사회 내의 기독교 지분은 완숙한 경지에 이르는 역설적 시기를 겪고 있다고 진단한다. 고령화 시대로 접어들면서 기존의 교인들이 지속해서 습관에 따라 교회를 출석하고 헌금하며, 교회를 '지키고 있는' 반면, 젊은 세대일수록 신앙의 이탈이 점점 가속화되어 간다. 비록 종교 인구 집계에서는 개신교인으로 분류되나, 사실상 기독교 신앙 생활은 하지 않는 명목상 교인들이 늘어난다는 추정도 가능하다. 따라서 현대 대한민국에서 개신교가 최대 종교가 되었다고 하지만, 어쩌면 이미 정점을 치고 내려가는 단계일지 모른다는 의문을 떨칠 수 없다.

1920년대는 이미 자동차가 발명돼서 상용화를 앞둔 시기였다. 그런데 이 시기에 가장 인기 있고 번창했던 운송 수단은 마차였다. 제조업자들은 마차에 화려한 장식과 견고한 장치들을 마련해서 고가에 팔았고, 그러한 마차를 소유한 이들은 가장 빼어나고 오랫동안 과시할 수 있는 운송 수단을 지니고 있음을 과시하곤 했다. 이미 현실로 닥친, 얼마 뒤 곧 일어날 운송 수단의 대변화를 모르고 말이다.

지난 2015년 통계청의 종교 인구 조사 결과는 자칫 한국 기독교가 역사 속으로 곧 사라질 화려한 마차의 시대라는 주문에 빠지게 할 수 있다. 물론, 그 결과 또한 한국 기독교의 위상과 성장에 대해 시사하는 바가 분명히 있다. 그러나 그 결과에 도취할 것이 아니라, 좀 더 역사적이고, 거시적인 틀에서 성장 궤적을 분석할 필요가 있다.

필자가 주목하고자 하는 바는 그동안 한국 기독교를 성장시킨 외적, 상황적 동력이다. 이를 필자는 현대 한국의 문화 변동 속에서 기독교가 어떻게 사회 흐름과 조우하고, 문화 변화를 포교에 유리한 환경으로 삼았느냐는 것이다.

물론 이는 기독교의 내적이며, 교리적 시스템과 무관하지 않다. 그래서 외적, 내적 상호성을 함께 보아야 할 것이다. 일단 명토 박아두고 싶은 것은, 필자는 역사 사료들을 부지런히 발굴하여 가급적 편견을 버린 채 객관적, 중립적 서술을 하는 역사학자는 아니라는 점이다.

기독교의 회심과 성장이라는 가치 지향적 연구를 하는 신학자로서, 필자는 현대 한국 기독교 성장의 궤적을 해석하는 데 더 관심이 많을 수밖에 없다. 이를 위해 주로 관심 가진 해석 방법은 현대 한국의 사회 문화 상황에서 기독교가 우호적으로 정착하며 성장의 동력을 얻을 수 있었던 '타당성 구조들'(plausibility structures)이 무엇이냐에 주목하는 것이었다. (문화는 사회를 기반으로 하기 때문에 여기서 '문화'에는 사회 현상과 실체들을 모두 포함한다.)

종교사회학적 용어인 타당성 구조라는 틀을 통해, 필자는 1950년대 이후 한국 사회에서 기독교가 정치적, 경제적, 문화적으로 어떻게 설득력과 호혜적 지위를 지닐 수밖에 없었는지를 살펴보려 한다. 현대 한국 사회의 정치, 사회적 의식을 지배해 온 반공과 근대화의 패러다임, 그리고 미국 문화의 수입과 의존을 통한 현대 한국 문화의 형성은 기독교가 체제와 더불어 비약적으로 성장할 수 있는 발판이 되었을 것이다. 이러한 해석의 틀을 위한 전례로써 1세기 초기 기독교의 성장, 미국 문화와 기독교의 교류, 1950년대 이전에 형성된 한국 기독교 성장의 토대 등을 먼저 고찰할 것이다.

1950년대 이후의 한국 사회를 정신적 가치의 변동 차원에서 조명하는데, 그것은 탁석산 선생이 정립한 구도인 생존의 시대-생활의 시대-행복의 시대-의미의 시대라는 틀을 차용할 것이다. 그의 기본 틀을 차용은 하지만, 자료 적용과 해석은 오로지 필자의 몫이다.

제1장

한국 기독교의 성장을 보는 몇 가지 관점

기독교는 한국의 현대사에서 가장 두드러지게 성장했으며, 그 영향력도 계속 커졌다. 짧은 역사 속에서도 한국 기독교는 급속도로 성장해 왔다. 최근에는 아프리카와 중남미, 심지어 중동 지역에서도 기독교가 폭발적으로 부흥하는 현상이 나타나고 있지만, 20세기 비서구권 지역에서, 그것도 빠른 시기에 자립하며 해외로도 많은 선교사를 파송할 정도의 역량을 지닌 곳은 한국교회가 거의 유일하다 해도 과언이 아니다. 교인 수와 교인들의 열심, 신학 교육 기관과 목회자 수, 교회의 재정, 기독교의 사회적 위치 등을 모두 고려할 때, 한국은 기독교 영역에서만큼은 미국이나 영국과 같은 제1세계로 분류되기에 충분하다.

하지만, 이와 같은 급속한 양적, 질적 팽창이 불러온 후유증과 부작용이 만만치 않다. 한국교회와 목회자들이 사회의 도덕적, 윤리적 기대에 부응하지 못해 신뢰도가 하락하는 그것은 모두가 아는 바이고, 문화적으로도 한국 기독교는 과거와 같은 선도 역할을 감당하지 못하고 있다. 물론, 한국 기독교가 성장할 수 있었던 가장 유력한 요인을 뽑자면, 당연히 기도와 전도로 대표되는 신앙 열심을 들 수 있을 것이다.

이를 영적 성장 동력이라고 칭해 보자.

한국교회에는 복음이 처음 전파되던 때부터 근 100년 동안 풍성한 영적 성장 유산들을 축적해 왔다. 사경회와 권서인, 평양대부흥운동, 새벽 기도와 통성 기도, 부흥회, 전도 집회, 경배와 찬양 등이 그러한 것들이다.

그러나 이와 같은 다양한 영적 시도들은 사회-문화적 상황과의 결합 속에서 가시적 효과를 보게 된다. 한국 현대사의 굴곡과 시련 속에서 기독교는 민초들의 삶과 긴밀하게 함께 했다. 사람들에게 희망이기도 하고 원망이기도 하였고, 활력의 근원이자 고단한 삶의 위로자이기도 했다.

어쨌든, 기독교는 20세기 한국 사회의 근대화와 대중 동원, 그리고 성장에 대한 열망을 일으키는데 최적화된 종교의 축이었다. 그러는 가운데 사회와 사람들의 삶을 선도하는 기능을 하였고, 이러한 기능 속에서 교회의 각종 종교 활동들은 영향력을 확대해 갈 수 있었다.

21세기에 들어서면서, 한국 사회를 결속시키고 긴장시켰던 사회-문화적 상황이 이완되자 그러한 상황에 부응하며 적실한 인도자의 기능을 했던 교회의 설득력도 감소하기 시작한다. 사실 한국의 현대사는 위기로부터 자유로웠던 때가 거의 없었다 해도 과언이 아니다.

일제 강점기 식민 통치에서의 암울함, 전쟁과 기근, 질병 앞에서 목숨을 부지해야 했던 궁벽함, 독재 정권과 군사 정권 아래서의 억압, 계속되는 안보의 위기 등은 현대 한국인의 삶에서 보다 강력하고 안정적인 보호처를 찾게 만들었다. 기독교, 그것도 국가적 '은인'과도 같은 미국 및 서방의 종교인 기독교가 그와 같은 역할을 제공하는 것은 당연했다.

기독교가 위기로부터의 호신 기능만을 수행한 것이 아니다. 근대화, 경제 성장, 향상된 삶의 열망에서도 기독교는 이상적인 모델인 서구 사회를 비추는 거울이었다. 이는 한국인들에게 희망과 행복한 삶의 동력을 선사했다. 비록 한국에서 기독교가 다수의 종교가 된 것은 비교적 최근의 현상이지만, 현대 한국인들의 집단 정서와 열망에서 기독교는 든든한 동반자였다. 문제는 20세기를 지나면서, 이러한 기독교의 설득하는 구조와 동반자 기능이 퇴색되고 있다는 점이다. 과거의 위상에서 영적인 활동들에 열심을 냈던 것과 현재의 달라진 위상에서 영적인 접근과 활동은 다를 수밖에 없다.

특히, 기독교는 지난 100년간 한국 사회에서 영향력은 꾸준히 상승하여 이제는 최고조로 올라왔지만, 기독교가 지니는 공신력은 영향력과는 반비례하면서 감소하고 있는데 이는 선교의 위기를 불러일으킬 (아니, 이미 일어났다고 해야 더 정확한) 심각한 사안이기도 하다. 따라서, 본서는 현대 한국의 사회, 문화 변동 속에서 기독교의 역할을 관찰하며, 현대 한국인들은 교회를 통해 어떠한 복음적 의미를 더듬고 찾아왔는가를 탐색하고자 한다.

그동안 한국 사회의 초기 기독교 수용에 대한 연구는 비교적 활발했던 것으로 보인다. 이에 대비해 현대 한국 문화와 기독교 성장의 관계 연구는 그리 눈에 띠지 않는다. 물론 기독교의 성장 자체를 논한 자료들은 더러 있다. 이러한 자료들은 주로 교회 내부의 동력, 내지는 일반적 여건 속에서 한국 기독교 성장의 원인을 찾으려 한다. 그러나 종교와 문화의 관계가 긴밀하다면, 그리고 문화적 틀에서 특정 종교가 수용되고 성장할 수 있는 모판을 발견할 수 있다면 현대 문화 속에서 기독교의 성장에 대한 입체적 시각을 가질 것이며, 이는 교회의 사회를 향한 신학적, 선교적 태도에 중요한 의미를 제공할 것이다.

신학자 폴 틸리히는 "궁극적 관심으로서의 종교는 문화에 의미를 부여하는 실체이며, 문화는 종교의 근본적 관심이 표현하는 총체적 형식"이라고 주장했다.[1] 종교는 문화를 구성하는 재료가 되며, 그렇게 형성된 문화는 종교의 신념을 반영하는 것이라는 의미이다. 문화와 종교는 대면과 교류를 통해 서로의 존재를 보완하고 보강하는 상호 작용을 할 수밖에 없다. 종교가 인간의 궁극적 관심을 다룬다면, 문화가 그 관심을 담아내는 형식으로 적절하게 기능할 때 해당 종교는 그 사회와 문화에서 두드러진 역할을 하게 된다. 문화와 종교의 관계는 긴밀하다.

한국의 현대 문화에서도 기독교는 상당한 토대적 기반을 제공한다. 한국의 사회 문화 변동과 이에 부응하는 기독교의 정신적 가치 제공이라는 문화와 종교 간의 상호 교류는 현대 한국 문화에서 기독

---

1   Paul Tillich, *Theology of Culture* (London: Oxford University Press, 1959), 42.

교의 견고한 성장을 가능하게 했던 핵심 요인으로 주목할 필요가 있다. 문화적 상황에 적응함이 없이 종교가 그 역할을 확대하기란 어렵기 때문이다. 종교와 문화 간의 개념적(기독교의 교리나 진리) 접촉은 그 문화에서 종교가 뿌리내리고 꽃을 피울 수 있는 직접적 토양을 조성하게 된다.

본서에서는 사람들의 총체적 생활 양식과 공통의 정신적 가치라는 범주에서 문화에 접근하고자 한다. 문화는 인간의 심미적 관념과 정서가 겉으로 표현되고 연출되는 문학, 미술, 영화, 음악뿐 아니라, 특정 시기에 특정 집단이 공유하는 생활 양식이기도 하다. 그러한 생활 양식은 그 집단의 다수가 견지하는 정신적 가치를 반영한다. 본서는 현대 한국 문화에서 사람들의 어떠한 집단적 관심사와 가치에 기독교가 효과적으로 대응하며 사회에서의 저변을 확대해갔는지를 종교, 역사, 사회적 문헌 연구를 통해 살필 것이다.

현대 한국 사회에서 기독교가 비서구권 국가들 가운데서 타의 추종을 불허하는 교회의 성장을 이룬 데에는 이와 같은 문화에서 나타난 정신적 가치의 문제를 놓고 교회가 씨름하며 그에 부응하는 답을 제공하고자 했기 때문이다. 그러한 시도가 본의 아니게 이루어질 수도 있고, 긍정이나 부정 어느 한쪽으로 일방적으로 평가하는 것은 금물이다. 이는 기독교가 자연스럽게 상황화, 또는 토착화되어 간 과정이기에 여기에는 현대 문화와의 혼합주의 및 복음의 왜곡과 같은 부정적 문제뿐 아니라 문화와 공감하고 연대해가는 긍정적 측면도 있다.

어쨌든, 한국 현대 역사는 독특한 기독교 성장의 이야기를 지니고 있다. 이 성장 이야기에는 한국인의 집단적 정서와 문화 상황이 절묘하게 결합하여 나타난다. 이러한 추적을 토대로 필자는 한국 현대사에서의 기독교 성장에 대한 심층적이며 유기적 이해를 시도하면서, 21세기 상황에서 한국 기독교가 자신을 객관적으로 성찰하고 도약의 재 발판을 마련하기를 바라는 소박한 희망과 제언을 내놓고자 한다.

1. 한국 기독교 인구의 흐름

20세기 한국 기독교의 성장은 경이적이었다. 특히, 비서구권에서는 가장 충실하고 모범적인 성장이었으며, 양적 성장뿐 아니라 질적 성장에서도 서구의 기독교 세계권 밖에서는 가히 독보적이라 평가해도 무방할 것이다. 최근에 와서 성장세가 주춤했다는 분석과 통계가 나오기도 했으나, 이미 기독교는 한국 사회에서 가장 주요한 종교로 정착된 상태이다.

대한민국 통계청에서는 1995년부터 인구 주택 총 조사에서 종교 인구 조사를 포함해 왔는데, 지난 85년 집계에 따르면 개신교는 6백 48만 명으로, 불교의 신도 수 8백 5만 명에 이어 2위였으며 천주교는 1백 80만 명이었다. 10년 뒤인, 1995년 조사에서 개신교 인구는 876만 명으로 200만 명 이상이 늘었으며, 천주교도 295만 명으로 상당한 성장 동력을 보여줬다. 이 기간의 종교 인구 증가는 비단 기독교권(개신교와 천주교)에 국한되지 않았다.

한국의 대표적 종교인 불교는 1995년에 신도 수 1천만 명을 넘어서 1,032만 명에 전체 인구의 23%를 차지하게 된다. 적어도, 통계청

인구 조사(1985년 이후)의 표면적 결과에 근거해 볼 때 개신교 인구가 성장하던 시기에 불교와 천주교도 비슷한 수준에서의 동반 성장이 이루어졌다는 것이다.

이는 현대 한국의 사회, 문화적 상황에서 각 종교가 사람들의 정신적 가치와 동력에 골고루 영향을 미쳤으리라 짐작하게 한다. 사실, 공식 통계는 없지만, 한국 기독교는 한국 전쟁 이후부터 1980년대 중반까지 여러 종교 가운데 독보적인 성장의 행보를 해 온 것으로 보인다. 오히려 통계청의 종교 인구 조사가 시행된 1980년대 중반부터는 성장의 기세가 둔화되기 시작한 시점이었다. 대부분 교단이 1970년대 후반까지 가장 큰 성장세를 보였다.[2]

20세기 후반부터 한국 기독교의 성장세가 완화되는 흐름은 2005년 통계청 종교인구조사에서 확연히 드러났다. 개신교 인구는 861만 명으로 나와 10년 전인 1995년에 비해 소폭 하락(16만 명 감소/-1.6%)했다. 불교 인구 10년 전 1032만 명에서 1072만 명으로 소폭 성장(40만 명 증가/+3.9%)하였으나, 이 당시 전체 인구가 5.6% 성장한 것을 볼 때 사실상의 성장이라고 보긴 힘들었다. 물론 개신교 인구의 감소 폭은 불교보다 더 컸다.

이 시기에 가장 비약적 성장을 보여 준 종교는 천주교였다. 천주교는 95년의 295만 명에서 2005년에는 514만 명으로 74.4%가 늘어나는 인상적인 성장의 결과를 보여줬다.

---

2 한국기독교역사학회, 『한국 기독교 역사 III』(서울: 한국기독교역사연구소, 2009), 120-121. 각 교단에서 발표한 교세 성장률을 봐도, 1970년대까지는 매년 10~20%의 교인 증가세를 보이다, 1980년대부터 5% 이하로 성장률이 둔화한다. 교단 자체의 교세 통계 발표는 상대적으로 객관성이 떨어짐에도 이러한 현상이 나타난다.

2005년도 조사에 기준으로 해서 한국 내 대표적인 3대 종교의 각 인구 분포는 불교 22.8%, 개신교 18.3%, 천주교 10.9%로 나타난다. 총인구 대비 종교 인구는 53.1%로서, 1995년에 50.7%에 비해 늘어났다. 비록 불교가 이때까지 종교 인구 1위를 유지하고 있었으나, 불교의 취약한 확장성은 자체적으로도 감지되었다.

일단 불교 신자들은 개신교와 천주교보다 평균 연령이 높으며, 젊은 세대들에게서 실질적인 포교가 활성화되지 못했다. 게다가, 지역적으로 주로 영남 지역에서는 강세를 보이지만 수도권에서는 취약한 편중성을 보여 왔다. 신도시들이 건립되고, 문화적인 삶의 질이 높아질수록 불교와는 거리가 먼 경향을 보였다. (이에 대해서는 불교계 언론이 지적하는 바이기도 하다.)

이러한 경향은 2015년 인구 주택 총조사 결과에 잘 나타난다. 불교의 신자 수는 761만 명(15.5%)으로 무려 300만 이상이 감소되는 현상이 나타났다. 반면 2005년에 소폭 감소했던 개신교는 신자 수가 10년 전보다 106만 명이 오른 967만 명으로 한국의 1위 종교(19.7%)로 등극했다. 또한, 10년 전 비약적 성장을 보인 천주교는 514만에서 389만 명(7.9%)으로 다시 125만 명이 감소하는 기현상을 보인다.

그동안 개신교의 교세가 지속해서 약화된다는 것이 통념적 체감이자 판단이었는데, 이런 결과는 기존의 예측과 크게 달랐고 더군다나 천주교의 하락은 더욱 예상치 못했던 것이었다. 반면, 불교의 교세에 대해서는 자신을 불교도라고 표명은 하지만 실질적인 불교도로서의 종교 활동이 거의 없던 이들이 상당수에 달했을 것으로 짐작되었기에 현실에 가까운 결과가 나온 것이라는 예상도 많다.

2015년 종교 인구 조사 결과를 해석하는 여러 목소리가 등장했다. 우선 조사 방법의 변화를 지적하는 문제 제기가 있었다. 2005년까지는 전수 조사였으나 2015년부터는 20% 표본 조사에 인터넷과 행정 자료들을 통합한 조사 방식을 취하기 때문에 전수 조사보다 정확하지 못한 결과가 나온 것이 아닌가 하는 의심이다.

그러나 이러한 의심은 그리 오래가기 힘들다. 왜냐하면, 일단 전 국민의 20% 표본이면, 조사 대상자가 1천만 명이 넘기 때문에 표본으로서의 정확도가 여타 표본 조사와는 비교가 될 수 없이 전수 조사에 근접한 수치이다.

예를 들어, 2014년에 한국갤럽에서 한국의 종교에 대한 실태 조사를 할 때 표본 수는 19세 이상 남녀 1,500명에 불과했다. 그러한 통상적인 조사 기관들의 표본 수와 비교할 때 통계청 조사는 전수 조사에 버금가는 정확도에 이르다 해도 과언이 아니다.

조사 방식의 변화로 인한 차이라는 해석도 있다. 과거의 전수 조사 경우에는 조사원이 다니는 낮에 주로 노인이나 주부들이 가구원들을 대신해서 작성하는 경우가 많으므로 평균 연령이 높은 종교에 더 유리한 결과를 낳았을 것이고, 이는 실제 종교 인구 실태를 정확하게 반영하지 못할 것이라는 지적도 있다. 개신교보다 불교와 천주교가 더 오래된 종교인 것은 사실이며, 개신교가 항상 젊은 층에서 교세가 더 강하기 때문이다.

일반 표본 조사는 개인 조사지만, 통계청 조사는 가구 조사 방식을 취했기에 개개인의 종교가 반영되지 못할 수 있다. 반면, 2015년 조사에는 행정 자료들을 포함했기에 상대적으로 젊은 층이 직접 가족이 아닌 자기 개인의 종교 성향을 드러내면서 개신교가 더 높게 나왔을 가능성이 있다.

유일하게 성장한 것으로 집계된 개신교 인구가 실질적인 종교인 구가 아니라는 주장들도 많다. 2005년 감소세가 이어지리라고 전망할 수밖에 없었던 목회자들의 성추행, 대형교회 세습, 사회적 물의를 일으키는 발언과 행동 등 대 사회적 이미지 추락의 사건들이 계속 터졌기 때문이다.

게다가 최근에 주목하고 있는 소속 없는 종교성의 개신교 버전으로서 소위 '가나안 성도', 즉 교회 안 나가는 기독교인이 증가해 왔기 때문이다. 그래서 뜻밖의 개신교 성장을 이와 같은 가나안 성도의 증가와 신천지와 같은 이단들의 증가에 기인한 것으로 보는 시각도 있다. 하지만 가나안 성도나 개신교 관련 이단들이 2005년 조사보다 개신교 외부에서 유입됐을 가능성은 약하다.

가나안 성도 같은 경우 종전에 스스로 개신교적 정체성을 갖고 있다가 나중에 탈 개신교인으로 표기했을 가능성은 있지만, 그 반대로의 가능성은 추론하기 어렵다. 또한, 이단의 증가를 통한 설명도 비 개신교인들이 이단에 포섭되어 이단 교파의 교인이 된 다음에 자신을 개신교인으로 표기했을 가능성도 경험적으로 볼 때 그리 높게 추측하기는 힘들다. 대체로 개신교인들 가운데 이단에 의해 포섭되는 경향이 더욱 뚜렷하기 때문이다. 더군다나 이단의 규모에 대한 객관적 정보가 부재하거나 미약하므로 가능성을 논하기 어렵다.

필자는 조심스럽게 2005년 이후 한국 개신교가 실제로 성장했을 가능성도 있다고 본다. 사회, 문화적 여건이 그러한 가능성을 뒷받

침할 수 있다. 2005년 조사 시점에 한국 사회에는 과거사 청산과 개혁의 진통이 있던 시기였으며, 이러한 상황에서 일부 교회들은 당시 정권과 사학법 등의 문제로 대립하기도 했다. 반면, 2015년 조사 시점의 한국 사회에서는 과거 산업화 세력 내지는 그들과 우호적인 이들이 주류를 이루었다. 이러한 시대 지배 세력의 차이는 사회적 분위기에서도 차이를 내며 사람들이 특정 종교에 대한 친밀감이나 거리감을 느끼게 할 수 있다.

2005년의 분위기가 개신교에 대해서 비우호적인 분위기였다면, 2015년의 분위기는 직전의 친 기독교적 정권과 주류가 된 보수 세력으로 인해 개신교에 친밀감을 형성할 수 있다. 제3시대 그리스도교 연구실장인 김진호도 비슷한 분석을 내놓는다.

그는 2005년의 한국 사회에서 개신교가 청산 대상이었던 반면, 2015년에는 신자유주의 체제로 인해 피곤하고 불안한 이들이 공동체 프로그램이 많은 개신교 교회에 속하려 했을 것이라고 한다(「경향신문」2017년 2월 10일 "2015 종교 인구 조사, 그 불편한 진실"). 더 나아가, 그는 2015년 조사의 개신교 성장이 교회들의 적극적인 '신자 마케팅'에 있다고 보았다.

2000년대 이후 개신교회들, 특히 대형교회들은 연령, 직업, 가족 유형, 입시 재수생 등 집단 특성을 고려하여 막대한 인적, 물적 자원이 동원되는 '맞춤형 프로그램들'을 적극적으로 개발하여 성공적인 교회 사역으로 도입하였다(「경향신문」2017년 10월 27일자 "개혁의 몸짓, 변방의 교회들"). 필자는 김진호의 이런 평가가 실증적 조사를 통해서 입증된 것은 아니나, 개신교의 성장을 있는 그대로 받아들일 때 가장 타당성 있는 접근이라고 본다.

　어쨌든 개신교의 한국 내 위상은 상당히 견고하며, 가장 영향력을 지닌 종교임이 분명하다는 데에는 논란의 여지가 없을 것이다. 이는 개신교의 성장 동력이 비록 20세기 후반부터 정체 내지는 둔화되긴 하였으나, 여전히 효력을 발휘하고 있음을 증명한다. 단순히 종교인 구뿐 아니라, 개신교가 한국 사회에서 실질적으로 차지하고 있는 비중을 알려 주는 또 다른 지표가 있다.

　2006년 「중앙일보」의 탐사 기획팀이 한국 사회의 권력 집단들인 정치인, 고위 공무원, 법조인, 군 장성, 의료인, 기업인, 교수, 언론인들을 포함해 31,800명의 출신 지역, 학교, 종교 등을 조사한 적이 있는데, 이 조사에서 개신교인의 비중은 40.5%에 다다랐다.

　천주교인의 22.6%와 성공회의 0.3%까지 합하면 기독교인 전체의 비중은 63.4%로 타의 추종을 불허한다.[3] 종교의 사회 영향력은 단지 해당 종교의 신자 수만으로 성립되지 않고, 해당 종교인들이 사회 내에서 책임 있는 오피니언 리더의 역할을 얼마나 발휘하였느냐가 중요할 것이다. 위와 같은 지표는 한국 사회 내에서 개신교인들이 그 인구 비율보다 훨씬 더 높은 영향력을 행사하고 있음을 알려 준다.

　이런 측면에서 한국 기독교의 성장은 양적 분포뿐 아니라 질적인 차원에서도 한국 사회와 깊은 연관성을 맺는다고 볼 수 있고, 한국의 현대 문화적 발전 및 변동에 따른 기독교의 전파와 수용을 이해하는 시도는 한국 기독교의 사회 내 역할과 비중을 이해하는데 중요

3　이규연 외, 『대한민국 파워엘리트』(서울: 황금나침반, 2006), 303.

한 자료가 될 것이다.

또 한 가지 눈여겨봐야 할 것은 개신교와 천주교를 아우른 범기독교권 인구의 성장세이다. 이 성장세는 지난 수십 년간 한 번도 약화된 적이 없었다. 2005년에 개신교가 퇴보했을 때, 천주교가 비약적으로 성장했으며, 지난 2015년 조사 결과 천주교가 다시 감소했지만, 개신교가 종교 인구 1위를 차지하는 기염을 토했다.

이와 같이 개신교나 천주교의 일시적 부침은 존재해 왔지만, 전체적인 틀에서 볼 때 범기독교 세력은 한국의 현대사에서 큰 비중을 차지하고 있으며, 기독교의 존재 양식과 메시지는 현대 한국인의 삶과 긴밀한 연관성 속에서 똬리를 차지했다고 볼 수 있다. 그러나 전체 종교 인구와 종교 활동 비율의 감소는 앞으로 개신교를 포함한 모든 종교가 풀어야 할 과제이기도 하다. 이에 대해서는 뒤에 가서 더 구체적으로 다루기로 하겠다.

2. 한국 기독교는 왜 성장했는가?

20세기 한국 기독교의 성장을 한국에는 큰 교회뿐 아니라 교회 예산이나 신학교 수에 있어서 다른 나라들을 압도한다. 예를 들어, 인도에는 1,000개의 신학교가 있다고 하지만 압도적인 힌두교도보다 영향력을 발휘하기 힘들다. 반면, 한국의 기독교는 사회 전반에서 지대한 영향력과 비중을 차지하고 있다. 교회와 교인들의 수적 역량뿐 아니라, 파송 선교사 수나 신학 교육의 질에서 한국은 선두 대열에 있다.

한국의 근대 역사는 기독교의 성장과 더불어 이루어졌다고 해도 과언이 아니다. 특히, 1960년대로부터 1980년대까지의 기간이 양적으로 크게 성장한 시기이다. 물론 20세기 내내 전반적으로 기독교가 성장했다고 볼 수 있지만, 이승만 정권의 말기인 1950년대 후반에 기독교가 쇠퇴했던 기록이 있으며, 다시 박정희 정권의 근대화와 더불어 기독교가 쾌속 성장을 하였고 그 성장의 정점이 1984년 8월 15일부터 5일 동안 여의도 광장에서 열린 한국 기독교 100주년 선교대회라 할 수 있다.[4]

이 시기는 한국 기독교의 한껏 높아진 영향력을 드러내기도 했지만, 다른 한편으로 그 이후 기독교는 전과 같은 속도와 범위의 성장을 보여주지 못하기도 한다. 그런데도 수치적으로 한국 기독교의 성장은 최근에까지 이루어진다.

이처럼 한국 현대사에서 기독교가 독특하게 누렸던 성장 배경에 대해서는 여러 설명이 제기되어왔다.[5] 현대 한국 기독교의 성장을 설명하기 위해서 일차적으로 사용될 수 있는 종교 사회학적 틀은 박탈-보상의 관점과 욕구-충족의 관점이다.

---

4 한국기독교역사학회, 『한국 기독교 역사 III』, 121.
5 이정연. "도시 근대화와 종교: 1970~80년대 서울 신도심의 출현과 초대형교회의 형성"(사회학박사 학위논문, 서울대학교대학원, 2018), 8-11. 여기서 이정연은 한국 개신교의 성장 배경과 요인에 대한 여러 학자의 설명을 종교 내부적 요인과 외부적 요인으로 구분하여 정리하고 있다. 그는 종교 내부적 요인으로 '근본주의적 심성'(한완상), '비기독교 종교 집단의 약화'(강인철 등), '사회 변동에 대한 능동적 대응'(윤승용), '무속과 기업 정신'(하비 콕스) 등을, 종교 외부적 요인으로는 '친개신교적 정치권력'(강인철, 노치준), '도시화와 중산층'(이향순, 이광순), '몰개성의 비인간화로 인한 종교성 추구 현상'(김성건) 등을 꼽았다.

1) 박탈-보상의 관점과 네거티브적 성장 동력

박탈-보상의 관점으로 기독교의 성장을 이해하는 방식은 교회가 사람들의 결핍과 위기에 대한 해결이나 도피의 기능을 한 것으로 본다. 한국 전쟁 이후부터 80년대까지 한국 사회는 억압과 고난의 시기를 거친다. 이 기간에 한국 기독교는 '사회의 혼란과 사람들의 불안감에 적절한 종교적 대안과 피난처'를 마련해 주었다.[6] 물론 많은 사람이 직접적으로 폭력이나 속박을 경험했다는 것은 아니다.

그러나 이 당시에 일어난 국가 주도의 근대화를 위해서 효율적인 대량 생산 시스템 개발과 이를 지원하는 권위주의적 정치 체제는 정경 유착을 낳고 폭압적인 정책을 만들었다. 이러한 상황에서 저임금과 열악한 노동 환경, 농촌의 피폐 등과 같은 문제들은 더 심각해지고, 소수의 사람은 혜택을 받지만, 다수는 상대적 박탈감을 경험하게 되었다.

개인의 상황이 상대적으로 비루해진 것만이 문제가 아니었다. 집단의 가치관과 생활 양식 자체가 격심한 변화 속에서 위협받고 있었다. 가장 심각한 문제는 공동체와 인간 관계의 붕괴였다. 수출 주도의 산업화 정책으로 인해 대량의 노동 인구가 필요하자, 농어촌으로부터 도시로의 인구 이동이 급속하게 이루어졌다. 1960년 전체 인구의 28%였던 도시 인구는 1990년대의 그 두 배가 훨씬 넘는 74.4%로 증가한다. 이러한 급속한 인구 분포의 변동은 도시에 많은 문제인

---

6 Ibid., 126.

소외, 범죄, 도덕적 혼란 등을 불러일으킨다.

1970년대부터 1980년대 중반까지는 반공주의, 군사적 국가주의, 관료주의, 성장만능주의 등이 더욱 맹렬하게 추진된 시기였다. 이처럼 개발 독재는 아노미 현상을 낳아, 한국인들은 공통된 가치나 도덕 규범을 상실한 채 혼돈 상태에 빠졌으며 한국 사회는 여러 가지 병리 현상을 보였다.[7]

이러한 상황에서 종교가 사람들의 박탈감과 절망감 속으로 파고들어 생을 위한 동력을 제공하는 경우가 많다. 이를 종교사회학적으로 박탈-보상 이론이라고 하여,[8] 기독교의 전래가 현대 한국인들의 삶에서 절망을 이기고, 위험을 피하며, 아픔을 위로하는데 긴요한 역할을 감당했으리라 추론하는 것이다.

박탈감은 경제적, 사회적, 윤리적, 정신적 차원 등에서 각기 나타날 수 있는데, 이러한 박탈감에 대응해서 종파, 교회, 치유 운동, 개혁 운동, 제의 등이 등장하게 된다.[9] 한국교회와 여러 신앙 운동들은 질곡의 현대사에서 주요한 종교적 보상 기제로 작용하였다고 볼 수 있다.

이처럼 소외감과 정체성 위기의 늪으로 빠져가는 현대 한국의 도시 상황에서 종교, 특히 기독교는 소속감과 정체성을 제공하는 좋은 장이 되었다고 평가할 수 있다. 특히, 전통 사회로부터 이어진 불교

---

7 Ibid., 191.
8 이원규, 『종교의 세속화: 사회학적 관점』(서울: 대한기독교출판사, 1987), 250.
9 Ibid.

나 유교와 비교하면 기독교는 집단보다 개인 구원을 강조하였기에 도시인들에게 좋은 안식처가 되었다고 한다.[10]

이는 상당히 중요한 통찰이라고 본다. 기독교 성장의 배경에 근대적 자아의 등장이라는 시대적 추세가 일부 역할을 했을 수 있다. 신앙에서 개인의 정체성을 강조하는 것은 개신교의 주된 특징이기도 하다. 네덜란드의 기독교 사상가이자 정치인이었던 아브라함 카이퍼(Abraham Kuyper)는 종교개혁 신앙은 개인의 하나님과의 직접적 관계를 강조하는 데서 차별화된다고 주장한 바 있다.

그뿐 아니라, 분단과 개발 독재 상황이 조성한 심리적 불안감, 정치·경제적 불균형, 사회적 불만, 그리고 가치관의 혼란은 기독교뿐 아니라 종교가 전반적으로 성장하는 데 유리한 여건을 조성했다. 사람들은 불만, 불안, 공포로부터 심리적 안정을 찾기 위해서 종교에 귀의했다. 또한, 가치관이 흔들리고 정체성이 사라진 사람들은 종교 속에서 소속감과 연대감, 공동체 의식을 느꼈고, 뚜렷한 가치관과 삶의 의미를 발견했으며, 사명감과 희망을 얻었고, 정체성을 확립할 수 있었다.[11]

다른 한편으로 현대 한국인들은 불공평한 경제 구조 속에서 느끼는 욕구 불만을 해소하려고 기독교를 찾기도 했다. 경제적으로 소외되었으나, 또한 경제 성장을 갈망하는 이들에게 기독교가 현세의 물질적 축복을 약속하며 강력한 보상 기제로 작동한 것이다. 이러한 환경에서 현세적, 가시적 복을 약속한 종교들이 성장하기가 더욱 유리한데,

---

10 한국기독교역사학회, 『한국 기독교 역사 III』, 191.
11 Ibid., 124.

개신교는 미국식 자본주의 복음의 버전인 적극적 사고와 번영신학, 자기 계발 및 성공 신앙을 직수입하여 교세 확장에 크게 기여한다.[12]

위와 같은 격동의 시기에 벌어진 사회적 불만과 혼란, 박탈감 등이 오히려 개신교의 성장에는 큰 도움을 주었다는 것은 사실상 역설적이다. 종교적 회심 이론에 의하면, 사람들이 삶에서 자신이 감당할 수 없는 위기를 겪게 되면 더 큰 도움과 힘을 찾는 것이 중요한 회심 과정의 단계임을 감안할 때 이해가 된다.[13] 그런 면에서 20세기 한국 역사에서 구한말 불안과 혼란, 일제 강점기, 한국 전쟁, 정치-경제적 불안정은 기독교가 현대 한국인들에게 닥친 문제에 대한 도피와 안전을 제공하는 역할을 해 준 것이 분명하다.

그러나 이러한 설명은 현대 한국 기독교 성장에 기여한 주요한 한 국면을 다뤄 주지만, 위기 극복의 차원으로만 해석하는 단점이 있다고 본다. 사람들이 위기 가운데 기독교를 탐색하게 된 양상은 설명하지만 왜 기독교가 한국 역사와 더불어 성장할 수 있었는지, 즉 현대 한국의 사회, 문화적 발전에 기독교가 어떻게 동반자적 역할을 감당했는지에 대한 설명은 충분히 제공하지 않는다.

종교의 성장은 단순히 부정적 상황에 대한 타개책으로 설명하기에 충분하지 않고, 사회 발전의 동력으로 기능할 때 가능해지기 때문이다. 그런 면에서 현대 한국 기독교의 성장은 단순히 사람들의 역사적 박탈에 대한 보상으로서만 설명할 수 있지 않고, 일종의 욕

---

[12] Ibid., 125.

[13] Lewis R. Rambo, *Understanding Religious Conversion* (New Heaven: Yale University Press, 1993), 44.

구 충족 이론을 통해 조명될 필요가 있다. 박탈-보상의 관점은 기독교를 문제와 시련으로부터의 회피 내지는 도피처로 주목하는 반면, 욕구-충족 관점은 그보다 더욱 적극적 차원에서 기독교가 한국 사회와 시민들의 염원에 부합한 측면을 조명한다.

본서의 전반부에서 다룰 근대(한국 전쟁 이전) 한국 기독교의 성장이 박탈-보상 관점에서 설명된다면, 현대(한국 전쟁 이후) 한국 기독교의 성장은 욕구-충족 관점에서 설명될 것이다. 박탈-보상 관점도 그렇지만, 욕구-충족 관점은 한 사회와 집단의 문화적 욕구 변동과 병행한다는 점에서 문화와 종교의 관계에 대한 면밀한 고찰이 필요하다.

2) 욕구 충족 관점과 타당성 구조

욕구 충족 이론의 틀을 통해 기독교의 성장을 조명하는 방식은 사회정치적 환경에서 기독교가 문제 해결이나 도피적 기제로 작동한 것 외에, 사람들의 정신적 가치와 문화 욕구에 대응해서 기독교가 일정한 역할을 했으리라는 가설에 근거한다.

박탈 보상 관점이 다소 네거티브한 측면에서 사람들이 기독교로 귀의하는 이유를 설명한다면, 욕구 충족 관점은 사람들이 더욱 주체적이고 건설적 측면에서 기독교를 수용하는 과정을 가리킬 수 있다. 물론 두 관점 간에도 교집합이 있을 것이다. 사람들이 기독교에서 자신의 박탈된 상황에 대한 보상을 받고 이를 기반으로 자신의 삶을 더욱 긍정적으로 강화할 수도 있다. 이러한 과정이 한 집단의 문화에서 일어날 때 기독교는 그 사회에서 유력한 구조이자 배경으로 자리 잡게 될 것이다.

한국 현대사에서 기독교가 성장하게 된 데에는 구한말 유교의 몰락으로부터 새로운 대안 질서를 찾으려는 시도, 일제 강점기 억압과 절망으로부터의 해방과 희망으로서의 신앙이라는 네거티브적 동력도 있었지만, 1950년대 이후 전쟁 이후 근대화와 산업화를 위한 집단적 에너지 함양의 원천으로서 기독교가 그 역할을 담당한 측면도 매우 강하다. 필자는 정치, 경제, 문화 영역에서 한국 사회에 기독교가 욕구충족 기능을 해 주었다고 가정한다.

종교사회학자 이정연은 특정 종교의 성장을 종교성의 측면에서만 보는 접근의 한계를 지적하고 종교가 일상적 삶과 문화에서 생산하는 특정한 의미와 기능에 주목해야 한다고 주장한다.[14] 따라서 그는 한국의 도시화와 근대화 과정에서 일어난 사회 변동의 문화적 측면에서 기독교의 성장을 이해하고자 한다.[15]

특정한 사회 변동은 삶의 조건을 재편성하고, 이러한 상황에서 종교는 사람들에게 물질적으로나 정신적으로 구원의 방법을 제공하는 것이다. 한국의 현대사에서 기독교의 메시지와 존재 방식은 사람들에게 설명할 수 있고 의지할 만한 실체로 떠올랐고, 교회는 사회 문화적 변동과 적절한 연대를 이룰 수 있었다.

이와 같은 사회 변동과 종교의 연대는 유사한 다른 개념으로도 설명할 수 있다. 특정 사회 속에서 특정한 종교가 그 사회의 문화와 공

---

14 이정연, "도시 근대화와 종교: 1970~80년대 서울 신도심의 출현과 초대형교회의 형성," 15.
15 Ibid., 17.

감하며 지배적 호소력을 갖는 현상을 타당성 구조(plausibility structure 또는 설득하는 구조로 번역되기도 한다)로 본다.[16] '타당성'(plausible)이라고 번역된 용어는 개연성, 그럴듯함의 뜻을 지키는데 어떠한 종교나 이념이 특정한 시대 사람들의 생각과 관습에서 주된 판단과 기준이 되었다는 것이다. 필자는 타당성 구조라는 개념을 통해 한국의 현대 문화 형성에서 기독교가 어떻게 사회와 교류하며 사회, 문화적 기반을 형성했는지를 보려고 한다.

서구 기독교가 오늘날 쇠퇴하는 가장 큰 이유 중 하나는 근대의 계몽주의와 인본주의적 사고 틀이 확산하면서 후기 기독교 세계(post-Christendom)의 국면으로 접어들었기 때문이다. 이는 더 이상 초월적이며 외부적인 세계관에 의지하지 않고 인생과 세상을 해석할 수 있는 틀이 형성되었기에 기독교 신학에 준거점을 둘 필요가 없어졌기 때문이다.

또 한편으로는 글로벌 다원주의 세계 시스템으로 들어서면서, 객관적, 보편적 세계관이라는 틀이 더 이상 효력을 발휘할 수 없기 때문이기도 하다. 즉, 서구 세계에서 기독교 세계관은 '타당성 구조'로 기능할 수 있는 위치를 상실해 가는 과정이 후기 기독교 세계의 양상인 것이다. 본서는 타당성 구조라는 틀을 통해 한국 문화에서 기독교가 차지했던 역할과 선교적 동력을 이해해볼 수 있다.

---

16 Peter Berger, *The Sacred Canopy: Elements of A Sociological Theory of Religion* (New York: Anchor Books, 1967), 45. Peter Berger는 이 책에서 사회를 유지해 주는 '기반'(base)을 얘기하고, 종교가 변증법적으로 기존 사회와 교류하면서 이러한 기반에 동참하게 될 때, 타당성 구조를 형성한다고 말한다. 서구 사회의 경우 기독교가 오랫동안 사람들의 집단적 가치와 인식 체계 전반을 포괄하는 '신성한 덮개'(sacred canopy) 노릇을 해 왔다.

그렇다면, 한국 현대사에서 기독교가 성장한 원인도 이와 같은 타당성 구조의 형성이라는 측면에서 조명할 수 있을 것이다. 한국이 비서구권 세계에서 유례없는 기록적 성장을 보여 준 것은 한국의 문화 변동 속에서 기독교 신학과 세계관이 한국인들의 판단과 정서에 타당성을 제공하도록 접목 가능했기 때문일 것이다.

물론 다른 말로 타당성 구조란 사람들의 세계관을 총제적으로 반영하는 사회적 구조이기도 하다.[17] 타당성 구조가 더 견고할수록, 그 구조에 기반을 두고 있는 실재에 대한 관점도 더욱 견고해진다. 어떤 소수자 그룹이 이러한 사회 구조 속에서 의미를 발휘하려면, 즉 설득력이 있으려면 객관적으로나, 주관적으로 실재성 있는 방식으로 생활 세계와 대화하고, 그 안에서 살아내고, 상징을 드러내어야 한다.

그렇다면, 현대 한국 사회가 발전하는 데 있어서, 기독교가 단순히 교리적 위안만을 제공하는 것이 아니라, 이 발전을 추진할 수 있는 중요한 동력이자 기반 역할을 감당하면서, 사람들의 삶 속에 깊이 스며 들어, 필요한 사회적, 상징적 재료를 제공할 때 기독교가 한국 사회의 타당성 구조로서 기능했다고 볼 수 있다. 신념으로서의 기독교일 뿐 아니라, 일종의 생활 양식으로서 기독교여야 한다는 것이다. 신념이자 생활로서의 기독교가 한국 현대사에서 긴밀하게 조우하며 성장했다면, 이는 한국인의 지배적 이념이나 삶의 체계와 밀접하게 연관되어 있다는 의미이다.

---

17 Dennis Hollinger, "The Church as Apologetics: A Sociology of Knowledge Perspective," *Christian Apologetics in the Postmodern World*, ed. by Timothy R. Philips & Dennis L. Okholm (Downers Grove: IVP, 1995), 186.

그런 의미에서 필자는 한국 현대사 속에 나타난 문화와 기독교의 조우, 기독교의 문화적 동력을 현상적으로 살펴 보며, 오늘날까지 한국 기독교가 점하고 있는 타당성 구조를 분석하고자 한다.

한국의 현대사에서 신학과 문화는 어떻게 조우하고 교류하였을까?

본서에서는 기독교의 성장과 문화적 타당성 구조에 대한 이해를 기초로, 한국의 현대 문화와 기독교의 대면과 수용을 다루고자 한다. 본 연구에서 현대 한국 문화라고 할 때는 시기상 주로 1950년대로부터 1990년대까지에 유념할 것이다. 1950년대는 한국 전쟁이 발발하고 그로 인한 폐허 속에서 한국 사회 전반이 재편성되던 시기였다. 한국 전쟁은 한국 현대사를 구분 짓는 뚜렷한 분기점이 된다.

사회학자 송호근은 한국 전쟁은 한국인의 습속을 이전과 이후로 가르게 하는 분수령이 됐다고 주장한다.[18] 또한, 교회사학자인 김홍수도 한국 전쟁 이후로 피폐해지고 불안해진 사회 상황 속에서 한국 기독교가 기복적이고 물질적 축복을 갈구하는 종교성으로 변모하기 시작했다고 진단한다.[19] 따라서 1950년대는 한국 현대 사회를 새로운 장으로 이끄는 논의의 시작점이라 할 수 있다. 또한, 1990년대는 새로운 천 년을 앞둔다는 의미에서, 다른 한편으로는 한국 기독교의 계속되는 성장이 정체되거나 멈추었다는 측면에서 기독교의 성장 궤적을 일단락 지을 수 있는 시점이 될 것이다.

본서는 1950년대 이후 한국의 사회 문화 환경에서 기독교가 수용되었던 상황을 파악하려고 한다. 따라서 문화와 기독교의 관계를

---

18 송호근, 『한국인의 평등주의, 그 마음의 습관』(서울: 삼성경제연구소, 2006).
19 김홍수, 『한국 전쟁과 기복신앙 확산 연구』(서울: 한국기독교역사연구소, 1999).

다룬 뒤, 그 이전의 한국 기독교 수용 과정과 특징에 대해서도 논의를 함으로써 본론을 위한 토대로 삼을 것이다. 필자의 주된 관심은 1950년대부터 1990년대까지 한국인들의 정신적 가치가 변동하는 가운데 기독교가 어떻게 그러한 정신적 가치들에 부응하는 개념들을 제공하며 성장해왔느냐 하는 것이다.

하지만, 1950년대부터의 문화 상황을 다루기 위해서는 그 이전의 한국 문화와 기독교의 상호 작용에 대한 집약적 배경 연구를 포함할 뿐 아니라, 1990년대까지의 분석을 토대로 2000년대 이후 한국 문화와 기독교가 어떻게 소통적 대화를 할 것인가에 대한 전망도 포함될 것이다.

그동안 교계 일각에서는 한국 개신교회의 교세가 정체, 내지 감소하고 있는 원인을 사회적 신뢰도의 하락과 부정적 이미지 때문으로 보기도 했다. 그래서 교회가 사회적으로 좋은 일들을 많이 하여 신뢰도를 회복하고 긍정적 이미지를 쌓아가는 일이 필요하다는 생각이 널리 퍼지기도 했다. 물론 이는 바람직하고 늘 교회와 그리스도인들이 담당해야 할 일이다.

필자는 한국 현대사에서 기독교의 부침에 대한 진단 기준을 이미지가 아닌 '필요'에서 찾았다. 한국 기독교가 성장했던 이유는 현대 한국인들의 집단 궤적에서 교회와 신앙이 몹시도 필요했기 때문이다. 이는 말로 해서, 21세기 한국 사회에서 기독교의 필요성이 정치-경제적으로나 문화적으로 약화하고 있다면 기독교가 성장할 수 있는 기반도 그만큼 좁혀질 것이라는 분석을 가능하게 한다.

기독교는 한국 현대 사회의 형성과 문화적 분위기에서 상당히 타당성 있는 존재 근거가 있었다. 많은 이들에게 '교회'가 필요했고 '기독교 신앙'이 필요했다.

필자는 신학적으로 정립된 교회, 혹은 본질로서의 신앙을 말하는 것이 아니라, 한국의 현대 사회와 문화에서 필요하게 다가오고 자리매김한 교회와 신앙을 의미하고 있다. 한국인들에게 교회는 때로 우월한 서양 문명과 근대화의 학습 통로였고, 전쟁의 상흔과 안보의 불안으로부터 자신의 안전한 위치를 확인시켜 주는 둥지였으며, 절망의 나락에서 마지막으로 바라볼 수 있는 한 줄기 희망이었고, 삶의 새로운 원동력을 북돋아 주는 동기 부여의 공간이기도 했다.

필요는 단순하지 않다. 표면적으로 느낄 필요가 있지만, 자신도 인지하지 못하는 깊은 차원의 필요가 있다. 체감 필요(felt needs)와 참된 필요(real needs)가 있는 법이다. 종교는 인간의 근본적인 진정한 필요를 깨우치는 것이다. 그러나 또한 종교가 실질적으로 확산하고 공유될 때에는 사람들이 시급하게 느낄 필요에 부응할 때이다. 진정한 필요는 늘 존재한다. 죽음의 문제나 삶의 의미 등은 시간과 장소를 떠나서 인간이 항상 마주하는 질문이다. 물론 대부분 사람이 항상 이런 심오한 문제를 고민하지 않는다. 사람에 따라 고민의 빈도는 다를 수 있다.

그러나 인간이라면 누구나 위와 같은 질문들을 인생에 몇 번쯤은 마주하게 될 것이다. 진정한 필요는 인생의 근본적인 고민을 담은 문제이며, 이는 많은 경우에 종교에서 답을 주게 된다. 반면 체감 필요는 일상에서 당장에 시급하게 해결해야 할 욕구와 관련된 과제들이다. 생존, 안전, 먹거리, 거주, 직업, 관계, 정서, 사회정의, 환경

등에서 해결해야 할 문제들이 세월에 따라 각기 달리 대두된다.

　기독교의 가르침은 인간의 보편적이고 근본적인 문제를 다룬다는 면에서 진정한 필요에 답을 주지만, 체감의 필요를 채우는 것은 종교의 본질적인 역할이 아닌 부수적 기능이라고 간주하는 것도 위험하다. 어떤 의미에서 체감 필요들은 사람들이 자신의 삶에서 더 큰 도움을 열망하며 마음을 열게 함으로 진정한 필요에 이르는 통로가 될 수 있기 때문이다.

　게다가 진정한 필요의 충족은 그 자체로 끝나는 것이 아니라, 삶에서 체감하는 필요들을 어떤 식으로든 다루고 그 해결의 길을 열어 줄 수도 있다. 죽음의 두려움에서 벗어난 사람에게 현재의 삶을 긍정하는 힘이 부여될 수 있으며, 삶의 의미와 자아 정체성을 건강하게 회복한 이가 일과 관계에 더욱 충실한 태도를 받아들이게 할 수 있기 때문이다.

　그러한 의미에서 체감적 필요가 어느 특정 시대의 문화나 집단에 의해서 공유될 경우, 그것은 타당성 구조를 형성하는 데 중요한 역할을 할 가능성이 크다. 한 사회의 사람들이 공통으로 느낄 필요가 있을 때, 그 필요에 좀 더 효과적으로 응답하는 종교나 이념은 그 사회의 타당성 구조로 기능할 수 있다.

　따라서 그 종교의 분위기와 메시지가 사람들에게 더욱 호소력 있게 다가오리라 예측할 수 있다. 정치, 경제, 문화의 영역에서 기독교가 어떻게 한국인들이 느끼는 집단적 필요에 어떻게 부응하며 역할을 했는지를 이해하는 것은 향후 기독교의 선교적, 사회적 기여 방향을 가늠하는 데 도움이 될 것이다.

제2장

기독교의 성장과 문화적 구조

한동안 문명과 문화에 대한 구분이 모호해 왔다가, 현대에 이르러 클리포드 기어츠(Clifford Geertz)가 정립한 문화의 이해는 큰 영향을 남겼다. 그는 『문화의 해석』(*The interpretation of cultures*)에서 해석적 문화인류학(interpretive Cultural Anthropology)이라는 문화 이해 방법론을 제시하며 기존에 문화 현상을 과학적으로 충실히 분석하는 방법의 한계를 지적했다.[1]

그는 한 집단의 문화는 집단의 구성원들에게 그 의미가 무엇인지를 묻고 이해하는 해석의 대상이라고 하였다. 이는 문화에 대한 중층적 기술(thick description)의 필요성을 유발케 하는데, 종교와 문화의 만남을 위한 노력에서도 매우 중요한 역할을 할 것으로 보인다.

먼저 문화의 개념과 작동 방식에 대한 이해는 본 연구의 건실한

---

[1] 클리포드 기어츠, 『문화의 해석』(*The interpretation of cultures*), 문옥표 역 (서울: 까치글방, 2009).

학술적 전개를 위해서 필수적인 토대가 되기에 다시금 살펴 볼 필요가 있었다. 문화에 대한 인류학적, 사회학적 이해가 성립된 다음에서야, 문화와 종교 간의 상호 관계를 이해할 수 있고, 이를 바탕으로 한국 현대 역사에서 문화 변동과 기독교의 성장이 어떠한 관계를 이루는지를 파악할 수 있기 때문이다.

1. 문화적 관점에서의 기독교 성장 이해

문화 변동이라는 실체를 연구하기 위해서는 역사 이해가 필요하다. 역사적 상황에서 일어났던 기독교의 성장을 사회, 문화적 관점에서 조명하는 방식이다. 이는 종교사회학자 로드니 스타크(Rodney Stark)가 자주 사용하는 방식이다.

1) 문화적 대안으로서의 기독교

로드니 스타크는 사회학적 방법론을 이용해서, 역사적으로 중요한 변동들에 대한 연구를 수행해왔다. 특히, 그는 『기독교의 발흥』(*The Rise of Christianity*, 좋은 씨앗 刊)와 『하나님의 도시들』(*Cities of God*) 등의 저술을 통해 로마 제국 당시 주변부에 소외되고 존재감 없는 기독교가 어떻게 성장하여 로마 제국을 정복할 수 있었는지에 관한 인상적인 역사사회학적 연구를 수행하였다. 그중에서도 로마 제국의 문화 상황 속에서 기독교 공동체가 지니는 문화적 흡인력에 대한 고찰을 하였다.

또한, 최근에는 『기독교의 승리』(*The Triumph of Christianity*)라는 저서를 통해 로마 제국의 역사를 넘어 서구 역사에서 왜 기독교가 주요 유력 종교로 자리 잡을 수 있었는지에 관한 광범위한 관찰을 통해 기독교가 역사 속에서 지니는 문화 변혁과 위상에 대해서 기술한 바 있다.

스타크는 기독교가 적대적인 로마 제국의 환경에서 성장할 수 있던 이유를 기독교 공동체의 문화적 역량에서 찾는다. 그리고 기독교 공동체의 문화가 제국 내에서 흡인력을 가질 수 있던 것은 시대 변화와 필요의 점증에 따라 기존의 문화 구조가 대응을 할 수 없는 상태에서 차별화된 기독교 문화가 대안적 기능을 했기 때문이다.

당시 로마 제국하에 극히 소수파 종교였던 기독교가 이교도들에게 대안 문화의 실체가 되었던 과정은 흥미롭고 경이적이다. 회심 이론에서는 기존의 종교가 확고한 기반을 갖추고 있는 곳에 새로운 종교가 진입하려면 처음에는 기성 종교의 영향력으로부터 상대적으로 소외된 이들을 대상으로 해야 한다고 한다. 아니면, 기성 종교의 사회적 장악력이 약화되어 사람들의 라이프 시스템을 통제하고 유지해줄 수 없을 때 새로운 종교가 대안적 실체로 부상할 수 있다.

기독교가 낯선 문화나 집단 속으로 전래될 때에는 기독교의 메시지뿐 아니라, 구체적인 삶의 영역에서 실질적인 개선과 변화를 줘야 한다. 특히, 집단적 회심 현상은 단순히 기독교의 메시지에만 사람들이 반응하고 이끌리는 것이 아니라, 기독교로의 개종이 가져다 주는 더 나은 기술 여건의 향유, 건강 개선, 양질의 교육, 각종 권리 신장 등의 새로운 사회, 문화 혜택이 복합적으로 작용하면서 일어난다고 볼 수 있다. 회심에 관한 광범위한 실증적 연구를 벌인 루이스 램보(Lewis Rambo)는 "기존 사회에서 아무 문제 없이 결속되어 있던 이들 중에서 그 사회가 위협을 받지 않는 한 기독교인이 되는 경우는 극히 드물다"라고 말한다.[2] 왜냐하면, 새로운 종교로의 개종은 과거 사회 및 종교와의 단절을 요구하기 때문이다.

스타크의 초기 기독교 성장에 관한 연구를 보면 이러한 요소가 더욱 선명하게 드러난다. 전통적으로 로마 제국 아래서의 기독교 성장에 대한 연구들은 주로 외면적 요인과 내면적 요인을 구분해서 설명했다. 여기서 외면적 요인이란 기독교의 복음이 전파될 수 있는 "때가 찼다"(갈 4:4)는 인식에 착안하여, 당시의 그레코 로만 사회의 배경과 기독교의 성장을 연결하는 시도들이다.

예를 들어, 로마 제국의 합리적인 법 체제로 인해 초기 기독교 선교사들(예: 로마 시민권을 지닌 바울)이 비교적 안전하게 기독교를 전할 수 있었으며, 잘 닦여진 도로는 선교사들이 광활한 로마 제국 경내에서 원활히 이동할 수 있는 인프라가 되었고, 다신교 사회 속에서 고등 종교와 유일신에 대한 갈망이 일어났고, 알렉산더 대왕의 헬레니즘 정책으로 근동 지역과 지중해 영역이 단일 문화권으로 통일됐으며, 코이네 그리스어로 언어가 통일된 것은 바울의 서신들과 복음서들이 사람들 사이에서 회람될 수 있었고, 그리스 철학의 로고스에 대한 관심과 열망은 예수 그리스도의 성육신과 영생 사상이 접목될 수 있는 기반을 닦았다는 것이다.

---

2 Lewis Rambo, *Understanding Religious Conversion* (New Heaven: Yale University Press, 1993), 89.

이와 같은 기독교 성장의 외면적 배경과 더불어 내면적 요인으로는 초기 기독교인들의 강력한 부활 신앙, 순교를 불사한 신앙의 지조, 복음 전파에 대한 열정, 기적과 치유의 역사 등을 꼽을 수 있다. 이러한 요인들이 초기 기독교 성장의 일반 요인들로 간주되어 왔다면, 스타크는 좀 더 구체적이고 실질적인 삶의 영역에서 기독교가 어떻게 새로운 문화적 대안 체제로 구축되었는가를 연구했다. 그는 초기 기독교인들은 "사회 서비스가 거의 전무했던 로마 제국에서 축소판 복지 국가를 만들었던 셈"이라고 주장한다.[3]

기독교의 사회복지적 기능은 당시 기독교의 신앙을 허황된 것으로 여겼던 로마 제국의 지식인과 지도자들도 의아해하고 부러워했던 것이었다. 스타크는 근본적으로 종교 부흥은 그 구성원들이 '집단적인 행동'에 헌신할 때 발생한다고 말한다.[4] 이는 단지 개인적 행동의 거룩한 변화를 말하는 것이 아니라, 기독교 공동체가 집단으로 독특한 삶의 패턴과 문화적 관습을 표방하고 지켜 나가는 것을 말한다. 대표적으로 초기 기독교가 이교 사회와 차별되는 방식으로 공동체를 구성하고 운영했던 몇 가지 사례들로는 여성 우대, 생명 존중, 출산율, 돌봄과 위생의 공동체 형성 등이 있다.[5]

특히, 2세기 로마 제국 사회에서 전염병이 만연하고 무수한 사람들이 병에 걸려 죽어가면서 전통 종교의 능력과 신뢰성이 심각하게

---

[3] Rodney Stark, *Cities of God: The Real Story of How Christianity Became an Urban Movement and Conquered Rome* (New York: HarperOne, 2006), 30–31.

[4] Ibid., 78.

[5] 이에 대해서는 Rodney Stark의 *The Rise of Christianity* (SanFrancisco: HarperCollins, 1997)의 3, 4장을 참조하라.

의심받게 되었다. 이때 기독교는 새로운 대안적 행동 체계로 등장한다. 기독교 공동체는 서로를 돌보고 사랑과 긍휼로 대하는 관습을 형성하고 있었으며, 이는 하나님 자신의 인간을 향한 사랑에 기초를 두고 있었다. 당시 이교도에게 하나님이 인간을 사랑하며, 인간이 서로를 사랑해야 하나님을 기쁘시게 한다는 사상은 매우 낯선 것이었다.[6] 로마인들도 자선의 필요성과 가치는 알고 있었으나, 그것은 신들을 봉사하기 위한 차원이었을 뿐이다.

이교도의 신들은 윤리적 명령을 고수하지 않기에 윤리적 위반을 벌하지도 않는다. 인간이 신을 노엽게 하는 것은 신을 무시하거나 합당한 제의를 드리지 않기 때문이다.[7] 반면, 기독교의 신심은 하나님 사랑과 인간 사랑이 밀접하게 결합되어 있었다. 종교의 특정 교리는 그 사회와 문화의 기존 시스템이 해결하지 못하는 과제에 대한 새로운 해법과 실천으로 등장할 수 있다.

이와 같은 기독교 공동체의 차별적인 행동 체계와 대안적 문화는 로마 제국 아래서 기독교가 성장하게 된 과정을 설명해 주는 흥미로운 방식이다. 이와 유사하게, 우리나라의 근대(구한말 포함)사에서도 기독교가 새로운 설명과 생활 방식의 체계로 진입하고 기존의 체계를 대체해 가는 역할을 하기도 했다. 예를 들어, 19세기 중반부터 평안도 지역을 중심으로 급속도로 퍼져 간 콜레라와 같은 전염병은 기존 유교 사회의 제도적 질서를 아래서부터 무너뜨리고 있었다.

왜냐하면, 전염병으로 인해 남녀노소 가릴 것 없이 사람들이 죽어

---

6 Rodney Stark, *Cities of God*, 86.

7 Ibid., 88.

가면서 유교의 예법에서 가장 중요한 도리인 제사를 올바르게 드릴 수 없기 때문이다. 제사의 예법이 무너지면서 유교의 장악력이 약화된다. 기존 의료 기술과 지식으로는 해결할 수 없는 이 문제에 서양의 의술은 구세주 같은 역할을 하게 된다. 한국 초기 신자 중에서 의료 선교사의 도움으로 병을 치료받아 믿게 된 이들이 적지 않고, 초기 기독교 전파가 평안도 지역에서 활발하였다는 점도 이와 연관이 깊다.

2) 기독교 성장의 전구(前驅, forerunner)

로마 제국은 그리스 신화와 종교를 이어받은 다신교 사회였다. 전통 종교들은 서방으로부터 유래했으며, 유일신 종교의 흔적은 매우 희미했다. 그래서 다신교와 잡신들이 즐비한 종교 풍토에서 유대교나 기독교와 같은 고등 종교의 유일신 사상에 매력을 느끼는 이들이 많았을 것으로 추측되는 것도 당연하다. 그러나 기독교가 전래되기 전에 먼저 동방의 유일신 사상을 품은 종교들이 전해졌다. 대표적으로 이집트의 여신 이시스(Isis) 종교와 프리기아(Phrygia 지금의 터키 중부)에서 유래된 키벨레(Cybele) 종교들이 있었으며, 이들은 또 다른 동방의 종교이자 유일신 사상을 견지한 기독교가 전래 되기에 앞서 길을 닦는 역할을 하게 된다.

키벨레와 이시스 숭배 풍습은 유일하고 전능한 신이라는 개념을 로마 제국 내의 시민들에게 각인시켰고, 특히 이 종교들이 성행한 지역은 기독교의 전래 지역들과 겹치는 경우가 상당히 많았다. 따라서 키벨레 신전과 풍습이 있는 도시일수록, 이시스 숭배가 전파됐을 가능성이 크고, 키벨레나 이시스의 예식과 실천이 존재했던 곳에서 기독교가 전파되는 일이 빈번했다. 유대교와 디아스포라 유대인들이 기독교 선교에서 중요한 접촉점과 촉매제 역할을 했다면, 키벨레와 이시스 숭배 사상 또한 기독교의 메시지로 이어지는 가교 구실을 했을 가능성이 크다.

그렇다면 본서에서 현대 한국 문화에서 기독교가 성장하게 된 토양에 주목할 때, 이와 유사한 전구 현상을 고려할 필요가 있다. 이러한 전구 현상은 기독교가 수용되고 정착되는 데 있어서 기독교를 친밀하고 익숙하게 함으로써, 기독교에 유리한 타당성 구조(plausibility)를 구축할 수 있기 때문이다. 그러한 점에서 개신교보다 한 세기 일찍 도입된 천주교가 이미 유교적 세계관에 균열을 일으키고 새로운 인민으로서의 정체성을 부여함으로 19세기 한국인들의 마음에 그들이 염원하는 위상과 사회 질서를 대체하는 체계에 대한 기다림을 불러일으켰던 것이 주효했다고 볼 수 있다.

사실 천주교는 인간관과 제사의 문제를 놓고 유교와 치열한 전투를 벌였으며, 조선의 통치 계급이 이를 억압함으로써 대치 상태에 머무르고 말지만, 기독교(개신교) 전래에 중요한 길을 놓게 된다. 송호근은 천주교가 유교 사회에 던진 충격을 세 가지로 요약한다.

첫째, 정교일치를 근간으로 하는 유교의 사회적 구성 원리에 틈을 만들어서 왕-사대부-평민의 종적 관계를 흔들며 천주 중심의 사회를 구상했다.

둘째, 유교의 의례화과 각종 기제의 정당성을 공격했다.

셋째, 신분 체계와 수분 공역을 근간으로 한 유교 사회의 수직적 질서를 천주 앞에서 만인이 평등하다는 수평적 질서로 바꿨다.[8]

이처럼 천주교가 조선 사회의 유교적 질서를 흔들며 새로운 담론과 공론장을 만들었는데, 정작 "천주교가 서민들의 일상 세계에 구축한 종교적 교두보를 적극적으로 활용한 것은 오히려 기독교였다."[9] 기독교는 도입기부터 당대의 집권 세력과 좋은 교류 속에서 중앙으로부터 거점을 확보하고 선교를 해 나간 까닭이다. 그래서 20세기의 한국 근대로부터 현대에 이르는 기독교의 성장은 천주교가 아닌 개신교가 주도한다.

서학으로서의 천주교가 현대 기독교 성장의 길을 닦았다면, 그에 대응하는 동학으로서 천도교도 개신교 전래와 정착에서 물꼬를 열어주는데 적잖은 역할을 했다고 볼 수 있다. 동학은 유교를 기반으로 하면서도 많은 점에서 기독교의 영향을 받고 있다. 동학은 상제나 천주를 숭배하고, 영의 존재를 인정한다는 면에서는 기독교와 유사하다. 하지만 예수 그리스도와 같은 구원자나 원죄 교리는 없다.[10]

따라서 동학 운동과 기독교는 서로 접촉하며 공감대를 이루는 데 큰 어려움이 없었다. 일례로, 1889년 9월 고부에서 개최된 동학교도들의 집회에서 영국 성공회 선교사가 설교하는 일이 있었는데, 이는 동학 운동에서 기독교 교리를 부분적으로 도입하여 서로 간의 유사

---

8 송호근, 『인민의 탄생』(서울: 민음사, 2011), 232.
9 Ibid., 318.
10 아사미 마사카즈·안정원, 『한국 기독교, 어떻게 국가적 종교가 되었는가』(서울: 책과함께, 2015), 184–185.

성을 확인하는 실례이기도 하다.

일본의 기독교가 일본 제국주의 침략에 이용되어 기독교는 곧 문명화라는 의식을 갖고 식민지 문제에 대했지만, 동학과 이를 계승한 천도교는 1919년 3.1 운동에서 기독교와 동수의 대표들(15인)을 참여시킨 사실에서 볼 수 있듯이, 한국 사회에서 폭넓게 받아들여지는 종교로 확대되어 교리적으로나 정서적으로 친화성이 있는 기독교를 위한 길을 열어주었을 것으로 평가된다.[11]

천교도라는 종교적 배경은 한국 사회가 서학에 대한 이해의 길과 기독교로 향하는 것을 가능하게 했다. 이는 한국에서는 유럽의 가르침이 직접적이 아닌 우회적인 길로 수용됨으로써 폭넓게 확대되며 민족 종교의 지위를 확립할 수 있게 한 요인이었다.[12]

2. 시대 문화와 기독교의 조우를 통한 성장

위의 문화사적 관점은 비교적 범위가 넓은 문명기 동안에 기독교가 성장하게 된 토양을 총괄적으로 보는 거시적 태도를 보인다. 시대별 기독교 성장에 대한 관점은 이보다 더욱 미시적으로 범위를 좁혀서 각 시대마다 기독교가 사회 문화적 변동과 어떻게 조우하며 외연을 확장시켰는가를 본다. 특히, 이러한 관점은 기독교의 메시지와 영성 관습이 그 시대의 사회 문화적 현상과 어떻게 접목되었는지에

---

11 Ibid., 188-189.
12 Ibid., 190.

초점을 맞춘다.

1) 시대의 요청과 복음의 응답

문화적 변동 속에서 기독교의 역할을 규명하기 위해서는, 기독교의 모든 활동과 실천들이 신학에 근거해서 이루어진다는 점에 염두에 두어야 한다. 그리고 이 신학은 특정한 시대의 문화 속에서 만나고 형성되는 신학이다. 복음주의 문화신학자 윌리엄 더니스(William Dyrness)는 『미국은 어떻게 복음을 들을 수 있는가?』(How Does America Hear the Gospel?)라는 저서에서 미국 국가와 사회가 형성되면서 비록 공적으로 기독교 국가는 아니지만, 문화적으로 서구의 그 어느 나라보다 강력한 기독교적 정체성을 지니게 된 과정을 문화와 신학의 상호 작용이라는 맥락에서 고찰한다.

구체적인 시대의 사람들이 지니는 정신적 가치와 열망과 만나는 신학이란 특정 공동체가 하나님과 그분의 역사하심을 특정한 문적, 역사 상황에서 이해하고 성경을 읽는 겹 읽기에 비추어 말하는 방식이다. 신학은 일단의 사람들이 예수 그리스도께 응답하는 과정에서 일어나는 선교적 움직임에 대한 성찰이기 때문이다.[13]

미국의 문화 발전에서 형성된 기독교와 특별하게 부각된 기독교 복음의 초점을 이해하는 일은 우리에게도 매우 중요하다. 왜냐하면, 한국 개신교회는 미국 선교사들에게 상당히 많은 의존하였고, 20세

---

13 William Dyrness, *How Does America Hear the Gospel?* (Grand Rapids: Eerdmans, 1997), 7.

기 한국교회는 미국의 신학적 자장 안에 있다 해도 과언이 아니기 때문이다.

윌리암 더니스는 미국의 건국으로부터 형성된 문화적 토양에 기독교가 접목된 과정을 추적한다. 이 접목을 통해 미국적 기독교, 미국적 복음이라는 독특한 양식이 형성됐다. 그것은 기독교의 메시지에서 새 생명, 실용주의, 선민주의, 자아발견의 초점을 양산했다.

(1) 새로운 땅과 새로운 생명

미국 건국에서 종교적으로 중요한 기여를 했던 청교도들은 구대륙을 떠나 신대륙으로 넘어오면서 새로운 땅, 새로운 생명이라는 개념을 강조하게 되었다. 이는 청교도들의 문화적 기독교를 낳을 수밖에 없다. 청교도들은 황무지에서 새로운 처소를 건설하겠다는 열망에서 순결한 땅(Virgin Land)을 향한 지향성을 갖게 되고, 이는 미국인들의 의식 속에 땅의 소유가 매우 중요한 과업으로 자리 잡게 한다.[14] 마치 구약의 이스라엘 백성에게 하나님이 가나안 땅을 약속하였듯이, 미국 개척 시대의 청교도들에게 땅이란 고도의 종교적 비중을 지닌 의미였다. 따라서 청교도들이 미국에 처음 당도했던 뉴잉글랜드 지역은 역사 속에서 하나님이 선택한 백성들을 인도하시는 최종 작품이었다.

또한, 미국 초기 기독교는 새로운 땅에서 새로운 삶을 영위하는 것이기에, '새 생명'(new life) 또는 '거듭남'(born-again)의 개념이 확장

---

14 Ibid., 29.

되면서 경계를 넘는 구원의 확신이 기독교적 신념의 중요한 기준이 된다.[15] 한국의 교회들에서도 신앙의 시금석이 되는 중요한 판단 기준이 '구원의 확신'인데, 이는 거듭났는가를 기준으로 한다.

교회 밖 사람들을 위한 전도 사역에서는 새로운 생명을 얻으므로 거듭나라는 요청이 주된 메시지가 되고, 기존 신자들에게도 거듭남이라는 구원의 확신을 다시 일깨워 준다. 이 메시지 자체에 문제가 있는 것은 아니지만, 때로 새 생명(혹은 거듭남)이라는 단회적 사건에만 초점이 모아지면, 기독교 신앙으로의 귀의에서 반드시 수반되어야 할 예수의 길을 따르는 제자도를 균형 있게 조명하지 못할 수 있다.

(2) 실용주의 기독교

위와 같은 새 땅과 새 생명에 대한 강조는 미국인들 특유의 개척 정신과 선구적 정신을 필연적으로 창출하게 된다. 미국의 대중문화 속에서 자주 등장하는 서부 개척과 끝없이 이어지는 도로 위에서의 여정과 모험은 미국 역사 형성 과정에서 지리적 개척과 도로의 중심성을 보여 준다. 이러한 미국의 선구적 개척 상황에서는 속도와 땅을 최적으로 개간하는 실용성의 정신이 높은 가지로 떠올랐는데, 그래서 미국에서는 얼마나 효율적으로 신속하게 주어진 과제를 처리할 역량이 있으며, 그 역량을 매뉴얼화시키는 작업을 중요하게 본다.

사실 미국 기독교에서 상반된 가치를 지향하는 왈터 라우센부쉬(Walter Rauschenbusch)의 진보적인 사회 복음 운동과 로버트 슐러

---

15 Ibid., 77-78.

(Robert Schuller)의 긍정적 사고방식과 치유 복음은 어떤 의미에서 현세적이고 실용적인 기독교에서 동전의 양면을 이룬다고도 생각할 수 있다.[16]

라우센부쉬는 사회적 약자와 빈자를 위한 기독교 운동을 일으키고 예언자적 제자도를 부흥시킨 것으로 유명하다. 그러나 그는 이와 같은 사회 변혁적 캠페인에서 죄를 개인적, 사회적 이기심으로 이해하며, 하나님 나라의 도래를 현세적으로 추구하였다.[17] 로버트 슐러는 노먼 빈센트 필(Norman Vincent Peal)과 함께 미국 기독교와 대중 사회에서 적극적 사고방식을 옹호하며 긍정적 자아의 회복 운동을 일으켰다.

라우센부쉬와 슐러는 사회적으로 각기 다른 가치를 추구했으나, 둘 다 자아 중심의 실용성을 자신들의 신앙 운동 기저에 놓았다는 점에서 문화 기독교적 유사성을 갖는다. 현대 한국 기독교의 성장을 견인했던 여의도순복음교회 중심의 축복과 번영의 신학이 로버트 슐러의 영향을 크게 받은 것은 주지의 사실이고, 또한 같은 시기에 다른 한축에서 민주화 운동에 적극 참여했던 진보적 기독교는 라우센부쉬의 사회 복음 운동과 유사한 취지를 지녔다.

(3) 선택받은 도시의 꿈

미국의 초기 기독교는 하나님의 섭리 아래 새로운 땅에서, 새로운 삶을 살아가며, 새로운 도시를 건설하는 열망을 만들어가게 된다.

---

16 Ibid., 52-53.
17 Ibid., 106.

초기 청교도들은 미국을 새로운 이스라엘에 비유하며 모두가 주목하는 언덕의 도시가 되리라고 전망했다.[18] 미국의 초기 개척자이자 영적 선구자였던 청교도들은 하나님의 주권적 섭리에 의한 도시 국가 공동체를 건설하는 비전을 품었으며, 이는 미국이라는 땅과 청교도들에게 선민 의식을 부여하고 이에 대한 개인적 책임 의식을 강조하는 사상으로 발전한다.

미국은 역사의 종말에 하나님의 자비와 구원을 보여줄 마지막 사명을 부여받은 국가였다. 이러한 문화적 풍토는 비록 청교도들과 18~19세기에 왕성하게 일어났던 대각성 운동이 신학적, 교리적으로는 긴밀하고 직접적 연관 고리가 약함에도 불구하고, 열정과 사명을 강조했던 청교도의 정신이 대각성 운동의 즉각적이고 감정적인 결단주의로 이어질 개연성이 충분했다. 대각성 집회 현장에서 즉각적인 결단을 요구하는 것은 사실 속도와 효율성을 강조하며 모든 문제에 빠른 해결책을 기대하는 미국식 문화와 연관되었다고 볼 수 있다.

이러한 미국식 기독교의 발전은 사실 제도적이고 공적인 국가 종교가 아님에도 불구하고, 문화적으로는 유럽과 비교하면 미국 사회가 더욱 기독교와 긴밀한 관계 속에 놓이게 한다. 더욱이, 이는 미국인들이 선민 의식과 도시를 건설한다고 자부심을 갖게 하였다. 이와 같이 독특한 선민 의식의 기독교는 한국의 기독교인들에게도 전래되어 공명을 불러일으켰으리라고 짐작할 수 있다.

일제 강점기 하의 억압과 고통은 출애굽의 이스라엘과 동질감을,

---

[18] Ibid., 63.

정부 수립 초기 기독교인들 중심으로 기독교적 가치를 표방하면서 미국의 선민 의식을 모방하고 공유하려 하였다. 조심스럽게 평하자면, 한국 기독교는 미국 기독교 제국의 제후적 역할을 자발적으로 내재화시켰으며 비서구권 지역에서 양적으로나 질적으로 가장 견고한 기독교 세력을 구축했다.

(4) 자아 발견의 신학

미국은 유럽의 나라들에 비해 개인주의 문화가 훨씬 강조되었다. 18세기에 미국을 방문했던 프랑스의 역사학자 알렉시스 토크빌(Alexis Tocqueville)은 이제 막 형성되기 시작한 미국 사회의 특성을 '자기 관심'과 '개인주의'라고 규정한 바 있으며, 이는 유럽 사회와는 차별화되는 미국의 문화적 특성이라고 했다.[19] 이러한 미국인들의 자아실현과 개인주의적 특성은 자유를 찾아서 새로운 땅으로 온 특성도 있으나, 청교도들의 회심 내러티브와도 연관이 있다. 청교도들은 칼빈주의적 전통을 수용하였으나, 여기에 경건주의 영성을 덧붙여 개인의 신앙 확신 경험과 표현을 중시하는 문화를 만들었다. 이는 신앙이 형식화되고 관성화가 되는 흐름을 극복하고 신앙을 내적 세계의 깊은 통찰에서 조명하고자 하는 것이었다.[20]

---

19 Alexis de Tocqueville, *Democracy in America*. Ed. J. P. Mayer. Trans. George Lawrence (New York: Anchor, 1969), 506.

20 Neal Gabler, *Life the Movie: How Entertainment Conquered Reality* (New York: Vintage Books, 1998), 23-24. 저자는 미국에서 엔터테인먼트와 쇼비지니스가 문화가 번창하게 된 원인을 이와 같은 감정과 내면 중심의 신앙 체험 전통과 연관이 있는 것으로 본다. 유럽의 기독교는 공식적인 제도권 아래서 운용되어온 반면, 미국의 기독교는 개인과 자율적 교회들에 의해 형성되었기 때문이다.

이러한 흐름은 한편으로는 19세기 대각성 운동에서 개인의 선택과 결단을 강조하는 부흥 운동으로 발전하며, 다른 한편으로는 20세기에는 내담자 중심의 상담 문화를 발달시키는 심리학의 시대에 이르는 길을 열었다고 볼 수 있다. 한국 기독교에도 이러한 개인 자아 중심의 치유 문화는 1990년대 이후 큰 영향을 주면서, 전통적 공동체와 관습이 해체되는 21세기 글로벌 시대에 더욱 더 큰 비중을 차지하고 있다.

2) 현대 미국 사회의 영성적 변동

20세기 중반 이후 미국 문화와 영성의 관계를 역사적으로 고찰한 연구는 프린스턴대학교의 종교사회학자인 로버트 우쓰노우(Robert Wuthnow)의 『천국을 찾아서』(*After Heaven: Spirituality in America Since the 1950s*)를 들 수 있다. 우쓰노우는 이 책에서 미국인들의 영성이 제2차 세계대전 이후인 1950년대부터 정주적 영성(dwelling spirituality)에서 탈주적 영성(혹은 추구적 영성 seeking spirituality)로 변모해 가는 과정을 그린다. 정주적 영성의 주된 특징은 장소, 거주, 안정성을 추구하는 데 반해, 탈주적 영성 혹은 추구적 영성은 협상, 개인, 자유, 모험을 중시한다.[21] 원래는 전후 정착과 안주를 바라는 미국인들의 문화에서 기독교는 건물과 교단 중심의 기성 종교로 존재했다.

이 시기는 다시 사회의 질서를 구축하고 전쟁터에서 돌아온 이들

---

[21] Robert Wuthnow, *After Heaven: Spirituality in America Since the 1950s* (Berkley and Los Angeles: University of California Press, 1998), 4-5.

에게 안정성을 제공하는 종교 역할이 중요했고, 사람들은 제도적, 교리적 틀 안에서 종교가 주는 평안을 구가했다. 또한, 이러한 정주적 영성은 미국 사회가 기틀과 체계를 잡아가고 세계의 중심 국가로 발돋움하는데도 기여한다. 이런 환경 속에서 기독교는 미국의 사회 문화와 깊은 교류를 하고 지배적인 종교 기능을 행사한다.

그러나 1960년대 민권 운동과 자유 연설 운동이 흥왕하면서 제도적 종교의 범위를 벗어나 동양 종교와 신비주의 등과 같은 새로운 영성을 추구하는 움직임이 일어났다. 그러나 이는 기독교와 접목되긴 힘들었으며, 오히려 이러한 세속주의 운동에서 기독교는 위축되었다.

그러나 영적인 관심과 추구 자체가 사라진 것은 아니었다. 영성과 초월성에 대한 갈망은 오히려 새로운 양식으로 움트기 시작했다. 1970년대는 기독교가 한편으로는 TV 전도집회자들의 천박한 욕망 자극적 종교로, 다른 한편으로는 세속화되어가면서 위기에 처한 시기였다. 그러나 대중문화와 경제적 침체의 시기에 사람들은 새로운 질서에 대한 갈망을 추구하기 시작하였고 이는 새로운 종교적 삶을 수용하는 준비하게 하였다.

이는 과거의 전통 교회들이 제도와 교리로 사람들을 통제하는 방식이 아니라, 인간의 내면을 솔직하고 진정성 있게 탐구하는 신앙 운동이라 할 수 있다. 이 시기에 사람들은 자유방임적이고 기계적인 합리성에 식상하고 오히려 삶의 내면적 의미를 창조하고 안내해 주

는 영성 훈련에 이끌리게 된다.²²

1980년대는 영적이고 신비적이며 초월적인 세계에 대한 관심이 더욱더 증폭되는 시기였다. 동양 종교의 도입이나 초월 명상과 요가, 그리고 뉴에이지 운동이 도입됨과 동시에 대중문화에서 천사나 신비스러운 현상에 대한 관심도 늘어났다. 우쓰노우는 이 당시 미국인들의 천사에 대한 관심은 많은 이들이 하나님의 존재와 임재에 대해서 느끼는 불확정성이 점증하면서 그에 대한 대체 증상으로 볼 수 있다고 평한다.²³

이러한 상황에서 80년대 중반부터 복음주의교회들이 다시 힘을 얻기 시작하고, 가정 사역, 정신적 치료 등과 같은 삶의 각 영역에서 교회들이 관여하기 시작한다. 이처럼 질서 있으며 영적인 삶에 대한 갈망은 20세기 말에 구도자교회들을 비롯한 복음주의 르네상스를 일으키는 원동력이 되었다.

80-90년대로 들어서면서 새로운 영성에 대한 사람들의 관심은 내면의 자아를 발견하는 과정을 잘 반영한다. 과거 정주적 영성은 집에서 알맞게 자신의 관심사를 계발하면서 자신의 역할을 감당하는 영성이었다.²⁴

그러나 정주적 영성에서 탈주적 영성으로 이동하면서 자아에 대한 이해가 변화하기 시작한다. 70년대가 '나의 시대'(the Me Decade)라면, 80년대는 '탐욕의 시대'(the Decade of Greed)로 접어드는데, 이는

---

22 Ibid., 93.
23 Ibid., 123.
24 Ibid., 146-147.

60년대부터 일기 시작한 나르시시즘이 극단으로 점증한 것이다. 도덕적인 가치와 질서를 회복하려는 노력에도 불구하고 90년대는 중독의 시기가 되었고 이때 자기 계발과 회복, 심리 치료에 관심을 쏟게 된다.[25] 이러는 가운데 미국의 종교적 영성은 공적인 사회 영역의 주제들로부터 분리되고, 개인의 자아를 위해서 존재하는 사회 현상이 일어나게 된다.[26]

이처럼 종교적 영성이 정주성에서 탈주성으로, 제도성에서 개인주의로 진행되는 흐름에 대한 대안으로 우쓰노우는 실천 중심의 영성을 제시한다.[27] 현대 미국인들에게는 단순히 자기 계발과 치유적인 복음보다 더 근본적이면서, 사회성 있는 기독교 영성의 양식이 필요하기 때문이다. 실천적 영성은 신성함에 관여하는 공동체적 활동에 참여하는 여성으로서, 전통적인 정주적 영성의 안정성과 탈주적 영성의 자유로움을 포함해서 실제 삶에서의 변혁과 섬김으로 이어질 수 있다.

이처럼 정주적 영성에서 탈주적 영성으로의 이동, 그리고 이 양자를 보완하고 종합하는 실천 중심의 영성은 한국 문화 속에서 기독교의 영성 발전에서도 중요한 시사점을 던져 준다. 특히, 미국의 기독교로부터 영향을 받고, 그 맥락을 따라가는 한국 기독교가 사회 속에서 기독교 메시지와 영성의 위상과 역할을 예언적으로 진단하게 해줄 것이다. 이와 같은 문화와 영성의 궤적은 근대의 한국 기독교 성장을 이해하는데 있어서 방법론적 맥락으로 작용할 수 있을 것이다.

---

25 Ibid., 147.
26 Ibid., 151.
27 Ibid., 169-171.

3. 기독교의 문화적 내러티브

　문화와 기독교의 성장과 관련해서 마지막으로 간략하게 고찰해야 할 주제는 기독교가 한 사회에 문화적 내러티브를 제공하는 기능에 관한 것이다. 이는 기독교의 인지적 내용이 특정 사회에서 얼마나 호소력과 설득력이 있느냐에 관한 것이다. 앞서, 로드니 스타크의 글을 인용했지만, 로마 제국 아래의 초기 기독교도 새로운 문화 시스템을 제시할 뿐만 아니라, 동시에 삶을 해석하는 문화적 내러티브를 제공하였다. 자기 중심적이며 쾌락적이고 계층적인 인생과 세계 이해에 성육신하신 신의 사랑과 아가페적 공동체, 겸손과 긍휼과 구제의 삶이라는 가치와 에토스를 전함으로 그들이 살아낸 공동체의 문화 패턴을 입증하였다.

　사실 기독교의 문화적 내러티브 역량은 기독교가 사회에서 타당성 구조를 구축하는 데 있어서 우선적이고 중심적인 역할을 한다. 필자가 이 점을 문화와 기독교의 성장 관계를 다루는 논의의 마지막에 와서 거론하는 이유는 실제 우리의 삶에서 인지적 내용이 먼저 제시되고, 그에 입각한 행동을 경험하는 것이 아니라, 먼저 문화적 패턴과 공유된 삶의 양식을 경험한 뒤에 인지적 내러티브를 통해서 우리는 그러한 경험을 해석하는 것이 더욱 현실에 부합되기 때문이다.

　기독교 철학자 데니스 홀링거(Dennis Hollinger)는 교회가 인간의 실존 가운데 세계관을 설득력 있게, 개연성 있게 드러낼 수 있는 다섯 가지 영역을 다음과 같이 열거한다.[28]

---

[28] Hollinger, "The Church as Apologetics: A Sociology of Knowledge Perspective," 188-191.

첫째, 내러티브 차원이다.

이는 더욱 나은 이야기, 일관성 있는 내러티브로서 우리의 삶을 더욱 의미 있는 방향으로 이끌어 가는 내러티브여야 한다.

둘째, 인지적, 담론적 차원이 필요하다.

내러티브만으로 사람들이 묻는 모든 질문에 답을 주기엔 충분치 않다. 여전히 합리적 호소는 사람들에게 가장 울림을 주는 방식이다. 하지만 이는 반드시 기독교 세계관을 표현하는 살아있는 기관과 연결되어야 한다. 그럼으로써, 합리성은 인간 자아의 다른 차원들과 분리되지 않는다.

셋째, 상징적, 의례적 차원이 있다.

이는 인간이 자신의 생활 세계를 명료화하고 구체화하는 주요 매개체였다.

넷째, 생활 경험의 차원이다. 이는 인격적이고, 초월적인 하나님과 신앙의 초자연적 차원을 삶의 상황 속에서 생생하게 표현하는 것이다.

다섯째, 도덕적 행동의 차원에서 사람들의 집단적 세계관은 반영되기도 한다.

팀 켈러 역시 사람들이 공유하는 열망과 가치들을 문화적 내러티브(cultural narratives)라고 부른다.[29] 문화적 내러티브는 한 시대 사람들의 일상적 삶과 세계를 형성하고 규정짓는 이야기인데, 기독교는 이러한 문화적 내러티브 가운데 상황화가 되고 적실하게 다가갈 때 사회 속에서 자리를 잡아가며 영역을 확장할 수 있다. 그는 기독교의

---

29 팀 켈러, 『팀 켈러의 센터처치』, 오종향 역 (서울: 두란노, 2016), 190.

복음이 문화적 내러티브에 다가가는 문제를 이렇게 설명한다.

> 우리가 충성되고 공교하게 복음을 상황화할 때, 우리는 사람들에게 그들이 속한 사회의 근간과 희망이 되는 '문화적 서사'가 어떻게 예수님 안에서 해결되고 성취되는지는 보여 주는 것이다.… 어떤 문화는 매우 현실주의적이어서 구성원들로 하여금 소유와 권력을 많이 획득하라고 자극한다. 반면 어떤 문화는 개인적이고 주관적이어서 무엇보다도 개인의 자유를 추구하도록 권한다. 다른 문화들은 '명예와 수치'의 문화여서 존경이나 평판, 의무, 가정의 명예 등을 중시한다. 또 어떤 문화들은 자유분방해서 예술이나 철학, 학습에 최고의 가치를 둔다.[30]

문화는 사람들이 의미 있는 세계를 만들어가는 패턴으로써, 집합적 행동 방식이자 상징이다. 따라서 기독교가 문화적 맥락 가운데 전래 되고 효과적으로 상황화 되기 위해서는 이러한 문화가 담고 있는 의미 체계와 대화를 해야 한다. 그것이 바로 기독교가 대안 문화로서 사람들의 삶의 양식과 교류하며 새로운 해석 체계를 제공하는 것이며, 이를 문화적 내러티브라 명명할 수 있다. 이는 기독교의 수용과 성장에서 매우 중요한 역할을 담당할 것이다.

왜냐하면, 사람들은 자신들이 안고 있는 질문과 문제 의식에 대해서 기존의 종교나 문화가 답을 해주지 못할 경우, 새로운 답과 실마

---

30 Ibid.

리를 제공해 주는 종교를 찾을 수 있기 때문이다. 회심의 위기 단계에서도 볼 수 있듯이, 기존의 신념과 설명 체계가 흔들리고 위기의 상황에 대처하지 못할 때, 사람들은 대안 체계를 찾는다. 이때의 대안 체계는 많은 경우 종교적 신념과 세계관이 제공해 주게 된다.

앞서 살펴본 로마 제국 하의 초기 기독교 성장이나 미국 문화 속에서의 기독교적 역할과 위상은 긍정적이든, 부정적이든 당대의 문화적 상황과 교류하며 비판과 수용의 대응을 하면서 타당성 구조를 구축한 결과였다. 로마 제국 아래서 거대한 전염병이 돌고 사람들이 사회적으로 의지하고 연대할 곳이 없을 때, 기독교는 그러한 사회 복지적 서비스를 제공했고, 그러한 서비스를 제공하는 데 있어서 기초가 되는 예수 그리스도의 가르침을 문화적 내러티브로 가르쳐줬다.

미국의 초기 문화에서 청교도들은 신대륙에서의 삶을 선민적 섭리 아래서 조명하고, 새로운 생명과 개척적 환경 개발, 자아의 발견이라는 원리로 그들의 집단적 삶을 정당화시키는 내러티브를 구상했다. 이는 의식적이든, 무의식적이든, 기독교와 문화의 만남에서 필연적으로 일어나는 현상이다.

한국의 역사적 상황에서 기독교가 전래하고 정착되며 성장할 때에는 바로 이와 같이 한국인들에게 타당성 있는 문화적 내러티브를 제공했기 때문이다. 이를 위해서는 우선 20세기 초반의 한국이라는 문화적 토양 속에서 기독교가 어떻게 연결되고 수용되었는지를 이해하는 작업이 선행되어야 한다.

제3장

한국 문화에서의 기독교 수용

　새로운 종교의 도입은 기존의 종교들과의 조우 속에서 일어나게 된다. 기존의 종교들은 기존 사회에 특정한 문화적 모판을 형성해 놓았다. 종교는 문화의 내적 실체로 작동하기 때문이다. 본 장에서는 한국의 전통 문화를 간략히 이해하면서, 기독교가 전통 문화와 종교들과 어떻게 교류하며 수용되고 형성되었는지를 거시적 관점에서 살펴보겠다.

1. 한국적 상황에서 새로운 종교 수용의 양상

　기독교가 전래되기 전, 한국 역사에서의 전통적인 종교는 유교, 불교, 무교를 꼽을 수 있다. 이 가운데 가장 최근까지 한국인들의 공적인 생활 양식을 지배한 종교는 유교였고, 가장 오랫동안 한국인의 심성 깊숙이 들어가 있는 종교는 무교였다. 불교는 삼국 시대 사찰의 대대적 창건 및 불국 정토 사상을 통해 뚜렷한 세계관을 견지했으며 고려 시대에도 지배적인 정치 이념이었다.

유교가 지배하던 조선 사회에서도 민중들에게는 가장 친숙하고 대중적 종교인 것은 분명하나, 숭유억불 정책에 의해 공적 위치를 누리진 못하였고, 또한 한국의 재래 종교인 무속 신앙과 결합하여 불교의 독자적인 고유 성격이 많이 희석되었다.[1] 따라서 한국인의 역사 속에서 가장 영향을 깊고 견고하게 준 전통적인 종교는 유교와 무교라 볼 수 있다.

최준식은 한국인의 전통적인 가치관이 가장 최근에 정교한 통치 체계로 500년 동안 한국인의 생활을 지배했던 유교와 가장 오랫동안 한국인의 정서에 깊숙이 자리 잡은 무교라는 두 종교에 의해서 이중적으로 혼재되고 있다고 주장하는데, 사람들의 의식 기층에는 무속 신앙적 요소들이 자리 잡고 있고 사람들의 의식과 생활인 표층에는 유교적 태도가 자리잡고 있다는 것이다.

최준식에 의하면, 유교적 가치관은 규범적, 질서 지향적, 위계적, 남성적, 집단적인 특성을 보인다. 반면, 무교적 가치관은 탈규범적이고, 무질서에 대한 동경(자유분방함), 평등적, 여성적, 개인적이라

---

[1] 최준식, 『한국의 종교, 문화로 읽는다 1』(서울: 사계절, 2011), 64. 예를 들어, 불교의 사찰들은 무교적 모습을 많이 띠게 된다. 최준식은 불교에서는 신도들을 산속의 절까지 오게 하려면 무교의 요소들이 필요했기 때문이라고 주장한다. "대표적인 것이 삼신, 즉 불교 계통의 독성, 도교나 무교 계통의 산신과 칠성신을 모시는 삼성각, 혹은 삼신각과 같은 것이다. 이와는 반대로, 무교 안에 불교의 요소들도 굉장히 많이 들어와 있으며 무교는 불교의 품 안에서 존재했다 해도 과언이 아니며, 이는 많은 한국인이 스스로는 무교 신자라고 하지 않고 불교 신자라고 하면서 사실상 무교적 방식의 불자인 경우가 많은 이유이다.

고 한다.² 이 두 가지 종교는 가장 최근에 도입되어 한국의 현대 사회와 문화 형성에 지대한 영향을 준 기독교와 조우하며, 수용과 거부의 과정을 거치며 기독교가 상황화되는데 중요한 변증법적 기제로 작동한다. 따라서 한국적 기독교의 정체성과 형성 과정을 이해하기 위해서는 무교와 유교를 이해하는 게 필수적이다.

1) 무교와 기독교

한국의 무속 신앙은 상고사의 축제들인 고구려의 동맹, 부여의 영고와 같은 데서부터 그 역할과 자취를 가늠할 수 있는데, 원래 시베리아의 샤머니즘에서 유래하였으며, 기층 민중의 삶 속에 깊이 침투하여 가장 오랫동안 한국인의 고유하고 전형적인 정서를 형성하였다. 고대의 축제들은 굿판이나 다름없는 것인데, 신명 나게 춤추고 마시고 즐기는 광적인 자리였으며, 뜨거운 열정을 쏟아붓는 자리였다. 마치 무당이 망아경 상태 속에서 신과 합일되는 관계에 들어가려는 것과 큰 차이가 없다.³

유교가 합리적이고 질서 있는 삶을 추구한다면, 무교는 이지적 측면보다는 감정과 파격에 더욱 익숙하다고 봐야 한다. 지금도 한국인들의 놀이 문화를 대변하는 노래방, 술집과 회식, 그리고 연례적으로 찾아오는 대대적인 거리의 응원 문화는 이러한 무교의 집단적 열성과 도취감을 엿보게 한다.

---

2 최준식, 『한국인을 춤추게 하라』(서울: 사계절, 2007), 5.
3 최준식, 『한국의 종교, 문화로 읽는다 1』, 58.

기독교가 한국에 전래 되는 데 있어서 무교는 하나의 종교로서 수용되기보다는 미신적이고 흉측한 풍습으로 배척되었다. 따라서 형식적으로는 기독교의 수용에 있어서 무교의 존재감은 매우 미미하거나 부정적으로 보인다. 조직신학자 권문상은 한국 기독교 속으로 스며든 무교적 잔재를 다음과 같이 열거한다.

첫째, 구복적이고 신비적인 언어들을 동원한 저급한 예배 의식의 잔존,
둘째, 물질주의적 혼합주의,
셋째, 윤리 의식의 부재,
넷째 반 공동체적 가족 이기주의 등이다.[4]

하지만 무교는 교리나 제도가 아닌 무의식적 정서 속에서 기독교의 수용에 깊이 관여한 것으로 보인다. 한국 기독교만의 뜨겁고 열정적인 집단적 통성 기도와 기복적인 관습들, 신비적 현상의 추종, 귀신관 등은 무교의 전통적 정서 및 풍습과 밀접한 연관을 맺고 있다. 비록 무교가 저급한 미신 숭배로 보일 수 있지만, 기독교 선교를 위해서는 무교의 뿌리 깊은 영향력을 무시할 수 없었고, 무교적 심성은 한국 기독교의 기층에 파고들 수밖에 없었다. 더구나, 기독교의 지도자들도 이러한 무교적인 정서를 공유하는 것으로 보인다. 최준식의 설명을 들어보자.

---

4 권문상, 『부흥어게인 1906』(서울: 브니엘, 2010), 94-99.

이런 교회의 현상과 맞물려 돌아가는 것 중에 또 무교적인 것이 눈에 띈다. 목사만이 갖고 있는 귀신 쫓는 힘 등은 그냥 일상 생활 속에서 얻어지는 것이 아니다. 그들이 이러한 영력을 얻기 위해 제일 많이 이용하는 곳은 기도원이나 산이다. 무당들도 자신의 '영 빨'이 자꾸 떨어지면 산속에 들어가 산 기도를 올리는 경우가 종종 있으니 목사의 그것이나 무당의 그것은 일종의 재충전이라는 의미에서 일맥상통한다. 목사들이 무당처럼 영통을 위해 산을 찾는 것도 한국 기독교의 고유한 특징이라고 할 수 있다.[5]

위와 같은 무교와의 결합은 개신교가 천주교보다 더욱 두드러지는데, 이는 한국의 문화적 토양에서 개신교가 '성공적'으로 수용되고 정착되었다는 짐작을 가능케 한다. 이 토양은 다름 아닌 무교적인 것이었으며, 오늘날 한국 개신교의 세계 교회사적 업적으로도 종종 거론되는 세계 최대 교회인 여의도순복음교회의 위용, 서구 기독교인들을 깜짝 놀라게 하는 새벽 기도의 헌신, 화끈한 통성 기도, 목회자의 신령한 능력 등에 대한 집착 등은 한국 기독교가 무속적 신앙과의 융합을 거치면서 형성한 관습이라고 봐도 무리가 아니다.

2) 유교와 기독교 수용

무교가 기층에서 한국인들의 의식과 정서를 지배했다면, 한국인

---

5 Ibid. 79-80.

들의 공적이며 관계적인 생활 양식을 형성하는데 가장 큰 영향력을 준 것은 다름 아닌 유교이다. 조선은 세계 유교사에서 유례없이 완성도 높은 성리학적 사회 체계를 이루었다. 그리고 기독교가 한국에 전래하는 데 있어서 유교와의 타협과 유교적 적응은 필연적이었다.

고려 말 성리학 연구와 조선의 건국 및 체계적 통치 이념으로 한국의 문화적 토양에 자리 잡은 유교는 나라와 백성을 다스리는 근본이었다. 한국의 유교는 성리학으로 대변되는데 이는 고려 말에 원나라로부터 수입되었다.[6] 원나라는 광대한 중국을 통치하기 위하여 주자의 성리학을 수용하여 관학으로 지정하였는데, 당시 성리학은 도덕적이며 실천적 성격에서 백성들을 적절하게 통치하기 위한 것이었다.

고려 시대 대몽 항쟁 이후 원나라의 간섭기에 중국의 정치 및 풍속이 우리나라에 미치는 영향력이 점점 등재하면서, 고려 말 원나라로 유학 간 신진 사대부들이 성리학을 받아들이게 된다. 주자에 의해 정립된 성리학은 유교의 다른 학파들을 사문난적으로 취급하며, 고려 말과 조선 초에는 불교에 대해서도 매우 비판적인 태도를 보이게 된다. 불교는 인간의 마음 세계만을 다루며, 공과 무에 집착함으로써 인간의 도덕적, 사회적 책임을 회피한다는 것이다. 반면 유교는 우주 원리로서, 인간의 공적, 사적 영역에 함께 관여하고 지배하는 훨씬 더 체계적인 세계관을 제공했기에, 조선은 성리학을 통치 이념으로 삼게 된다.

---

6 Ibid., 176ff. 이하의 한국적 유교의 수용과 형성에 대한 기술은, 정수복의 『한국인의 문화적 문법』(서울: 생각의 나무, 2007) 제6장 한국 사회의 유교화 과정 및 배병삼의 『우리에게 유교란 무엇인가』(서울: 녹색평론, 2012)를 참조하였다.

(1) 자발적 사대주의에 의한 성리학 수용[7]

고려 말 신진 사대부들로부터 수용된 한국적 성리학이 형성시켜 준 중요한 태도가 있다면 그것은 바로 자발적이며, 적극적인 사대주의라 할 수 있다. 이는 명나라를 중심으로 한 중국적 세계제국의 한 제후국으로 조선을 기꺼이 자리매김하고자 하는 것으로서, 우월한 문명으로의 귀속 의식을 지향하면서 조선 사회를 철저하게 유교화시키고, 성리학의 이념을 내면화시키려는 시도였다.

따라서 조선 시대 전반에 걸쳐 성리학적 원리가 법제화되고, 조선 후기에는 민간 생활과 풍습의 구석구석에 이르기까지 성리학의 영향이 파급되었다. 반면, 기존의 불교, 도교, 무교 신앙 및 새롭게 전래 된 천주교에 대해서는 가혹한 억압과 철폐 및 탄압 정책을 통해 성리학 중심의 사회로서 조선 사회를 형성하는 데 역점을 기울였다. 조선 왕조가 500년 이상 지속하여온 현상에 대해서 많은 이들은 성리학의 철저하고 체계적인 조선 사회 지배를 꼽는 이들이 많은 것도 바로 이러한 이유 때문이다. 성리학적 세계관과 문화는 단순히 왕족과 귀족, 혹은 수도인 한양에만 머문 것이 아니라, 지방과 시골에 이르기까지 조선인의 공적, 사적 삶의 패턴을 장악했다.

(2) 성리학적 사회 개혁

조선의 성리학 엘리트들은 주자가례를 전범으로 한 관혼상제 전

---

[7] 고려 말과 구한말에 일어난 성리학과 기독교의 전래를 새로운 문명 질서로의 귀속이라는 패턴으로 해석하는 이하의 논의는 2007년 5월 25일에 열린 한국 복음주의운동연구소 집담회에서 김명윤 목사(한국학중앙연구원 한국사[Ph.D.], 현재 현대교회 담임)가 발표한 "한국에서 성리학과 개신교 역사의 비교 연구를 위한 시론"에서 빌린다.

반에 대한 정비 작업을 수행했다. 결혼 제도에서 전통적으로 신랑이 신부의 집에서 예를 치르거나 처가에서 일정 기간을 지내던 남귀여가, 서류부가혼, 처처제에서 친영례로 대치되기 시작했다(태종이 세종의 혼인을 직접 친영례, 즉 신랑의 집에서 치르는 방식으로 바꾸기도 했다). 이는 조선 중기 이후, 여성과 처가의 역할이 점점 약화 및 축소되고 남성 중심의 가문이 형성되고, 유산도 이에 따라 배분되는 제도를 낳게 한다.

(3) 남성 중심의 사회 형성

가장 두드러진 성리학적 이념의 가정 생활 개혁은 상속과 제사의 변화라고 할 수 있다. 이전에는 재산을 평균하여 분급했고, 또한 돌아가신 조부모나 부모에 대해서 제사를 아들, 딸 가릴 것 없이 형제가 서로 돌아가며 제사를 지내는 윤행이 관습이었으나 장손 우선으로 제사의 봉사 제도가 정착된다.

그러면서 외손이 조상의 제사를 담당하는 외손 봉사 제도는 소멸된다. 이러한 제사의 변화는 상속에서도 점차적으로 혼인한 딸의 역할과 권리가 감소하는 결과를 낳는다.

원래 토지 상속은 조상 제사를 위하여 따로 농사지을 인력과 땅을 떼어주는 것인데, 제사 봉사의 의무가 장자와 증손에게만 맡겨짐으로 자연히 재산도 장자와 증손에게 상속되는 관행이 시작된 것이다. 이로 인해서 원래 한국 역사에서 상당한 역할을 담당했던 여성은 조선 시대 성리학적 질서가 고도화되고 정착되는 조선 중기 이후로 은닉된 존재로 전락한다.

(4) 가부장적 가족주의

조선 중기 이후, 구체적으로 두 차례의 전쟁(임진왜란, 병자호란)을 거친 뒤로, 흉흉해진 민심과 사회적 위기를 극복하고 백성들을 다시 통제하고 결속시키기 위해서 문중 조직이 활성화되고 족보 편찬 사업이 시작된다. 이는 한국의 위계적인 가부장 문화를 만드는데 주된 역할을 하게 된다. 단지 가족 안에서만 이러한 위계질서가 형성된 것이 아니다. 지방의 향촌 사회에서도 유교화가 이어지면서, 반상의 질서에 따른 양반 지배층의 농민층 교화를 통한 지배권 확립이 진행되었다.

우선, 향약과 같은 풀뿌리 단위에서도 유교적 도덕 공동체가 함양되는 것은 나름대로 의미 있는 공동생활의 체계화라고 볼 수 있다. 향약에서는 공동생활에 필요한 선행과 악행의 기준을 정립하고, 또한 마을의 대소사가 있을 때 지역민들이 함께 모여 회의를 하고, 중요한 결정을 내리며, 이 회의에 참여하고 회의를 진행하는 규칙까지 섬세하게 마련하기도 하였다. 전통 사회에서 지방의 마을은 이질적인 사람들이 모인 곳이라기보다는, 가족과 친척들이 주된 구성을 이루는 씨족 사회라 볼 수 있다. 따라서 이러한 향약의 규범 정립은 사실상 가부장적 가족주의를 더욱 공고히 해서, 국가로부터 사회의 기층에 이르는 위계질서를 확립하는데 그 목적이 있었고, 이는 상당히 성공적으로 조선 사회에 장착되었다고 볼 수 있다.

(5) 이념적 문명 질서로의 귀속성

성리학은 500년 동안 경국대전, 주자가례 등에 의해 한국 사회의 구석구석을 효율적이고 체계적으로 통치했다. 그리고 조선 사대부들에게 성리학적 이념의 원천은 중국, 그것도 명나라에 있었다. 이러한 사대주의는 명나라에서 청나라로 왕조가 교체된 이후에도, 계속해서 사라진 나라인 명나라를 향한 존경과 흠모로 간직되었다. 그리고 화이론에 입각해서 청나라는 권력 질서에서는 순복했으나 정신적으로는 인정하지 못한다. 마음속으로는 여전히 조선은 존재하지 않는 명나라의 충실한 제후국이었던 셈이다.

반면, 이미 국제 정세는 엄청나게 바뀌어서 중국은 서구 열강에 의해 무력해지는 중이었고, 조선 후기에 농민 계층에서 생존을 위한 저항을 일으킬 때 조선의 지배 계급은 시대 변화를 인식하지 못한 채 명나라를 의존하며 무력하고 고답적인 모습을 보이다가 일본에 의해 합병되는 비운을 맞는다.

조선 성리학 사대부들의 특유한 집단적 태도를 가장 잘 보여 주는 개념이 '재조지은론'(再造之恩論: "거의 멸망하게 된 것을 구원하여 도와 준 은혜"라는 뜻으로 명나라를 대하는 태도)이다. 즉, 임진왜란 당시, 조선이 왜군에 의하여 유린당하고 망하게 되었을 때, 명나라에서 원군을 보내어 조선을 지켜준 은혜에 보답해야 한다는 것이다. 엄밀히 말해서, 중국(명나라)에 대한 의리와 충심은 사실 중국이라는 민족이나 나라가 아니라, 중국에서 생성되고 정립된 성리학적 이념과 세계 질서에 대한 지조라고 볼 수 있다.

이와 같은 재조지은의 태도는 공교롭게도 20세기 들어서 한국 현대사에서 남북한 모두에게 반복된다. 남한의 경우에는 한국 전쟁으로 낙동강 이남만이 남아서 위태로워졌을 때 미국의 도움으로 간신히 국가를 지켰다고 보면서 재조지은 사상이 그대로 미국에 적용된다. 마찬가지로, 북한도, 연합군과 국군이 압록강에 이르고 북한 정부가 괴멸될 지경에 놓였을 때, 마오저뚱의 중화인민공화국 군대의 도움으로 기사회생하게 됨으로 (비록 주체 사상의 정립과 확산으로 약화하긴 했지만) 중국에 대한 재조지은 사상이 어느 정도 유지될 수 있었다.

이와 같은 재조지은 사상이 20세기에도 전승됨으로 말미암아, 이는 한국 현대사에서 기독교가 침투하고 정착되는 데 있어서 상당한 역할을 했으리라 추론할 수 있다. 근래에 대한민국 대통령의 탄핵 사태로 말미암아, 진보와 보수 양 진영이 광화문과 시청 앞 광장에서 집회를 열 때, 보수 진영의 큰 비중을 개신교의 전통적인 기성교회 교인들이 차지하였으며, 이들의 집회에서 태극기와 함께 성조기가 빠짐없이 등장하는 것을 볼 때, 기성 한국인의 의식 속에 미국에 대한 재조지은 사상은 기독교인들을 중심으로 상당한 정도로 확산된 것으로 보인다.

3) 일제 강점기의 재유교화

일제 강점기는 유교 국가인 조선이 몰락한 이후의 기간이므로 유교적 이념과 질서 또한 약화되어야 마땅하나, 조선 총독부는 유교적 이념에 기반을 둔 효율적 관료 체제를 통해 조선 백성을 통제하는 방식을 택한 것이다. 가장 먼저는 국가의 위계질서 상 정점에 있던 임금에 대한 충성을 일본의 천황에 대한 충성으로 바꾼 것이다. 그리고 근대적 호주제를 기초로 한 가족법을 제정하고 공포하였는데,

이는 주자가례를 대치할 뿐만 아니라 그 형식을 계승하는 것이었다.

또한, 일본 군국주의의 신토이즘과 유교적 충성 이념을 결합한 동원형 사회를 조성하여 천황에 대한 절대 복종을 요구하게 되는데, 이를 위해서는 국민을 향한 계몽과 교화가 필수적이었다. 1890년에 일본의 메이지 천황이 발표한 '교육칙어'는 일본에서도 바로 그와 같은 용도로 만들어졌는데, 이러한 내용이 담겨 있다.

> (중략)… 그대들 신민은 부모에게 효도하고 형제에게 우애하며, 부부 서로 화목하고, 붕우 서로 신뢰하며, 스스로 삼가 절도를 지키고 박애를 여러 사람에게 끼치며, 학문을 닦고 기능을 익힘으로써 지능을 계발하고 훌륭한 인격을 성취하며, 나아가 공익에 널리 이바지하고 세상의 의무를 넓히며, 언제나 국헌을 무겁게 여겨 국법을 준수해야 하며, 일단 국가에 위급한 일이 생길 경우에는 의용(義勇)을 다 하며 공을 위해 봉사함으로써 천지와 더불어 무궁할 황운(皇運)을 부익(扶翼)해야 한다.… (중략)

이 교유칙어는 식민지 조선과 대만에도 공포되어 한국인의 문화습관을 지배하려고 하였다. 이 교육칙어는 한국 현대사의 대표적인 국가주의 시대인 유신통치기에 널리 배포된 국민교육헌장의 모판이라고 할 수 있다. 국민교육헌장은 유신통치기보다 좀 더 일찍 제정되었으나, 기본적으로 국가주의적 의식을 형성하는 데 그 목적이 있던 것은 사실이다. 국민교육헌장의 주요 내용은 교육칙어를 연상케 하며 그 전개와 유사하다.

우리는 민족중흥의 역사적 사명을 띠고 이 땅에 태어났다. 조상의 빛난 얼을 오늘에 되살려, 안으로 자주독립의 자세를 확립하고, 밖으로 인류 공영에 이바지할 때다. 이에, 우리의 나아갈 바를 밝혀 교육의 지표로 삼는다. 성실한 마음과 튼튼한 몸으로, 학문과 기술을 배우고 익히며, 타고난 저마다의 소질을 계발하고, 우리의 처지를 약진의 발판으로 삼아, 창조의 힘과 개척의 정신을 기른다. 공익과 질서를 앞세우며 능률과 실질을 숭상하고, 경애와 신의에 뿌리박은 상부상조의 전통을 이어받아, 명랑하고 따뜻한 협동 정신을 북돋운다. 우리의 창의와 협력을 바탕으로 나라가 발전하며, 나라의 융성이 나의 발전의 근본임을 깨달아, 자유와 권리에 따르는 책임과 의무를 다하며, 스스로 국가 건설에 참여하고 봉사하는 국민정신을 드높인다.…(중략)

이와 같은 국가 중심의 통치 이념에 따른 위계질서의 확립, 그리고 국민 계몽과 동원이라는 인식은 유교 전통의 문화로부터 기인한 것이라 볼 수 있으며, 조선에서 일제 강점기로, 그리고 한국 전쟁에서 반공 근대화 시대로 이어지는 동안에 한국 사회의 정신적 가치를 이끄는 중요한 기제가 된다. 아울러, 기독교는 이러한 유교적 동원과 규율 사회에 부응하여 한국 사회에 정착하게 된다.

4) 새로운 문명 질서로서의 기독교 수용

일제 강점기의 재유교화 가운데 오히려 새로운 문명 질서를 모색하는 통로 역할을 한다. 한국 기독교의 성장은 일제에 대한 저항 논리에서 서구 종교와 문명에 의존한 것만은 아니다. 일제에 대한 저항으로 기독교가 성장했다는 가설을 따른다면, 이는 한국 전쟁 이후 한국의 신자 수가 폭발적으로 증가한 것을 설명하지 못한다. 한국교회는 1960년대부터 1980년까지 가장 크게 성장한다. 이는 반일 사상이 기독교 성장의 주된 동력은 아님을 보여 준다. 물론 기독교를 받아들이는 배경은 될 수 있다.[8]

　기독교(개신교)가 구한말에 도입되었을 때의 형태는 고려 말 성리학이 조선에 도입된 것과 비슷한 양상을 띤다. 일단 구한말에 기독교는 광범위한 서구화 및 근대화 운동의 일환으로 수용되었다. 기독교는 서구 문명의 핵심이었기 때문이다. 마찬가지로, 고려 말 성리학도 중국이라는 더 우월한 문명에 귀속되고, 그 문명의 이념과 관습을 배우고 체득하기 위해서 수용되었다. 물론 19세기 초반에 이미 천주교가 전래 되었으나 천주교는 개신교보다 조선 선교에 앞섰으나, 자유로운 선교 활동은 개신교 선교사보다 입국이 늦어져 1890년대부터 시작되었다.

　천주교는 조선 정부로부터 혹독한 탄압을 받으면서 비록 교세는 줄지 않았어도 신도들이 산속에 숨거나 피신을 하였지만, 개신교의 전래는 정부의 서구 문명에 대한 호의적인 개방 분위기 속에서 이루어져 20세기 한국에서의 기독교 역사는 개신교를 중심으로 이루어진 것이 사실이다. 따라서 고려 말 성리학이 불교적 국가 체계를 대치하면

8　아사미 마사카즈·안정원, 『한국 기독교, 어떻게 국가적 종교가 되었는가』, 200.

서 새로운 문명 질서로서 전래되었다면, 구한말 기독교는 성리학적 질서와 이념을 대치하는 또 다른 새로운 문명 질서로서 소개되었다.

성리학이 조선이 중국을 문명의 중심으로 삼고 제후국의 임무를 수행하는 이념 체계였다면, 기독교는 구한말 위기와 일제 강점기 동안에도 한국의 자강과 발전을 위한 문명적 학습 통로였다. 중국의 역할을 미국과 영국 등의 서구 국가들이 어느 정도 대치할 가능성도 있었다. 이는 일제 강점기에도 한국의 지도자들과 선각자들이 일본 체제의 우월성을 인정하지 않는 태도를 반영하기도 한다. 마치 명, 청의 교체 이후 청나라가 중국 대륙을 지배하고 있음에도 불구하고, 조선 사대부들이 청나라를 오랑캐로 여기며 인정하지 않고 명나라의 문명적 우월성을 인정한 것과 같은 이치이다.

한국인들에게 일본은 마치 청나라와 같은 근본 없는 지배 체제일 뿐이었고 기독교 국가인 미국과 영국은 명나라와 같은 문명과 이념적 대안이었다. 이상재와 조만식과 같은 초기 기독교인들이 기독교를 통한 신학문 수용과 부강의 길을 모색했고, 초기 기독교인들 가운데에는 일본 군국주의 체제에 저항하며 사회주의적 자주성을 기독교 신앙과 연결하는 운동도 일어났다.

5) 기독교 선민 사상

한국 현대사에서 기독교가 비약적으로 발전한 데에는 독특한 선민 사상이 기여를 한 것으로 보인다. 기독교가 새로운 문명 질서로서 수용되면서, 한국교회는 이스라엘이나 미국의 선민 사상과 묘한 일체감을 맛보았다. 일본의 지배를 받으면서도 서구 문명과 기독교에 더욱 친화적 자세를 견지한 것은 단지 생존과 극복을 위한 전략이 아니라, 성경 이야기를 우리 민족의 이야기로 자연스럽게 승화시키는 길을 찾은 것이다.

일제 강점기의 억압과 박해는 이집트 파라오 아래서 고난받는 히브리인들과의 일체감을 선사했으며, 미국과 미국 기독교와의 친화적 관계는 미국교회를 열심히 배우고 따르며 종교적, 선교적 소명을 공유할 수 있는 비전을 품게 했다. 초기 한국 기독교의 수용과 발전은 단순히 일본에 대한 저항과 도피처로서의 기독교에 대한 관심 때문만은 아니었다.

한국에서 기독교가 성장하기 위해서는 민족 의식과의 동행이 필요했다. 아사미 마사카즈와 안정원은 이렇게 말한다.

"일제 강점기에 한국인이 항일의식만을 기축으로 기독교회에 결집했다고 한다면, 전후 '항일'의 의미가 없어진 시점에서 국교화되지 않은 기독교는 민족종교로서 와해의 위기에 봉착할 것이다".[9]

한국에서 기독교의 수용은 부정적 차원의 도피처로서 기능만을 수행한 것이 아니라, 한국인의 정체성을 기독교적으로 재정립하는 개념적 토대를 마련했다.

한국교회는 이스라엘 민족이 절대자에게 선택받았다는 선민 사상을 한국인에게 적용했다. 즉 신이 특별히 우수한 능력이 있는 것

---

9 Ibid., 171.

도 아닌 한국인을 자기 백성으로 선택해주셨다는 것이다. 이로써 한국인은 신과 계약을 맺는 것이 된다. 한국교회는 일제 강점기에 민족적 고난이라는 의식에서 내면적 신앙을 중시하는 신비주의적 경향이 강화되었고, 당시 일본교회는 이를 두고 유대적, 구약적 기독교라고 여겼다. 그리고 이 경향은 현재에도 변함이 없다. 한국인은 자신들에게 이스라엘적 선민 사상을 적용함으로써 기독교를 민족 종교로 여기는 것이 가능하게 된 것이다.[10]

영문으로 소개된 국호인 Chosen에도 선민이라는 중복된 의미가 담겨 있었고, 초창기 기독교계에서 나온 잡지의 이름이 『선민』이기도 했다. 한국 기독교의 선민 의식은 양가적 특성을 보일 수 있다. 한편으로는 서구 기독교 문명에서 나타난 것과 같은 특권주의와 우월주의 기독교를 배태할 수도 있지만, 다른 한편으로 약자의 위치에 있을 때는 고난을 극복할 뿐 아니라 긍정적 성장으로 나아가는 동력이 될 수도 있다.

2. 한·중·일의 기독교 수용 비교

한국적 기독교와 그 수용의 특징을 이해하려면 일본과 중국에서 기독교가 수용된 것과의 비교를 통해서도 단서를 얻을 수 있을 것이

---

10 Ibid., 201-202.

다. 각 나라의 기독교 수용을 간략하게 정리하면서 한국 기독교의 독특한 정체성과 성장의 기반을 탐색해 보자.

1) 일본의 초기 기독교 수용[11]

일본은 1859년에 미국으로부터 최초의 개신교 선교사를 받아들였으며, 1872년 최초의 개신교회가 설립되고 19873년부터는 기독교 금지령이 해제되었다. 초기 선교사들은 일본에서 주로 영어학교를 설립하고 서양 의학을 소개하며 성경을 일본어로 번역하는 일을 담당했으며, 메이지 유신 이후 중앙 권력으로부터 소외된 사족(사무라이)의 자녀들이 기독교를 통해서 선진 문물을 익혀 다시 일본 사회에 영향력을 회복하는 통로로 삼았던 것으로 보인다.

일본 인구의 6% 미만인 사족(과거 사무라이 계급에 속한 계층)이 신자의 약 30%를 이루었으니 초기 일본 개신교의 주된 구성원은 사무라이 계층의 자녀들이었다. 이들은 비록 몰락한 귀족이지만, 상류층 지식인이었으며, 무사 계급의 전형적 정신인 용맹, 충성, 명예를 소중히 여기는 이들이었다. 이들은 일본의 근대화와 새 질서의 확립을 목적으로 서양 문명을 배우려는 일환에서 기독교를 받아들였다고 볼 수 있다.

일본의 초기 기독교 성장기는 1883년부터 1888년인데, 규슈 지

---

[11] 일본의 초기 기독교 수용에 관해서는 조재국의 논문을 중심으로 발췌, 요약해서 전개한다. 조재국, "초기 기독교수용의 성격에 관한 한일 비교 연구," 「신학과 실천」 제41호 (2014년 가을): 487-513.

역에서 사족들을 중심으로 보급된 기독교가 급속한 성장을 성취하고 활발히 선교 활동을 전개하였다. 1888년 통계에 의하면, 249개의 교회와 25,514명의 신도, 그리고 1년간 성인 수세자 수가 6,959명에 이르렀다. 당시에 일본에서는 '구화주의'(毆化主義)의 유행으로 기독교 선교 열풍이 일어났으며, 심지어 기독교를 일본의 국교로 삼자는 주장이 신문 사설에 실리기도 했다. 근대화 일본은 우리나라보다 20년 이상 앞서 교회의 성장을 경험하였기에, 일본 교회에서는 그때 이미 조선인들을 상대로 전도를 하려는 움직임도 활발히 일어났다.

일본 초기 기독교 신자들의 특성을 정리해 보자.[12]

첫째, 주로 국가에 대한 충성과 기독교를 통한 문명 개화를 목표로 삼은 사무라이 계층의 자제들이 많았다.

둘째, 메이지 정부에서 소외된 이들에게 기독교는 서양 문명의 학습 통로가 되었다.

셋째, 개인적 신앙과 영혼 구원보다는 근대 문명과 사회 변화라는 이념적 성격의 기독교로서 자주적이고 윤리적인 기독교 형성에 주력했다. 이로 인해 일본의 근대화 과정에서 사회 복지, 인권 신장, 여성 교육, 금주 금연, 노동조합 등의 성과를 이루었다.

넷째, 서양의 교파적 교회 형성을 거부하며, 외국교회로부터 행정적, 경제적 독립을 추구했다.

---

12 조재국의 논문은 일본 선교사인 George S. Eddy의 일본 기독교에 대한 객관적 분석을 인용하는데(506), 이 10가지 특징은 에디의 요약을 토대로 필자가 다시 정리한 것이다.

다섯째, 판사, 교수, 정부 고위 관리, 정치인, 귀족, 현 의회 의장 등 상류층, 지식인 중심의 종교가 되었다.

일본 기독교는 이러한 기틀을 다지면서 19세기부터 발전해 갔지만, 천황제를 중심으로 한 국가 신도라는 제국주의적 압력 속에서 기독교는 국가에 대한 충성에 위배 되는 종교로 의심과 견제를 받을 수밖에 없었다.[13] 특히, 20세기에 일본의 군국주의적 분위기가 더욱 강해지면서 신도 국가주의는 기독교의 발전에서 심각한 장애 요소로 작용했다.

또한, 자유주의 신학이 유입되면서 성경과 기독교 교리에 대한 이해가 깊이 뿌리 내리지 못했다. 군국주의적 천황제 확립과 자유주의 신학의 유입 및 확산은 일본 기독교가 전도의 부진을 겪는 주된 배경으로 지목되기도 한다.[14]

위와 같은 일본 초기 기독교 신자들은 일본의 개화와 근대화의 통로로 기독교를 수용하고자 했다. 윤리적, 문명적 원동력으로서 기독교를 받아들이고, 일본 사회에서 상당한 개혁을 시도하기도 했으나, 일본 기독교는 실용적인 성향에 머무르는 경향이 있었다. 이는 다른 말로 해서, 기독교의 영적이고, 구원적인 성격이 윤리적, 지적, 사회 개량적 성격만큼 강하게 나타나지 못한다는 것이다. 기독교가 공적

---

13 양현혜, 『근대 한·일 관계사 속의 기독교』(서울: 이화여자대학교출판부, 2009), 27-28.
14 나카무라 시토시, 『일본 기독교 선교의 역사』, 박창수 역 (서울: 홍성사, 2016), 181-192. 일본의 복음주의 신학자인 저자는 20세기 말 천황제로 인해서 기독교가 비난을 받은 것과 자유주의 신학의 유입으로 인해 초기 일본 기독교 지도자들이 구령과 교회사역에서 멀어진 점을 초기 전도의 부진 원인으로 꼽는다.

이며 사회 차원에서는 활성화되지만, 개인의 영혼과 내면에서는 확고한 동반자 역할을 수행하지 못하는 것이다.

반면 한국의 초기 기독교는 기독교를 통한 우월한 서구 문명을 수용하려는 일환도 있었으나, 일제 강점기의 고난 속에서 개인적 위안과 구원이라는 대중적 기독교의 성격이 더욱 두드러진다. 그리고 이는 역설적으로 한국 기독교의 발전을 위한 기반이 되지만, 일본에서는 사회의 발전과 더불어 기독교의 공적 역량은 시민 사회로 흡수되고 기독교가 소수 계층의 종교로 머무르는 결과를 낳게 된다.

2) 중국의 기독교 수용[15]

중국은 한·중·일 3국 가운데서 가장 오랜 기독교(천주교, 개신교, 동방정교회 등) 역사를 지니고 있으나, 서구 열강의 각축과 제국주의적 침략에 노출되어 기독교 세력이 부침하는 흐름을 가져왔다. 중국의 기독교 역사에서 발전기(1900-1949)에 해당하는 기간은 의회단 사건(1900)과 더불어 시작된다. 이미 19세기에 서구 제국주의와 기독교에 대한 반감이 증가해서, 반기독교 폭동들이 발생했는데, 의화단 사건은 그러한 서구 문명과 기독교에 대한 반감이 정점에 이른 경우였다. 의화단 사건으로 인해 2,000명 이상의 개신교인들과 선교사들이 살해되었으며, 가톨릭의 피해는 더욱 컸다. 3만 명 이상의 가

---

15 이하의 기술은 재중 동포이며 삼자 기독교 지도자 박영호의 미출간 논문인 『중국 기독교 선교를 위한 전략』(목회학박사논문, 풀러신학교, 2012)에서 발췌한 것들을 재진술한다.

톨릭 교인들과 47명의 외국인 성직자와 수녀들 살해된 것이다.

비록 의화단 사건은 평정되었지만, 중국 내에 점증하는 반제국주의, 반서구 운동으로 인해 기독교 선교는 새로운 국면을 모색하게 된다. 특히, 중국인 개신교도들에 의한 새로운 독립교회들이 설립되는 흐름이 등장하기 시작하며, 다른 한편으로는 중국 민족주의가 더욱 강해지면서 유교 문화를 대치하는 중국식 기독교의 출현을 예고하고 있다. 20세기 중국 기독교는 크게 가정교회와 삼자교회라는 양 갈래로 맥을 이어왔으며, 이는 문화 혁명 이후 현대에 이르기까지 기독교의 수난과 성숙 과정을 보여 준다.

(1) 가정교회

공산당 치하 중국에서의 점조직 지하교회들로 알려진 가정교회는 사실은 마오쩌뚱의 공산 혁명이 일어나기 전부터 시작되었다. 가정교회는 20세기 초반부터 발생하기 시작한 독립교회 운동과 민족주의를 반영하는 중국 토착교회 운동, 그리고 민간에서 발전되어 온 예수가정 운동이 결합되면서 나타난 형태로서, 평범한 서민들의 대표적인 신앙 모임이었다.

그러나 1949년 10월 1일에 공산당이 중국을 통일하면서, 가정교회는 중국기독교애국삼자운동위원회에 의해 불법으로 간주되어 지하로 은둔하였으며 표면적인 교회 활동은 크게 눈에 띄지 않았다. 중국에서 기독교는 문화 혁명 이전까지 제한적 자유를 누렸으나, 반종교 선전까지 보장되는 상황에서 공산당 정부에 의해 비합리적, 반과학적 종교로 채색되면서 위축될 수밖에 없었다. 그러나 마오쩌뚱의 사후 중국이 개방의 길로 나서면서 가정교회의 실태를 보니 수천만 명이 여기에 참여하는 것으로 드러났으며, 중국 전체 기독교인의 80%를 차지하였으며, 중국 기독교 성장의 대중적 견인차 역할을 하고 있다.

(2) 삼자교회

삼자교회는 선교사 네비우스의 3자 원칙인 자치, 자양, 자전을 중국의 공산화 이후 자의적으로 적용하여 세운 관제 기독교이다.

첫째, 자치(自治)는 선교지 현지 주민에 의해서 교회가 운영된다는 원리이다. 이는 서구 선교사 및 봉건적 부르주아 계급과의 단절을 의미한다.

둘째, 자양(自養)으로서 완전한 경제적 독립을 의미하는데, 사실상은 외국 기독교의 자본이나 봉건 계급으로부터 독립을 암시한다.

셋째, 자전(自傳)은 외국 선교사에 의해서 기독교가 전파되는 것이 아니라, 중국인에 의한 선교만을 허용한다는 것이다.

사실 이는 기독교를 통해서 외세의 반혁명적 사상이 침투되는 것을 감시하겠다는 것이다. 삼자교회는 문화 혁명기에 고초를 겪기도 했으나, 중국기독교애국삼자운동위원회라는 이름으로 중국 공산당 정부 아래서 등록된 유일한 기독교 기구이다. 따라서 현재의 중국 교회는 삼자교회의 공식성과 가정교회의 역동성으로 운영되고 있다.

(3) 문화 혁명과 기독교

문화 혁명은 1966년 8월 제11차 중국 공산당 총회에서 구문화, 구사상, 구전통의 폐기 운동으로 시작되었다. 문화 혁명의 전위대 역할을 한 젊은 홍위병들은 교회들을 폐쇄 및 기독교 지도자들과 신자들을 폭력적으로 탄압하였다. 물론 문화 혁명으로 인해서 기독교만 박해를 받은 것이 아니라, 전통 종교들이 함께 격하되고 수난을 겪었다. 사실 문화 혁명은 낡은 사상과 전통을 청산한다는 슬로건을 내걸었지만, 마오쩌둥이 공산당 내부의 권력 투쟁을 외부로 전환하여 자신의 권력을 공고히 하는 계기로 삼았다는 것이 일반적 평가이다.

이 당시에 기독교는 혹독한 시련을 겪고, 많은 기독교인이 지하로 숨어 들어가는 계기가 되었지만, 새로운 중국적 기독교가 정착하는 계기가 되기도 했다. 심지어 중국 삼자교회의 지도자들도 문화 혁명을 '언젠가는 치러야 할 불의 단련'이라고 평할 정도였다.

문화 혁명으로 인해 수많은 사람이 마오이즘에 환멸을 느끼고 기독교 신앙으로 귀의할 수 있는 발판을 마련하였으며, 공산당에 협조함으로 존재하는 관제 기독교가 아닌 비제도적이고, 신선한 중국 기독교가 등장하는 계기가 되었다.

특히, 문화 혁명을 통해 중국 대륙의 인종과 문화가 단일하게 형성되고, 구 종교와 구 사상이 예전 같은 위력을 발휘하지 못함에 따라 중국에서 공산당 이후를 모색할만한 이념적 공백이 생겨났다는 점이 중요하다. 이는 마치 그리스 로마 제국 시대에 헬레니즘으로의 문화적 통일 아래서 기독교 선교가 활발하게 진행된 상황과 유사하기도 하다.

(4) 중국 기독교의 과제

중국 기독교는 중체서용의 정신 아래 19세기 제국주의적 선교에 대항하여 민족적, 독립적 기독교를 모색하였으며, 이는 중국적 사회주의 체제 아래서 지하교회로 은신하다 1978년 개방 이후 다시 공적으로 모습을 드러내고 쾌속 성장을 구가하는 양태로 나타나고 있다. 그러나 현재 중국은 기독교에 대한 정책에 있어서 중국의 사회, 문화적 개방의 필연성과 사회주의적 이념과 체제를 고수해야 하는 딜레마 속에 있다.

중국 기독교 내부에서도, 정부의 승인 아래 운영되는 삼자교회와 자발적이며 독립적으로, 그러나 비제도권적인 가정교회의 번창을 동시에 조율하고 통제하는 난감한 상황을 안고 있다. 중국 기독교의 성장이 과연 전통적인 중화 사상과의 조우 아래서 역사적 기독교의 정통성을 어떻게 견지하며, 상황화될 것인지는 중대한 과제다.

3) 한국의 초기 기독교 수용

위의 일본과 중국에서 기독교를 수용하는 방식과 한국에서 기독교를 수용하는 방식에서는 유사성과 차이점이 공히 존재한다. 또한, 일본이나 중국과 마찬가지로 한국에도 서구 선교사에 의해서 기독교가 전파되긴 했지만, 서구 문명과의 관계는 일본, 중국과는 사뭇 달랐으며 역사적 상황도 큰 차이가 난다. 선교사들이 보기에 초기 기독교 개종자들의 이유이다.

첫째, 보호를 얻고 권력을 지니려는 욕구 때문에,
둘째, 서구 문명의 원천이 기독교이기 때문에,
셋째, 진정으로 영혼의 목마름을 앓았기 때문이었다.[16]

이러한 다양한 모습들이 초기에 기독교를 수용했던 신자들에게서 나타났다.

(1) 초기 신자들

한국의 초기 신자들은 주로 선교사의 집안 일꾼, 한국어 선생, 수행원 등이며, 이들은 선교사와의 관계에서 도움을 받는 등의 개인적인 사유로 회심하였다. 초창기에 기독교인이 되어가는 과정은 생계 해결이나 질병 치료 등과 같이 지극히 현실 문제를 극복하기 위해서였으나, 좀 더 큰 흐름에서는 구한말의 불안한 정세로 인해 기독교라는 호신 세력을 확보하고 싶었던 것도 있다.

서양 문명에 대한 동경은 그 당시 일본이나 한국이 동일한 기독교를 받아들이는 동기였다. 한국의 경우에는 일본의 초기 신자들보다 영혼의 갈급함으로 인한 기독교 수용이 더 큰 원인을 차지한다. 1900년대 초반, 기독교인들 사이에서 열정적 기도와 사경회의 열망, 죄의 고백 운동 등이 이를 증명한다. 1907년 평양 대부흥 운동은 풍전등화에 놓인 조국의 운명을 놓고 신자들 개개인이 민족의 고난과 절망을 자신의 죄로 인한 것임을 받아들이고 대대적인 통회자복의

---

16 장석만, "초기 개신교 신자의 개종이 지닌 성격," 김예림 편, 『한국의 근대성과 기독교의 문화정치』(서울: 혜안, 2016), 307.

물결을 일으켰다.

　1910년 한일병합 조약이 발효된 이후, 영적이고 참회적인 기독교는 더욱 개인주의적이고 내세적인 방향을 띠게 된다. 또한, 서구 열강의 제국주의적 침략에 노출되었던 중국에서 기독교가 서구 패권에 부역하는 종교로 비친 것과 달리, 한국의 기독교는 서구 문명을 선망하는 차원에서 기독교를 받아들이면서도, 성경에 대한 배움의 열망과 민족 고난을 애통해하는 종교로 정착되는 과정을 거친다. 이는 제국주의 선교의 위험에서 일정 부분 자유로운 상태에서(중국과 달리), 기독교의 개인적, 영적 차원도 깊이 탐구하는 양상(일본과 달리)을 보이게 된 것이다.

(2) 대중적, 민족적 기독교

　한국 초기 기독교의 특징은 서민층 종교로서의 특징인 현세 구복성과 영혼 구원에 초점을 두었다는 점이다. 이는 기독교의 지속성과 교회 성장으로 이어졌다. 특히, 전도가 명망가의 집회보다는 평범한 신자들의 매일 신앙 증언을 통해 이루어졌다는 특징을 가진다. 물론 기독교가 민족주의 종교로서 한국인들의 독립 정신과 민족애를 고취 시키는 데도 함께 했다. 비록, 일제 강점기에 기독교가 개인적인 위로와 구원의 종교로 더욱 심화하긴 하지만, 한국 근대사에서 기독교는 민족과 함께했다고 볼 수 있다.

　그렇다고 해서 단순히 개인적이고 영적이며 서구 친화적인 성격만이 한국 초기 기독교의 성장을 오롯이 설명하지는 못한다. 일본의 경우 기독교가 민족적, 주체적으로 발전하지 못했다. 그러나 한국의 초기 기독교 지도자들은 민족주의자들이 많았으며, 교회 부흥뿐 아니라 애국 계몽, 국민 교육, 그리고 항일 운동에 앞장섰다.[17] 이는 기독교가 한국 민중의 상처와 열망에 동참하는 계기를 만들었으며, 이로 인해 기독교의 한국적 대중화와 토착화가 동시에 가능해졌다. 개인주의적인 것과 개인적인 것은 다르다.

한국의 기독교는 일제하 강점기에서 개인적, 영적 종교의 특성을 심화시켰으나, 민족 기독교로서의 역량도 지니고 있었다. 한국인들에게서 서구와 같은 개별인의 자유와 선택을 존중하는 개인주의는 뿌리내리기 힘들었다. 한국의 기독교는 고난의 세월 가운데 이집트 바로 왕의 치하에서 신음하던 이스라엘 백성과 동질적 감성을 갖게 되었다. 그리고 출애굽과 같은 하나님의 구원 역사에 대한 희망도 지니고 있었다. 기독교의 이러한 민족적 차원은 해방 이후 친기독교 정권이 들어서면서 국가주의적 종교로 발돋움하는 발판이 되기도 한다.

(3) 선교사와 한국 기독교

한국의 초기 신자들은 중국이나 일본과 달리 서구 선교사들에게 더욱 순응적인 모습을 보였다. 당시 미국의 북장로교회 선교사로서 극동아시아 선교 실무를 담당했던 A. J. 브라운(Brown)은 한·중·일의 초기 신자들을 다음과 같이 비교 평가한다.

---

[17] 옥성득, 『다시 쓰는 초대 한국교회사』(서울: 새물결플러스, 2016), 377-378.

한국인의 심성은 중국인이나 일본인의 그것과 판이하게 다르다. 감성이 무디고 물질적인 중국인과도 다르고, 빈틈없고 호전적인 일본인과도 다르다. 한국인은 일본이나 중국인보다 민감하고 믿을 만하다. 한국인은 외부 충격에 민감한 반응을 보인다. 종교적인 가르침에 쉽게 동화되며 믿음은 어린아이 같고, 영적인 환상도 의심치 않고 받아들인다. 자긍심 가득한 중국인이나 오만한 일본인과는 달리 한국인은 깊은 애통에서 기독교를 받아들인다.[18]

이처럼 외국 선교사들에 대한 수용적 태도는 당대 한국의 역사와 관련이 있는 것이 사실이다. 종교사회학자 루이스 램보는 한국에서 1910년부터 1945년까지 기독교가 매우 중요한 세력으로 등장한다고 말한다. 이 일제 강점기 동안에 한국인들은 정체성에 큰 위협을 받으면서 기존의 전통 사상과 풍습 체계가 붕괴하였고, 그에 반해서 유럽과 미국의 선교사들이 전파한 기독교 메시지를 대안적으로 환영했기 때문이다.[19] 물론 초창기 한국 기독교의 신비적 구복성을 질타하는 소리도 있었다.

대표적인 인물이 이광수인데, 1910년대 후반에 기독교 신앙의 미신성과 구복성이 단순히 전통 샤머니즘 때문이 아니라 서구 선교사들의 선교 방법에 기인한다고 의심하였다. 그는 "서양 선교사들은 문명 민족에게는 성경을 해석하되 가급적 합리적, 과학적으로 하지만, 아프리카, 남양, 중국, 조선 등 그들이 야만적이라고 인정하는

---

18 이덕주, "초기 내한 선교사들의 신앙과 신학," 「한국기독교와 역사 6」 (1997.2), 30.
19 Rambo, 91.

민족에게는 '고원심오한 이론'을 가르쳐도 이해하지 못하므로 고래의 신을 이용하여 맹목적으로 세례, 예배, 기도 같은 의식의 공력에 의지하기를" 권하였다고 주장했다.[20]

한국의 초기 신자들은 기독교를 수용하는 데 있어서, 청교도의 엄격한 금욕적, 율법적 보수 기독교를 받아들였으며 교리와 영혼 구원 중심의 신학이 더욱 발전하는 양태를 보인다. 이로 인해 사회 개혁적 측면은 갈수록 약화하고, 경건주의 신앙은 더욱 강화된다. 복음의 사회적 적용에 대해서는 무관심하고 신앙의 관심사가 내세에 더욱 고착되었다. 한국 기독교의 이러한 보수성은 미국 복음주의 선교사들의 신학적 성향과도 밀접한 연관을 맺는데, 내면 세계와 영혼 구원에 몰두하는 이러한 특성은 미국식 자아 치료적 기독교에 더욱 가까워지는 성향을 보이게 된다.

요약하자면, 일본 기독교의 지적이고 윤리적이며 사회 개량적 성격보다, 한국 기독교는 대중적, 영적, 선교적이며 고난 극복의 과제를 안고 있었다. 비록 윤치호, 이승만, 안국선과 같은 한국의 초기 기독교인들도 국가를 부강하게 하기 위한 문명의 통로로 기독교를 학습하고 수용하였지만, 이는 선교사들의 처지에서 볼 때 못마땅한 일이었다.[21]

초기 기독교가 민족주의적이고 독립 운동에도 적극적으로 가담하긴 하였으나, 중국 기독교의 반 서구적이고 독립적인 형성 과정보다 한국 기독교는 일제 강점기를 거치면서 개인적이고 내세적인 신앙

---

20 김홍수, 『한국 전쟁과 기복신앙확산 연구』(서울: 한국기독교역사연구소, 1999), 187.
21 장석만, 『한국 근대종교란 무엇인가?』(서울: 모시는 사람들, 2017), 303.

의 특성과 서구 친화적이고 문명의 학습 통로로 골격을 갖추었다고 볼 수 있다. 이러한 한국 기독교의 특수한 위치가 뒤이은 기독교 성장을 위한 기반을 조성했다고 볼 수 있다.

한국 기독교의 성장은 국가주의적 종교로까지 발전하는 양상을 보인다. 일본 기독교가 서양 문명의 학습과 사회 개량의 노력에도 불구하고, 국가 신도주의에 밀려 '실패한 국가주의 종교'였다면, 한국 기독교는 근대사에서 적지 않은 성과를 이룬 국가주의 종교로 발돋움한다.

제4장

기독교의 한국 정착에서 나타난 특징들

앞 장에서는 한국의 기존 종교 전통 가운데서 기독교가 수용되는 과정을 살펴보았고, 이를 중국 및 일본과의 비교를 통해 고찰하였다. 이번 장에서는 기독교가 한국에 정착되는 과정에서 일어났던 특징들을 살펴보고자 한다. 여기서 필자가 주목하고자 하는 것은 단순히 평면적 의미에서 한국 기독교의 모습들을 보는 것이 아니라, 한국의 사회 문화적 맥락에서 기독교가 정착하고 더 나아가서는 성장의 발판을 마련하는 중요한 특징들이다.

일제 강점기 동안에도 한국에서는 기독교가 주요한 종교로 정착되어 가는데, 필자가 주목하고자 하는 3가지 특징은 '한글 기독교,' '성경 기독교,' '순례 기독교'이다.[1]

---

1   이하의 내용에서 한글 기독교와 성경 기독교에 관한 부분은 필자의 졸고 "초기 한국교회의 성장 동력으로서 성경에 관한 연구," 「개혁신학 24호」 2013년 12월: 35-57을, 순례 기독교에 관한 부분은 "한국교회 초기 전도의 순례자 전통," 「목회와 신학」 2014년 9월: 70-75를 요약 및 첨삭하였다.

1. 한글 기독교: 하나님과 한글 성경

문화신학자 유동식은 한국 기독교의 특징들을 제시하면서 가장 먼저 한글의 종교인 점에 주목한다.[2] 유교와 불교는 중국으로부터 전래 되면서 한문을 중심으로 경전이 전해졌지만, 기독교는 한글 중심의 종교였다. 따라서 한국 기독교는 서민적인 특성을 보이게 된다.

1) 신 호칭의 토착성

특히, '하나님'이라는 호칭은 서민성과 동시에 한국인의 원초적 신의식을 자극하고 완성하는 효과가 있었다. '하나'라는 말은 '크다'는 의미와 '유일함'이라는 뜻을 동시에 갖는데, 이는 한국인의 원초적 종교 세계와 기독교적 신관이 연결함으로 토착 종교를 초월한 선교적 효과를 지니게 된다. 동시에 '하늘'에 계신 지고의 존재라는 의미를 지님으로 한국인의 오래된 최고 신을 연상시키는 접목성도 지닌다.

천주교에서는 가장 높은 신의 의미로 '천주'라는 호칭을 사용함으로 신의 위상을 최고로 높였다. 일반적으로 기독교가 비서구권 세계에 전달될 때 가장 논쟁이 되는 문제가 바로 신 호칭에 관한 것이다. 중국에 온 천주교 선교사들 사이에서는 신을 '천주'로 부를 것인지, '상제'로 부를 것인지의 논쟁이 있었고, 일본에서는 다신교적인 함

---

[2] 조재국, "초기 기독교수용의 성격에 관한 한일 비교 연구," 503에서 재인용.

의를 갖고 있는 가미를 사용하였는데 이것이 기독교적 신 이해를 제대로 반영할 수 있을지에 대해서는 의문이 있다.[3]

반면, 한국 기독교, 특히 가장 많은 구성을 이루는 보수 개신교계에서 하나님 호칭이 일반화되어 있다. 그러면서도 한국인의 전통적 하늘 사상과 유일신 개념이 결합하여 기독교의 신 관념이 원시 종교의 존재 형태와 긴밀하게 연관됨으로 인해,[4] 선교의 큰 장애물이 걷히는 효과를 보았다고 할 수 있다.

옥성득은 초기 선교사들이 하느님, 하ᄂᆞ님, 천주 등을 각기 사용하다가, 1905년 전후로 하ᄂᆞ님(해방 이후 아래아가 없어지면서 하나님이 됨)으로 신 호칭의 합의가 이루어졌는데, 이는 하늘의 초월성과 위대성이라는 토착성과, 유일성이라는 개신교의 정체성과, 일본의 신도에 대항하는 민족 운동이라는 역사성이 결합하여 기독교 성장에서 중요한 역할을 하였다고 평가한다.[5]

2) 성경의 한글 번역 과정

한국 기독교는 한글로 성경을 번역하면서 시작된 종교였다. 한글로의 성경 번역은 단순히 기독교 경전의 번역으로 그치는 사건이 아니라, 외래의 종교가 한국 문화 속에서 한글이라는 언어 매체를 통

---

3 Ibid., 502.
4 아사미 마사카즈·안정원, 『한국 기독교, 어떻게 국가적 종교가 되었는가』, 178.
5 옥성득, 『다시 쓰는 초대 한국교회사』, 457.

해 소개되고 뿌리를 내렸던 기독교의 토착화 과정이었다.[6] 세계 기독교 전래 역사에서 한국은 외국의 선교사가 기독교를 전파하기에 앞서 먼저 성경이 한국인의 언어로 번역되어 한국인들에게 소개되는 독특한 기독교 수용의 과정을 경험했다.

선교사가 복음을 전하기에 앞서 한국인들이 미리 스스로 성경을 읽고 신앙을 갖게 되었고, 나중에 선교사를 찾아가 세례를 받는 진기한 현상이 일어났다. 심지어 최초의 개신교 선교사인 언더우드와 아펜젤러는 1885년 한국 땅에 들어오면서 한글로 번역된 성경(복음서)을 지참하였다.

그런 의미에서 한국의 기독교는 성경 기독교, 또는 자생적 기독교라는 독특한 특징을 지니며, 한국 기독교의 역사는 외래적 관점에서 기독교를 전해준 기독교 전파사가 아니라, 한국인들이 주체적으로 성경을 읽고 기독교를 받아들인 기독교 수용사로 불리기도 한다. 이러한 한국 기독교의 자생적, 주체적 성격에는 19세기 말 만주와 일본에서 각기 별도로 이루어진 한글 성경 번역 작업이 발단된다.

최초의 한글 성경 번역은 1876년경 중국의 만주에서 시작되었다. 당시 만주지역에서 활동하던 스코틀랜드장로교회의 선교사 존 로스(John Ross)는 이응찬, 서상륜, 백홍준 등을 접촉하여 그들과 함께 성경 번역 작업을 진행하였고, 1879년까지 한문문리성서(漢文文理聖書)를 대본으로 하여 마태복음에서 로마서까지 번역한다.[7] 1882년에 소

---

[6] 이덕주, "한글 성서 번역에 관한 연구," 이만열 외, 『한국 기독교와 민족 운동』(서울: 보성, 1986), 109.

[7] 이만열, 『한국 기독교 수용사 연구』(서울: 두레시대, 1998), 63

위 '쪽 복음'이라 할 수 있는 51페이지 분량의 『예수셩교누가복음전서』를 출판하고, 같은 해 5월에 『예수셩교 요한네 복음전서』 3천 부를 출판했다. 이미 1880년 즈음에 신약성경이 모두 초역되었으나, 그리스어 성경과의 대조 작업을 거쳐 1886년 가을에 신약성경의 번역을 완성한다.

1887년에는 이 모든 노력이 결실을 보아 『예수셩교전서』로 출간된다.[8] 로스의 성경 번역 작업에 참여한 조선인들은 단순히 한글 선생이나 교정자, 또는 식자공의 역할에 그치지 않고, 작업 중에 성경을 읽으면서 마음의 변화를 받아 세례까지 받음으로 한국 최초의 개신교의 되었으며 성경을 한국 땅에 보급하는 일까지 맡게 된다.

이즈음, 전혀 다른 장소인 일본에서 독자적으로 한글 성경 번역이 진행되었다. 선진 문물을 배우도록 파견된 이수정은 1882년 일본으로 유학을 갔는데, 어느 날 성경이 조국을 위한 선물로 그에게 전해지는 꿈을 꾼다.[9] 이후로 이수정은 성경과 기독교에 대해서 더욱 관심을 끌게 되고, 한문 성경들을 읽으며 열심히 연구하다가, 1883년에 공개적으로 신앙을 고백하고 선교사로부터 세례를 받는다. 신자가 된 이수정은 주일 미국성서공회의 성경 번역과 성경 반포 사업에 관한 제안을 흔쾌히 받아들인다.

그는 성경 번역이 조선의 개화를 위해서 그 어떤 기술 문명보다 더 가치 있는 일이라 여기며, 한국에 선교사로 파송될 미국 선교사

---

8   Ibid., 73.
9   Ibid., 97-98.

들을 위해서도 한글 성경 번역이 시급하다고 판단했다.[10] 그는 현토한한(懸吐漢韓)이라는 번역 방법을 채택했는데, 이는 한문 성경에 한글로 토를 달아 본문을 이해시키는 방식이었다.[11]

이수정은 신약성경과 몇몇 교리문답서들을 더 번역하였고, 조선 최초의 선교사였던 언더우드와 아펜셀러는 그가 번역한 복음서들을 함께 가지고 들어오는 진풍경이 일어나기도 했다. 하지만 언더우드와 아펜셀러는 기존에 번역된 성경들에 인쇄의 질과 오역의 문제가 많다고 간주하여 새로운 번역 수정 작업을 주도하였으며, 성경번역위원회를 구성하여 완성된 번역 작업을 시행한 끝에 1911년에 신구약 성경전서 구 역본을 출간하게 되었다.[12]

3) 한글 성경의 보급과 반포

한글 성경 번역이 진행되던 1882년에 한국과 미국 간의 조약이 맺어짐으로써 한국으로의 자유로운 선교는 한층 밝은 전망을 보이게 된다. 선교사 로스는 이 한미조약을 일컬어 완고한 '고려문'이 '열린문'으로 바뀌어 복음이 조선 민족에게 전래될 것으로 기약했다.[13]

1880년대 초반까지도 여전히 기독교의 전도나 성경의 보급은 조선 땅에서 엄격하게 금지되었으며, 이러한 행위를 할 때 목숨이 위

---

10 Ibid., 111. 게다가 이수정은 로스본 한글 성경에 평안도 방언이 들어가 있기 때문에 교정의 필요성을 느끼며 신약전서 번역을 제안했다.
11 Ibid., 114.
12 김인수, 『한국기독교회사』(서울: 한국장로교출판사, 2003), 107-109.
13 한국기독교역사연구소, 『한국기독교의 역사 I』(서울: 기독교문사, 1994), 151.

태로웠다. 이전까지는 주로 한문 성경이 조선 땅으로 은밀하게 반입되었으나, 1882년 『예수성교전서』가 출판된 이후로 만주의 압록강 인근 한인촌을 대상으로 성경 반포 사업이 진행되면서 개종이 일어났다. 그리고 여기서 개종된 이들이 다시 조선 땅 곳곳으로 흩어져 기독교 신앙을 전하게 되는데, 이들이 바로 권서인(勸書人), 혹은 매서인(賣書人이)라 불리는 한국 최초의 문서 선교사들이다.

실제로 로스의 성경 번역에 참여했던 서상륜이나 김청송과 같은 식자공은 평안북도로 들어가 복음서 수백 권을 사람들에게 전해주었다. 최초의 서양 선교사들이 한국에 들어오기 전, 이미 평안도 의주와 황해도 소래를 중심으로 성경을 읽는 구도자들의 자생적 공동체가 생겨났고, 이들 가운데 서상륜과 구도자 3명은 1887년 서울로 와서 언더우드에게 세례를 받았다. 나중에는 언더우드가 직접 소래에 와서 그들의 신앙을 확인하고 나머지 구도자들에게 세례를 주었다.[14]

성경의 반포에는 여성들의 역할도 지대했다. 남녀를 차별하는 봉건 사회 속에서 초기 한국의 기독교인 여성 중에는 권서인들과 같은 임무를 수행하는 '전도부인' 혹은 '부인권서'로 불리는 지도자들이 있었다. 전도부인이란 '복음을 전하는 기혼 여성들'을 뜻하는데, 이들은 한국교회의 자립과 토착화 과정에서 지대한 역할을 한다.[15] 아직 완역된 신구약 성경이 출간되기 전에, 전도부인들은 로스의 번역본을 들고 여성과 아이들에게 복음을 전했던 이들이다.

---

14 Ibid., 156.
15 장성진, "초기 한국개신교 역사에 나타난 전도부인의 주요한 공헌," 「한국기독교역사연구소소식」(2006년 7월), 39.

1885년에 여성 선교사인 스크랜튼(Scranton)에 의해서 성경반이 열리면서 전도부인을 위한 체계적 훈련이 시작되었다. 그 이후에도 사경회와 성경 공부를 통해서 한중 국경에서 성경 판매 활동과 전도를 한 신마리아, 제주도로 파송된 김신경과 같이 왕성한 사역을 했던 전도부인들이 양성되었으며, 이들은 초기 한국교회의 부흥 운동에도 크게 기여하였다.[16]

이수정의 번역본 또한 국내에서 반포되기 시작했다. 특히, 로스의 번역본이 대중들에게서 환영받았지만, 지식층에서는 한문 성경을 선호하는 경향이 있었는데, 이러한 상황에서 한문 성경에 토를 단 이수정의 번역본이 자연스럽게 인기를 끌게 되었다.[17] 이수정의 '현토한 한 성경'은 1885년 선교사들의 입국과 더불어 국내로 유입되었다가, 1887년부터는 미국성서공회에 의해 본격적으로 대량 보급되었다.

성경의 번역 및 발간과 당시 조선의 개방 시점이 절묘하게 맞아떨어지면서, 한국의 초기 기독교는 한글로 번역된 성경의 확산과 더불어 성장하게 된다. 성경의 확산은 성경에 관한 관심을 불러일으키고, 사경회와 각종 성경공부로 이어지면서 성경 기독교라는 한국 기독교의 특징을 형성하였다.

이러한 성경의 보급과 반포는 한글의 민중화 운동에도 기여를 하며 한국 기독교가 민족 종교이자 민중 종교로서의 자리매김하기에 이른다. 권서인과 전도부인들은 한글 자모표를 이용해서 문맹자들에게 한글을 가르치고 성경을 읽도록 도와주었다. 사실 권서인들이나 전도부

---

16 Ibid., 45.
17 이만열, 『한국 기독교 수용사 연구』, 131.

인들은 봉건 사회의 신분상 중인에 해당하는 자들이 많았으며, 매우 열악한 환경과 기후에도 불구하고 복음을 전하는 이들이었다.

또한, 그런 면에서 이들은 평범한 백성들의 고난과 삶의 현장을 체험한 이들이었다. 그들은 성경을 보급하면서 일제 강점기하에서 고난받으며 희생당하던 농민과 노동자들을 복음으로 위로하고 소망을 제시하며, 외부 세계에 관한 정보도 알려주었다.[18] 그래서 나중에 일본 경찰에서는 권서인들의 사역이 민족 의식을 고취하며 독립 운동과 연계된다는 의심을 품고 권서 활동을 방해하기도 하였다. 즉, 성경의 보급은 민족 운동 및 계몽 운동과도 자연스럽게 연결되었다.

2. 성경 기독교

많은 한국의 초기 기독교 신자들은 성경을 읽으면서 회심을 경험하였다. 인간이 어떠한 종교적 회심에 이르는 데에는 여러 가지 경로가 존재한다. 스콧 맥나이트(Scot McKnight)에 의하면, 전통적으로 기독교 역사에서 인간이 회심에 이를 때는 '사회화'(socialization), 예전적 과정(liturgical process), 그리고 개인적 결단(personal decision)이라는 3가지 경로가 있다고 한다.[19] 사회화는 자신이 속한 가족이나 집단, 혹은 국가의 영향 아래서 의식적으로든, 혹은 무의식적으로든 그 사

---

18 옥성득, "구역 본 성경전서(1911)의 번역, 출판, 반포의 역사적 의미"(한글 성경 완역 및 출간 100주년 기념학술심포지엄, 2011), 18.

19 Scot McKnight, *Turning to Jesus: The Sociology of Conversion in the Gospels* (Louisville, KY: WJK, 2002), 5-10.

회의 종교적 신념을 따르고 내면화시키는 것이다. 이는 주로 서구의 기독교 국가 시대(Christendom) 모델이라 할 수 있다.

예전적 과정은 기독교의 예배나 성례전과 같은 성스러운 의식에 참여함으로써 회심하는 것을 말한다. 이는 천주교에서 주로 보편화된 회심 경험이다. 개인적 결단은 복음주의 개신교에서 강조되는 회심 경로라 할 수 있는데, 선포된 복음을 듣고 인격적으로 회개하고 믿음의 결단을 하는 양식이다.

사회화, 예전적 과정, 개인적 결단이라는 세 가지 경로 가운데서, 초기 한국의 기독교인들 다수가 경험했던 회심은 개인적 결단에 가깝다. 이는 19세기 이후 서구 개신교에서 활성화된 회심의 경로였고, 초기 한국의 기독교에 영향을 준 선교사들이 이 시대의 영향을 받았기 때문일 수도 있다. 그러나 초기 한국의 기독교인들이 경험한 개인적 결단은 19세기에 유행했던 미국의 부흥주의 운동에서 나타난 개인적 결단과는 약간 다른 양상을 보인다.

부흥주의 운동에서 나타난 개인적 결단은 거대하게 조직화한 종교 이벤트에서 카리스마적인 부흥사의 설교에 감정이 고양되어 분위기에 이끌려 결단하게 하는 대중적 운동이라는 배경이었다면, 초기 한국의 기독교인들이 경험한 개인적 결단은 성경을 읽음으로써 일어난 근본적 각성이었다. 특히, 성리학의 전통에서 형성된 경전 읽기의 습관으로 성경을 읽으면서 그들은 눈으로, 혹은 관념적 유희로 성경을 읽은 것이 아니라, 성경 구절 하나하나를 깊이 묵상하며 그 말씀을 삶으로 살아내고자 하였다.

1) 초기 기독교 신자들과 성경

한국의 초기 기독교 지도자로서 한국교회 100년 역사를 대표하는 길선주를 개종시킨 김종섭의 회심은 성경과 만남으로 이루어졌다. 그는 평양에 온 미국 북장로교회 선교사 마펫(S. A. Moffet)을 만나서 교분을 쌓으면서 기독교에 대한 관심을 끌게 되었다. 그러다가 1894년 청일 전쟁이 터지고 평양이 주전 장터로 바뀌는 난리가 나면서 교회는 힘없는 사람들의 피난처가 되었다.

김종섭도 교회로 피할 수밖에 없었고, 그곳에서 매일 저녁 성경을 강해 하는 집회에 참석하였다. 김종섭은 전에 다른 전도자가 건네 준 한문 신약성경을 읽어 보았지만, 그 뜻을 제대로 파악하지 못했던 경험이 있었는데, 그 집회에서는 그의 성경 풀이 능력이 다른 이들보다 뛰어나서 교인도 아닌 상태에서 마태복음을 강해 하게 되었다. 그는 강해를 맡았으니, 집회를 빠질 수도 없었고 성경을 더욱 깊이 보게 되었다. 그런데 성경 강해는 단순한 지식 전달이 아니라, 기독교의 진리와 의미에 대한 확신이 없이는 불가능했던 일이다. 강해를 맡아서 성경을 읽고 연구하는 사이에 그의 마음에는 어느덧 견고한 신앙이 자리 잡게 된다.

김종섭의 회심은 신비적인 경험이나 통회자복이나 개과천선을 통한 것이 아니라, 특별한 계기 없이 성경을 깊이 연구하면서 점진적으로 자연스럽게 일어났다. 그는 부지불식간(不知不識間)에 무위이화(無爲而化)한 것이다. 그렇다고 "불경을 밤새 외우며 찬물로 목욕재계한 후 극기하며 추구했던 선도나 불도 같은 주문을 수백 수천 번을 외우며 몸부림쳤던 주술 행위와는 전혀 다른"[20] 평범하고 자연스럽게 일어난 기독교의 독특한 은혜 체험이었다.

김종섭은 그 후로 길선주를 비롯한 그의 친구들을 전도하고, 목회자의 길을 걸었다. 그는 가난하고 외로운 사람들을 보며 울며, 인류의 죄악을 생각하고 울며, 심지어 외국 여인을 보면서 얼마나 고향이 그리울까 하며 눈물을 흘리는 눈물의 사도로 유명하였다.[21]

한국 사회에서 기독교 청년 봉사 운동을 이끈 기독청년회(YMCA)를 명실상부하게 이룩한 이상재는 원래 반기독교적 정서가 무척 강한 인물이었다. 그는 미국을 다녀온 뒤 한국이 미국처럼 부국강병의 길을 가기 위해서 기독교의 성경에서 그 해법을 찾고자 성경을 펼쳐 들었지만, 도무지 부강함의 비결을 찾을 수가 없었다. 그렇게 성경을 처음 접했던 이상재는 그 후로도 기독교를 사교(邪敎)로 간주했으며, 독립협회가 기독교적인 성향으로 가는 것을 적극적으로 저지했다.

그러다 독립협회가 수구파에 의해서 탄압을 받게 되자 외딴 섬의 사찰로 도피하였고, 거기서 성경과 유교의 경전을 비교하면서 읽기 시작했다. 아직 성경을 받아들이긴 힘들었으나, 무언가 새로운 신비한 요소가 있다는 점은 느끼기 시작했다. 서울로 돌아온 뒤, 또다시 정부 전복을 꾸민다는 죄목으로 억울한 옥살이를 하게 된 이상재는 한성 감옥에 수감되었는 데, 그 안에는 도서실이 개설되었다. 이 기간 동안 이상재는 감옥 안에서 많은 책을 빌려다 읽었는데, 특히 신약성경을 세 번이나 거듭 대출해서 집중적으로 읽기 시작했다.

---

20 이덕주, 『한국 기독교인들의 개종 이야기』(서울: 전망사, 1990), 69.
21 Ibid., 91.

성경을 읽게 된 계기는 '어느 위대한 임금의 사자로부터 죄를 지적받고 회개의 경고를 듣는 희한한 체험'을 한 뒤부터였다.[22] 이상재는 두려움 속에서 성경을 읽기 시작했는데 성경의 난해하고 의심스러운 구절들이 이상하게 풀려나가기 시작했다. 또한, 그는 성경 말씀에 비추어 자신이 전에 추종했던 유교 경전의 가르침들도 성경 안에서 완성된다는 깨달음을 얻게 된다. 심지어 놀랍게도 이 놀라운 진리를 발견하고 하나님의 임재를 느끼자 자신을 억울하게 옥살이하게 만든 자들에 대한 증오심도 사라지는 경험을 했다.

그는 석방이 된 뒤에 교회에 출석했으며 세례를 받았다. 그는 교회의 일보다는 주로 기독교 청년회 일에 적극 투신하며 청년 운동의 지도자 역할을 담당하였다. 이때의 기독교 청년회는 단순한 종교단체가 아니라 민족주의 운동의 기능을 하였다. 그런데도 그는 철저하게 성경에 근거한 기독교 청년 운동을 하였으며, 모든 운동의 출발점을 성경 연구에 두었다.

이후에도 그는 교육, 사회, 언론 활동을 주도하면서 일제 강점기에서 민족 운동의 중심으로 자리 잡았다. 이상재의 민족주의 운동에는 바로 그의 성경과의 신비한 만남, 그리고 성경에 대한 깊은 연구가 토대를 이루었다.

김종섭과 이상재뿐 아니라, 한국 초기 기독교인들이 기독교 신앙을 받아들이는 데에는 성경과 만남이 결정적 계기가 되었다. 이러한 성경적 회심은 최초의 기독교인이자 성경 번역의 주역이었던 서상

---

22 Ibid., 201-202.

류, 이수정, 백홍준의 회심에서도 공통으로 나타난 현상이었다.

이러한 면에서 한국 초기 기독교의 주된 회심 경로는 '성경과 만남'을 통한 인격적 결단, 혹은 길선주와 같은 인물에게서 볼 수 있듯이 성경의 내용을 풀어주는 교리서들을 읽으며 일어난 묵상적 변화'(meditative transformation)라 할 수 있다.

2) 한글 성경을 통한 언어 문화의 혁신

한글은 세종대왕의 훈민정음 창제 이후에도 400년 동안이나 조선시대에 공식적 문자가 되지 못했다. 못 배운 사람들이나 여성, 아이들이 쓰는 언문(諺文), 즉 상스러운 문자로 천대받던 한글이 대중화되고 국어로 부상하는 데에는 개신교의 한글 성경 번역이 큰 기여를 하였다.

성경은 한글로 쓴 한국인의 첫 대중적 근대 서적으로 평가받을 만하다. 조선 후기에 필사본 한글 소설이나 유교 경전의 언해본이 있었고, 천주교에서도 『성경직해광익』이나 『주교요지』와 같은 교리 해설서들이 있었지만,[23] 그러한 책들은 성경만큼 대중에게 대량으로 보급되진 못했다. 더군다나 권서인과 전도부인들은 문맹자들에게 한글을 가르치며 성경을 읽을 수 있도록 돕기도 했다.

그래서 기독교에 대해서 매우 비판적이었던 이광수도 "'야소교'(천주교와 구별해서 개신교를 가리키는 용어)가 조선에 준 은혜"라는

---

23 "최초의 한글 성경" 「가톨릭신문」 2013년 10월 6일자, www.catholictimes.org

글을 통해 한글도 글이라는 생각을 심어준 것은 바로 예수교회이며, 성경과 찬송가가 한글로 번역됨으로 한글의 권위가 세워지고 한글을 통해 조선 문학이 건설되는 기틀을 마련되었다고 평가하기도 했다.[24] 즉, 한글이 고상한 민족의 언어로 격상되는 계기가 한국교회의 성경 번역을 통해서 만들어졌다 해도 과언이 아니다.

더 나아가서 한글은 교회에서 장려되었고 활발하게 사용되었다. 구한말의 상황은 전체 인구의 90% 이상이 글을 읽을 줄 몰랐다. 그런데 교회에서는 성경을 읽기 위해서도 한글 교육을 강조했을 뿐 아니라, 예수를 믿고 세례를 받으려면 먼저 복음서를 읽어야 했다. 그래서 "수만 명이 넘는 백정과 천민, 수십만 명이 넘는 종과 머슴들, 수백만 명의 가난한 소작 논이나 빈농, 부녀자들이 한글을 익히게 되면서 언문일치(言文一致)의 시대가 열렸다."[25] 이 성경이 한글로 번역되고 일반 대중들에게 보급되면서, 비로소 우리 역사에서 처음으로 모든 사람이 쓰는 글과 말이 함께 가는 시대가 온 것이다.

그러면 불교나 유교와 같은 더욱 전통적인 종교들에서는 왜 한글을 제대로 활용하지 못했던 것일까?

사실 불교에서도 한글이 창제되자마자 『석보 상절』, 『능엄경 언해』를 비롯한 불교 서적들을 한글로 간행하였다. 그러나 이러한 서적들은 계속해서 이어지지 못한 채, 불교도들은 계속해서 한문으로 된 불교 서적을 읽고 암송해야 했다. 유교의 『사서삼경』도 조선 중기에 번역되어 간행되었지만, 이러한 한글로 된 유교 경전들은 제대로

---

24 옥성득, "구역본 성경전서(1911)의 번역, 출판, 반포의 역사적 의미", 11.
25 Ibid., 11.

로 계승되지 못하였다.

한국 사회의 오랜 종교들인 불교와 유교가 한글의 효능을 잘 발휘하지 못했던 것과 대조적으로, 기독교의 성경 번역과 보급은 한글의 발전에서 매우 중대한 기여를 하였다.

이러한 현상의 원인은 무엇일까?

불교와 유교 모두 한글이 창제되기 전부터 이미 우리 사회에 뿌리 내리고 토착화되었기 때문에, 한문의 텃세가 두 종교에는 굳어져 있기 때문이라는 추정은 상당히 설득력 있게 들린다.[26] 개신교의 전래가 개방의 압력이 커지는 시대에 봉건질서가 힘을 잃으며, 봉건 질서의 상징이었던 한문 중심의 유교 문화가 몰락하면서, 신문물을 배워야 한다는 당위성이 부상하던 시기와 연결되면서, 성경의 한글 번역은 한국 민족의 정신 문화 혁신에서 빛나는 위치를 점유하게 된다.

또한, 약 100여 년 일찍 한국 사회에 도입된 가톨릭이 척화 세력에 의해서 심한 박해를 받고 사교(邪敎)로 취급되었기에 한글 교리서가 크게 대중화되기 힘들었지만, 개신교는 개화의 시기에 들어오면서 순 한글 성경의 번역과 보급이 훨씬 우호적인 조건에서 이루어질 수 있었다. 이러한 역사적, 대외적 환경의 유리함은 신앙의 관점에서 볼 때 가히 기독교 선교를 위한 섭리적 은총이라 표현할 만하다.

고고학자이며 목사인 김양선은 로스의 번역본은 한글의 재생과 부흥에 큰 기여를 했다고 말한다. 특히, 이 번역이 중국에서 이루어졌다는 점이 놀랍다고 한다.

---

26 김정수,『한글의 역사와 미래』(서울: 열화당, 1990), 32

한문의 본고장에서 한문 성서를 가지고 번역하는 저들로서는 국한문 성서를 만들 법한데도 순수한 한글 성경을 만들어내었다. 그들의 높은 뜻은 만고에 빛날 것이다.… 사람들은 그것이 한문이 아니고 한글인 데서 더욱 친근감과 통쾌감을 느꼈다. 여자 이들까지 성경을 읽으면서 한글을 배웠다.[27]

성경뿐 아니라, 찬송가와 교리서들도 한글로 번역되면서 한글 보급의 대중화를 도왔다. 이는 한국의 언어문화뿐 아니라, 문명 전반의 새로운 개화를 끌어낸 것이다.

3) 한글 성경과 여성

한글로 번역된 성경과 그에 기초한 성경 기독교는 한국 여성들의 지위를 향상하는 데 큰 기여를 하였다. 기독교가 수용되기 전, 한국 여성들의 지위는 매우 비천했다. 봉건 질서의 사회와 가정에서 여성들은 격리되고 제한되며 복종만을 강요받았다. 서구의 선교사들이 보기에 조선의 여성들은 가정에서도 '이름 없이,' '잊힌 존재들'이었다.[28] 이러한 조선 여성들의 암울한 상황이 기독교 선교를 통해 변화되는데, 그 중심에는 한글 성경이 있었다.

어떤 여성은 '예수를 믿으면 가정이 평안해진다'라는 말을 듣고 교회에 출석하면 남편의 주색잡기를 방지하는 비술을 가르쳐 주리

---

27 Ibid., 33에서 재인용.
28 이덕주 외, "자유와 해방, 그리고 실천," 『한국교회와 여성탐구』(서울: IVP, 2013), 20.

라 기대했다. 그러나 교회에서는 먼저 한글을 가르쳐 주고, 한글을 배워서 성경을 공부하게 했다. 이는 앞서 말한 것처럼 초기 선교사들이 사대주의에 경도된 조선 사회에서 오랫동안 '암글'(여자 글)이라고 배척해 온 한글을 선교의 주된 도구로 주목하였기 때문이다.

특히, 소외된 자들에게 먼저 복음을 전한다는 성경의 원칙(눅 4:18)에 따라 언어에 의해 차별받던 여성이나 평민들을 위한 교회에서의 한글 교육은 더욱 효과적이었다. 일찍이 미국 장로교 선교사 게일(J. S. Gale)은 한글의 문화적 우수성을 높게 평가하였다.

한국의 토착 문자는 세계에서 가장 단순한 것임이 분명하다. 1455년 창안되었음에도 너무 오랫동안 먼지 속에 묻혀 지내면서 자신을 알아줄 때를 기다렸다. 쓰이지 않았을 뿐 아니라 너무 쉽다는 이유로 그동안 경멸 받아왔다.

부인네들이라도 한 달 정도면 깨우칠 수 있으니 그처럼 쉬운 글이 또 있을까?

바로 이와 같은 신비로운 섭리 가운데 그 문자는 신약성경과 기독교 문서들을 찍어내기 위해 때를 기다리고 있었다.[29]

이러한 한글의 중흥 과정에서 가장 많은 혜택을 입은 계층은 여성이었다. 여성들이 교회에 출석하면서 한글을 깨우치고, 또한 한글로 인쇄된 교회 문서들을 읽고 공부하며 인간으로서의 자존감을 회복하게 되었다. 이는 여성들에게서 교육의 열기를 불러일으켰고, 근대적 여성 리더십의 원형으로 발전하였다. 한국교회사가인 이덕주는 이 과정을 다음과 같이 묘사한다.

---

29 Ibid., 27.

봉건 시대 기득권층에게 무시당하고 억압당해 온 한글과 여성이 기독교 선교와 함께 긴 잠에서 깨어나 무한한 잠재 능력을 발휘하기 시작했다. 여성이 한글을 깨우치자 이번에는 한글로 된 기독교 문서 속에 담긴 기독교 진리가 여성을 깨우쳐 천부적(天賦的) 능력을 발휘하도록 이끌었다. 한글과 여성이 서로를 깨워가면서 새 역사와 새 시대를 열어 갔다.[30]

성경으로 계몽된 여성의 리더십은 더 많은 다른 여성들을 깨우고, 받은 은총을 공유하려는 광범위한 움직임을 일으켰다. 여성들은 성경을 통해 경험한 자유와 해방의 복음을 사회 속에서 실천하려고 자발적으로 교육 및 봉사 단체들을 조직하며 활동을 넓혀 나갔다. 후일에는 국채 보상 운동과 3.1 운동에서도 기독교 여성들의 참여는 두드러진다.

한글 성경을 통해서 계몽된 영역은 외적인 관행만이 아니다. 초기 한국 기독교의 열성적인 사경회와 성경 공부는 부흥 운동으로 이어지게 된다. 저 유명한 1907년 평양 대부흥 운동은 원래 사경회 모임으로부터 시작되었다. 사경회 모임은 성경을 더욱 깊이 연구하는 자리인데, 여기로부터 진정한 회개와 믿음의 새로운 각성을 다짐하는 신앙 부흥 운동이 일어난 것이다. (사실, 부흥 운동에서도 기독교 여성들은 주된 촉매제 역할을 하게 된다. 공개석상에서의 정직한 회개는 용기 있는 여성 지도자들로부터 시작된 것이었다.)

---

30 Ibid., 28.

20세기 초 한국교회의 부흥 운동 중 대표적인 사건은 1907년 평양 대부흥 운동이다. 이 집회의 참석자들은 자신들이 지은 모든 죄들(거짓말, 미움, 시기, 불륜, 살인, 사기, 술주정, 도둑질, 축첩, 교만, 도박 등)을 다 고백하며 집단으로 철저하게 통회 자복하는 현상이 일어났다. 참석자들은 울부짖으며 회개할 뿐 아니라, 새로운 삶의 결단도 하였다.

자신이 미워했던 자나 잘못을 한 자에게 가서 용서를 구하고, 때로는 자기가 지은 죄에 해당하는 벌을 받기도 했다. 더 나아가 당시 고종 황제가 퇴위하고 일본의 식민지 찬탈 음모가 더욱 노골화되면서 국가의 운명이 풍전등화와 같은 처지에서 일본에 대한 민족적 분노와 증오심까지 회개하고 제어하는 일도 일어났다.[31]

류대영은 평양 대부흥 운동에서의 대대적인 개인적 회개를 가리켜 그동안 유교 성리학의 통치 이념에 따라 이성적이고 공적인 질서에 익숙한 한국인들이 서양 기독교를 받아들이면서 개인적 차원의 세계관과 윤리 의식에 눈이 떴음을 보여 주는 것이라고 주장한다. 즉, "부흥 운동에서 벌어진 통회 자복 현상은 한국 교인들이 개인적이고 초이성적 차원의 기독교를 비로소 경험하면서 나타난 것"이라는 말이다.[32]

류대영은 이를 한국교회의 비정치화라는 측면에서 비판적으로 이해하려고 하지만, 이러한 회개 운동이 공적인 종교 의식에서 사적인 종교로 축소되는 현상으로만 볼 문제는 아니다. 왜냐하면, 통성 기도가 한국인들에게 익숙한 집단적 통곡 행위의 연장 선상에서 이해

---

31 류대영, 『한국 근현대사와 기독교』(서울: 푸른역사, 2009), 124.
32 Ibid., 123.

될 수 있다고 류대영 자신이 말한 것처럼,[33] 이들의 개인적 회개 운동은 어떤 의미에서 국가의 위기와 민족의 위태로운 운명을 자신의 죄악에서부터 돌아보고 반성하는 자세일 수도 있기 때문이다.

즉, 공적 영역과 사적 영역이 분화되지 않고 서로 긴밀하게 연결된 상태로 위정자들의 무능과 실패 책임을 아주 힘없는 개인이 공유하려는 독특한 정치 의식이리라는 해석도 가능하다. 왜냐하면, 1907년 대부흥 운동 이후에도 한국의 기독교는 3.1 운동에서와같이 지속해서 애국적, 민족적 책임을 감당하려는 운동들을 주도해 왔기 때문이다. 비록 일제 강점기를 거치면서 한국 기독교의 비정치화라는 흐름은 더욱더 뚜렷해진 것이 사실이지만, 평양 대부흥 운동을 그와 같은 탈 공공성의 분기점으로 보는 것은 가설일 뿐이다.

이처럼 대규모의 통회 자복과 도덕 회복 운동을 불러일으킨 대부흥 운동의 내적 요인이 사경회를 매개로 전개된 성경 기독교라는 지적은 의미심장하다. 성경에 대한 깊은 연구와 성경적 삶을 향한 철저한 요구가 초기 한국의 기독교인들이 윤리 의식의 내면화, 개인화를 형성했다고 볼 수 있기 때문이다.

이는 반드시 공적 윤리로부터 이탈하는 것은 아니다. (또한, 기독교 윤리의 공공성에 부차적 관심을 두는 행위를 정당화시켜서도 안 된다.) 오히려 공공에 책임을 전가하고 자신은 예외로 하는 이원론적 윤리에서 개인이 진실하게 자신의 문제와 일탈을 성찰하는 총체적 윤리의 내면화로 전환점으로 볼 수도 있다.

---

33 Ibid., 127.

3. 순례적 기독교: 권서인과 전도부인

한미 조약 이후, 조선에서는 서서히 자유로운 전도가 가능해졌기에 이러한 권서인들의 반포 작업도 더욱 활발해질 수 있었다. 권서인들은 복음서를 지니고 이북 산간 지역을 다니며 기독교를 전했고, 이로 인해 곳곳에 기독교 공동체가 세워지게 된다. 이들을 통해 성경의 이야기를 들은 사람들은 "이것은 불교보다 더 훌륭한 종교이다. 왜 진작 알지 못했던가?"라는 반응을 보이며, 성경을 제대로 가르쳐 줄 서당을 세워 달라고 부탁할 정도였다. 권서인, 혹은 매서인이라 불리는 이들은 행상의 모습을 하고 여러 마을들을 돌아다니며 성경을 판매하는 일종의 성서공회 직원들이었다.

그러나 이들의 역할은 성경을 판매하고 보급하는데서 그치지 않고 선교사들이 들어가지 못하는 전국 방방곡곡을 돌아다니며 성경을 가르치며 복음을 전하는데 까지 이르렀다. 이들이 성경을 전했던 주된 보급로는 크게 만주에서 압록강을 건너 평안도로 들어가는 길, 일본에서 남해를 지나 부산을 비롯한 남부 지방으로 들어가는 길, 그리고 황해를 지나 인천을 위시한 서해안 지방에 이르는 길 등의 세 경로로 파악된다.[34]

당시 권서 활동은 영국이나 미국의 성서공회에서 주도한 사역이긴 하지만, 초기 한국의 기독교를 정립하는 데 있어서 권서들의 기여는 지대했다. 한국교회 권서들의 출현은 개척 선교 시대로 거슬러

---

34 이만열, 『한국 기독교 수용사 연구』, 80-81.

올라간다. 아직 선교사가 한국에 들어오기 전, 1870년대 중반부터 만주에서 로스 선교사의 지휘 아래 성경의 한글 번역 작업을 도와주던 조선인들(백홍준, 김청송, 서상륜, 이응찬 등)은 여러 차례에 걸쳐 조국으로 성경을 전하려고 시도를 벌이다 검거와 투옥을 거치는 천신만고 끝에 1882년 10월부터 국내에서 권서 활동을 시작했으며, 그 후 평양과 서울로 권서 활동이 확대되기에 이른다.

이들은 선교사들보다 앞서 성경을 반포하며 복음을 전한 자생적 전도인들이었다. 이들의 기동성은 산간 오지에까지 쭉 복음을 판매하며 기독교를 전하는 성과를 이뤘다. 언더우드 선교사가 입국했을 때, 만주에서 로스 선교사를 중심으로 번역된 『예수셩교젼서』가 시골에까지 보급된 것을 확인하고 놀랄 정도였다. 권서들은 사람들과의 만남이 용이한 장터, 공동 작업장, 서당, 잔칫집 등을 어김없이 찾아갔는데, 그중 가장 주된 활동 무대는 장터였다.

> 권서가 사람들과 접촉하기 위해 잘 쓰는 방법은 5일에 한 번씩 많은 사람들이 사방에서 모이는 장터를 방문하는 것이다. 아침 일찍이 장이 서는 마을에 도착하여 책을 펼쳐 놓을 장소를 하나 마련한다. 그리고 사람들의 관심을 끌고 때로는 책이 팔리기도 한다.[35]

당시의 민중들은 지독한 가난에 시달렸음에도, 무료 성경 배부는 원칙적으로 금지되었다. 선교사들은 경험상 한국인들이 공짜로 받

---

35 H. Miller, "Scripture Distribution," *KMF* (Oct., 1911), 282. 이만열, "초기 매서인의 역할과 문서선교 100년," 「기독교 사상」 (1990년 6월호): 60에서 재인용.

은 것을 중요하게 여기지 않기 때문이었다. 대신 곡식이나 생선, 식재료, 성냥이나 가위 같은 일용품으로 교환할 수 있었다. 그런데도, 많은 권서들과 전도부인들(Bible Women)은 성경을 사실상 무료로, 혹은 자신이 대납해서 제공하는 경우가 많았을 것으로 추측된다.

이들의 궁극적 목적은 성경을 판매하는 것이 아니라, 복음을 전하고 성경을 가르치는 것이었기 때문이다. 글자를 깨우치지 못하는 이들을 위해서 권서들은 한글도 가르쳐야 했고, 한문도 잘 알아서 진화론이나 유물론의 공격도 방어할 수 있는 이론적 수준을 갖추기도 했다.[36]

서양 각국의 성서공회를 통한 권서 사업은 선교지에서 보편적으로 이루어지던 것이었지만, 한국에서는 괄목할 만한 전도의 성과를 남겼다. 한국교회사 초기의 성경 반포는 80-90%가 권서(전도부인 포함)들에 의해서 이루어졌다. 당시의 선교사들은 한국 초기 기독교의 성장은 바로 이 권서들의 헌신과 인내 때문이었음을 이구동성으로 인정한다. 권서들은 선교사들과 조선 민중 사이에 문화적 가교 역할을 하면서, 부르튼 발로 궁벽한 산골을 다니며 앞서 사람들의 마음밭을 미리 기경하였다.

기독교 복음이 한국 사회에 들어오면서 나타난 또 하나의 혁신적 변화는 여성 사역의 발견이었다. 그리고 이 선구적인 여성 활동의 중심에는 전도부인들이 있었다. 당시 한국 여성들의 삶의 처지는 실로 궁벽하고 남루했다. 선교사들의 눈에 비친 구한말의 여성들은 이

---

36 이만열, "초기 매서인의 역할과 문서선교 100년," 58.

름 없는 존재였으며, 집안에서는 중노동과 매질에 시달리는 노예였고, 청상과부들은 언제 '과부 보쌈'과 같은 악습의 희생자로 전락할지 몰랐다.[37]

이처럼 암울한 상황에서 복음은 가부장제의 억압 아래 안방에 갇혀 있던 여성들을 깨우고 새로운 자유와 해방의 길을 열어 주었다.

여성들은 성경을 통해 한글을 깨우쳤고 교회 부흥의 주역이 되었으며, 더 나아가 사회 개혁을 위한 여성들의 자발적인 단체들을 조직하며 구제 및 전도 활동을 이끌었다. 이러한 여성 계몽과 활동의 견인차가 바로 전도부인들이었다. 이들은 처음에는 여선교사들의 수행원 역할을 하다가, 점차 독자적으로 여성 사역과 계몽을 주도하였다. 전도부인들의 사역에 관한 한 선교사의 보고는 그들의 활약을 가늠하게 해 준다.

윤 부인은 어떤 마을은 적어도 한 번, 또는 여러 번씩 방문을 했다. 이렇게 열심히 활동한 결과 수많은 사람이 하나님의 말씀인 성서의 단편 한 권씩 읽어 볼 수 있게 되었을 뿐 아니라 일 년 전까지만 해도 우상 숭배를 하는 상류층 사람들이 버티고 있는 여러 마을에도 새 신자들이 생겨났다. 구 부인은 성서 판매에 재주가 있었고 어떻게 해야 새로운 가정이 주님을 모시는지 잘 알았다. 그리고 어떤 가정이든 슬픈 일이 닥쳤을 때 가족을 따뜻하게 어루만져줄 만큼 목회 차원에서 중요한 일을 해냈다. 그뿐 아니라 환자가 집 안

---

37 이덕주, "자유와 해방, 그리고 실천," 『한국교회와 여성』(서울: IVP, 2013), 14-15.

에 있어 우울한 가정이나, 믿음 때문에 박해를 받고 있는 가정을 내 집 드나들 듯하며 결국 그 가정에 웃음꽃이 피게 하였다. 구 부인은 이렇게 여러 사람을 주님의 품으로 돌아오게 했으며 이 분이 발이 닳도록 뛰어다닌 덕분에 믿음의 식구들은 더욱 굳게 뭉칠 수 있었다.[38]

전도부인들의 사역이 제대로 이루어지기 위해서는 그들을 교육하는 일이 매우 중요했기에 그들을 위한 성경 교육 기관이 활성화되었다. 전도부인들은 전공인 성경 외에도 선교 현장에서 현실적으로 적용할 수 있는 글쓰기, 생리학, 위생학, 병간호, 음식 준비법 등을 선택 과목으로 이수하였다. 이는 전도부인들의 순회 사역이 성경 반포와 복음 전파뿐 아니라 당시 여성들의 실제 생활을 위한 돌봄 제공까지 포함했음을 시사한다.

남자 목회자들보다 한참 못 미치는 수준의 봉급을 받으면서도 가난한 자들과 실족한 자, 병자들을 심방하는 일은 전도부인들의 몫이었으며, 그 수도 갈수록 늘어갔다. 과거 음지 아래 살다가 복음의 해방을 경험한 자들이었기에, 전도부인들은 소외와 무관심 속에 있던 이들에게 복음을 전하는 일을 선도했다. 이들이 파송된 곳은 단순히 인근 지역뿐 아니라 도서 산간, 그리고 더 나아가서는 제주도와 중국의 산동성, 남만주, 심지어는 러시아의 연해주까지 이르렀다.[39]

---

38 양미강, "초기 전도부인의 신앙과 활동," 「한국기독교와 역사」 제2호 (1992년): 115-116.
39 양미강, "참여와 배제의 관점에서 본 전도부인에 관한 연구," 「한국기독교와 역사」 6호 (1997년): 141-143.

한국교회 초기 복음 전파에 유례없는 혁혁한 기여를 한 권서인과 전도부인들의 사역을 21세기의 상황에서 주목해야 할 전통은 '전도로서의 순례'(pilgrimage as evangelism)라 할 수 있다. 오랜 농경 민족인 한국인들의 풍습에도 유목민적 이동성이 배어 있는 것 같다. 구한말 서양 선교사들이 보기에 한국인들은 본래부터 원근을 가리지 않고 돌아다니기를 좋아했다고 한다.

> 한국인들은 굉장히 넓게 그리고 멀리 여행을 하는데, 무슨 조상 제사에 참여한다든가, 구경하러 나선다든가, 과거를 본다든가 하는 그런 이유로 여기저기 엄청나게 돌아다닌다.[40]

이 '돌아다님'이 초기 한국교회의 권서인과 전도부인들이 보여 준 대표적 행동 양식이었으며, 그것은 순례의 영성과 잇닿는다. 이들은 행상과 소매업을 하면서 가가호호 전도 순례를 다녔다.

이들을 통해 교도소와 병원, 나환자 수용소, 매춘굴, 도박관, 거지 소굴, 가난한 초가집, 나루터에 이르기까지 성경이 전해졌으며, 권서인과 전도부인들은 선교사들이 가지 못하는 곳 시골과 산간 오지로 과감히 가서 성경을 판매하고 복음을 전파하였으며 이들이 가는 곳마다 작은 신앙 공동체가 세워졌다.

순례는 기독교 신앙의 고유한 영성 전통이면서, 가장 효과적으로

---

[40] I. B. Bishop, *Korea and Her Neighbors: A Narrative of Travel with the Account of the Recent Vicissitude and the Present Position of the Country* Vol. I, London,: John Murray, 1898. p. 145. 민경배, 『한국 기독교회사: 한국 민족교회 형성 과정사』(서울: 연세대학교 출판부, 2007), 179에서 재인용.

전도가 이루어지는 과정이기도 했다. 사도행전에서 기독교인들은 '그 도를 따르는 자들'이라는 별칭으로 불리기도 했다. 사실 순례는 기독교 전통의 고유한 실천 양식이었다. 믿음의 조상인 아브라함과 이삭과 야곱은 평생 하나님의 부르심을 따라 순례의 삶을 살았고, 시편 1편은 의인과 악인의 '길'을 대조시킨다. 히브리서는 믿음을 본향으로 나아가는 여정으로 본다. 기독교인은 예수의 길을 가는 자들이다.

교회가 제도화되고 기독교인들이 사회의 주류가 되면 어느덧 교회는 이러한 순례의 영성을 잊고 현실에 안주하려는 성향을 띠게 된다. 그리스도의 길은 희미해진다. 역사의 위대한 순간에는 새로운 과감한 순례자들이 등장했다. 초기 기독교가 제국과 결탁할 때, 수도사들은 약하고 가난한 자들 속에서 그리스도를 찾는 순례의 길을 나섰다. 종교개혁 이후 개신교회가 정체적 상황에 빠져갈 때, 모라비안 교도들은 그들에게 익숙한 삶의 지경을 벗어나 과감한 선교의 여정에 들어섰다.

영국성서공회에서는 "권서의 신발보다 더 위대한 설교단은 없다"라고 감탄할 정도로 이들은 선교의 선구자로서 씨 뿌리는 사역을 성공적으로 감당했다.[41] 초기에는 선교사의 보조적 역할을 하던 권서인과 전도부인들은 후일에 한국 기독교의 성장을 주도한 것이다. 이들의 이와 같은 경이적인 순례와 방문은 그들이 처음 복음서를 읽으며 대면했던 예수 그리스도의 본을 따랐던 것으로 추정할 수 있다. 한 선교사는 전도부인을 교육하면서 이렇게 보고한다.

---

41 이만열, "초기 매서인의 역할과 문서선교 100년," 70-71.

첫날 바울의 전도 여행을 공부하였는데, 한국 학생들은 그렇게도 기뻐할 수가 없었다.… 시골 학생이 많은 어떤 반은 4% 이상이 평균 48마일 정도를 걸어서 왔고, 어떤 반은 7% 이상이 13마일 이상을 걸어서 왔다.[42]

가장 먼저 한글로 번역된 누가복음과 사도행전은 예수님과 바울의 계속되는 하나님 나라 선교 여정을 상세하게 기술하고 있다. 따라서 한국교회 초기의 전도자들이 그와 같은 순례의 전통에 서 있는 것도 우연은 아닐 것 같다.

본 장에서는 한국 기독교가 정착되어 가는 과정을 한글 기독교, 성경 기독교, 순례 기독교라는 3가지의 특징으로 살펴보았다. 이와 같은 정착의 과정을 통해 한국 기독교의 성격이 더욱 분명하게 정립되는데, 그것은 바로 한글 기독교를 통한 대중성과 서민성, 성경 기독교를 통한 확고한 복음적 신앙, 끝으로 순례 기독교를 통한 전도적, 선교적 열정이 확립되었다는 것이다.

단순히 기독교 전파를 위한 열정들이 융합되었다는 측면뿐 아니라, 한국 사회에서 지식과 서적 문화를 확산시키고, 여성 계몽과 교육을 선도하는 역할도 수행하였다. 이는 한국 사회에서 기독교가 제시한 새로운 문화적 내러티브라 볼 수 있다.

한글 성경의 반포를 문해 교육과 여성이 주도적으로 자신을 발견하고 계발할 수 있는 체계를 만들어 간 것은 당대의 문화적 변혁이

---

42 『한국교회 전도부인 자료집』, 368.

었으며, 그러한 변혁적 움직임을 경험할 수 있는 것은 바로 기독교였다. 더군다나, 일제 강점기에 기독교는 해방의 조력자이자 우월한 문명의 상징이었던 서구 문물을 접할 수 있는 실체였기에 해방 이후 모방의 대상이라는 이미지를 확립할 수 있었다. 이러한 문화적 변혁의 기능들을 장착하면서, 기독교는 현대 한국 사회와 문화 속에서 성장하며, 사회적 엘리트들을 배출하는 주된 모체가 되었다 해도 과언이 아니다.

제5장

현대 한국 문화와 기독교의 성장: 생존의 시대

본 장에서부터는 한국 현대 사회와 문화 속에서 한국인들이 공유하는 정신적 가치와 기독교의 소통을 보고자 한다. 여기서 정신적 가치라는 개념은 철학자 탁석산이 말하는 한국 근현대사의 시대별 특성에서 빌려 왔다.[1] 탁석산은 현대 한국인이 각 시대를 통과해 오면서 지향하는 가치들을 열거하면서, 해방 이후부터 박정희 정권 이전까지를 생존의 시대로 분류하고, 박정희 정권의 등장부터 문민정부인 김영삼 정권이 등장하기까지를 생활의 시대로, 김영삼 정권부터 노무현 정권이 등장하기까지를 행복의 시대로, 그리고 노무현 정권 이후부터 현재까지를 의미의 시대라고 구분한다.

이러한 네 가지 시대 구분은 각기 한국인이 인생의 즐거움을 어디에 삼았는가, 즉 그 당대에 가장 중요하게 여겼던 인생 가치가 무엇이

---

1 탁석산, 『한국인은 무엇으로 사는가』(서울: 창비, 2008), 34-44.

냐에 따라 성립된다고 탁석산은 주장한다. 본서는 생존-생활-행복-의미라는 흐름을 현대 문화 변동을 이해하는 틀로 차용하고자 한다.

가장 먼저 살펴볼 것은 생존의 시대로서 해방 이후부터 1961년 군사 혁명까지의 시기이다. 이때는 정부 수립의 시기였으며, 동시에 생존이라는 절체절명의 과제를 줬던 시기였다. 치열한 생존 경쟁 속에서 사람들은 요령껏 살아가지 않으면 안 되는 사회였다. 이 기간 동안에 가장 큰 사건은 한국 전쟁이었으며, 전쟁은 한국 사회와 역사에 엄청난 재난과 충격의 사건이었으나 한국 기독교의 성격과 입지를 형성하는데 20세기에 가장 큰 요인이었다고 볼 수 있다.

1. 한국 전쟁과 기독교

해방 후 한국 사회는 국민을 보호해 주는 주권을 지니면서 사회적 기틀을 마련해 주는 국가에 대한 염원 속에서 그 접근의 차이로 인해 혼란과 광기의 시기를 거친다. 사람들의 기대는 컸으나 초기 대한민국은 그에 부응하기에 취약한 국가로 시작되었다.[2] 이 취약 국가의 틀은 한국 전쟁을 거치며 냉전 의식과 함께 전쟁 직후의 한국 사회 분위기를 지배한다. 한국 전쟁은 크게 두 가지 차원에서 한국 기독교에 영향을 주는데, 하나는 기복신앙의 틀을 다졌다는 것이고,

---

2 최정운, 『한국인의 발견』(서울: 미지북스, 2016), 75. 최정운은 이택선의 서울대학교 박사학위 논문을 인용하며, 해방 직후 대한민국의 성격을 '취약 국가'라는 개념을 소개한다. 이는 김동춘의 '반쪽 국가'라는 개념을 재 진술한 것인데, 반쪽 국가라는 단어가 적나라한 구어적 표현이기에 개념적인 용어로 바꾸었다고 한다.

다른 하나는 기독교의 반공적 특성을 강화했다는 것이다.

한국 전쟁은 현대사에서 전대미문의 사건으로서 엄청난 인명 피해와 기간시설의 파괴, 정전 이후로도 계속되는 분단으로 인한 갈등과 대치, 남한 내에서도 현재까지 이어지는 북한에 대한 적개심과 내부 분란의 단초가 되었다. 특히, 남한은 서울을 중심으로 한 전선이 두 차례나 붕괴하는 경험을 하면서, 사회-경제 질서가 크게 흔들리는 경험을 하면서, 사회 구성과 계층이 새롭게 재편되었으며, 이 때 반공 친미 기복이라는 코드가 한국교회의 중요한 문화 자산으로 자리매김하게 된다.

북한에서도 미국에 대한 공포와 위협감, 그리고 미국으로 상징되는 기독교에 대한 극도의 불신감이 쌓이면서, 북한 기독교의 존립과 선교에 가장 큰 걸림돌로 굳어지게 된다.

1) 전쟁의 참상과 사회적 변동

전쟁은 필연적으로 급격한 사회, 문화적 변동을 유발한다. 대규모의 인명 피해와 참화를 가져오는 전쟁이라면 그 변동의 폭은 더욱 커질 것이다. 1950년에 발발한 한국 전쟁은 초기의 치열한 전면전을 거치며, 상호 간의 전들이 완전히 붕괴하는 참상을 경험했다. 이는 전쟁 이후로도 계속해서 남북 모두에게 거대한 상흔과 파급력을 일으키기에, 충분했다.

(1) 인명의 손상

한국 전쟁은 남한과 북한 양쪽에서 500만 명이 넘는 사상자를 내었으며 한반도 전체를 초토화했다. 당시 남북한 인구가 총 3,000만 정도였는데, 사망과 부상, 실종자의 수가 무려 전 인구의 1/6이 전쟁으로 인해서 인적 손실을 겪었다는 것이다.[3]

한국 전쟁은 20세기 중후반을 한반도에 사는 사람들이라면 다수가 직, 간접으로 전쟁의 상처와 비극을 체험하게 된 사건이다. 전쟁은 대량의 인명 손실로 끝나지 않고, 그 여파로 인한 전염병의 창궐과 무수한 고아들의 양산, 재산 약탈 등의 2차 피해로 이어졌다.[4]

(2) 재산 파괴

전쟁으로 인한 산업 기반 시설과 생활 기반 시설들은 여지없이 파괴되었다. 남한의 경우 제조업 시설의 42%가 전쟁 초기에 파괴되었고, 전력의 41%, 광업의 50%, 주택의 1/3이 파괴되었다. 가장 큰 피해를 본 서울은 주택의 80%가 입주 불가능한 수준으로 파손이 심했다. 이로 인해 전쟁 직후 집을 잃고 유랑하는 인구가 200만 명에 이르렀고, 전 인구의 20% 이상이 굶주림으로 신음하게 된다.[5]

(3) 사회적 변동

위와 같은 인적, 물적 손실도 가공할 수준이지만, 가장 큰 충격은

---

3 김흥수, 『한국 전쟁과 기복신앙확산 연구』, 26.
4 Ibid., 27.
5 Ibid., 27-28.

사회 계층의 질서를 붕괴시킨 것이다. 전쟁으로 인한 사망과 실종, 그리고 피난으로 인해 인구의 대 이동이 일어나서 사람들이 집과 근거지를 잃고 유랑했으며, 남한 사회에서는 농촌에서 도시로의 인구 이동이 시작된 것이다. 물론 50년대에 안전한 도피처를 찾아서 일시적 이농 현상이 있긴 했지만, 후일에는 일자리를 찾아 도시화가 급격히 일어나게 된다.[6]

인구 이동뿐 아니라 사회적 지위의 이동이 일어났는데, 전체 경제 구조와 사회 계층 질서가 흔들리게 되었다. 소수의 자본가층을 제외하고는 거의 모든 사람이 계층적으로 하강 이동을 하고 다수가 빈곤선 아래 살아야 했다. 1950년대의 인플레이션과 화폐 개혁의 실패로 말미암아 이른바 '보릿고개' 시대를 통과해야 했다.

이런 굶주림 속에서 다수 국민은 외부의 원조에 의지해야 했고, 이러한 총체적 시련기에 전통적인 양반과 지주 계급이 사라지고 미군정과 정권의 후원을 입은 새로운 자본가의 출현과 같은 신분질서의 재편이 일어나기 시작한다.[7]

(4) 문화적 변동

한국 전쟁은 삶의 양식과 관계를 규정하는 문화 체계를 뿌리부터 흔들었다. 이는 전쟁으로 인해서 일어날 수 있는 사고와 행동 방식의 변화이기도 한데, 전통적 유교 사회가 지배하던 한국 사회에서 이는 사람들의 정신적 지배 관념이 붕괴하는 일이기도 했다. 전후

---

6 Ibid., 31.
7 Ibid. 32-33.

한국 사회를 관찰한 로버트 올리버(Robert T. Oliver)는 이렇게 평한다.

> 젊은 사람들의 지위는 크게 바뀌고 있다. 유교의 연장자에 대한 존경은 전시 상태로 말미암아 크게 동요되고 있으니, 군인으로서나 노무자로서나 그 중 노동에 견딜 만한 젊은 세대를 요구하고 있으며, 심지어는 장군들도 대부분이 30대이다. 국회의원의 평균 연령은 48세이고 30만 명의 공원들의 평균 연령이 45세이다. 수 세기 동안 나이 먹은 것을 지도자의 불가결 조건으로 알았던 국민으로서는 놀랄만한 역전이다.
> 이러한 변화는 연장자 앞에서 담배를 피우고 그들과 의견을 교환하고 때로는 그들에 반대하는 태도로 나타난다.… 이렇듯 모든 분야에 있어서 젊은이가 연장자에게 복종하여야 한다는 오래된 습관이지만, 이삼 년 동안 (특히, 전쟁 발발 후로) 급속히 붕괴해 가고 있다.[8]

위와 같은 유교적 질서의 붕괴는 사람들의 정신적 가치를 지배할 만한 대체재가 없는 상태에서 개인주의, 물질주의, 요령주의가 판을 칠 수 있는 정신적 공백기를 만들 수 있다. 앞서 언급한 것처럼, 한국 사회의 유교화는 조선 시대로 끝난 것이 아니라 일제 강점기에도 천황과 총독부를 중심으로 동원형 체제로 존속됐다.

유교적 위계 질서는 효율적 통제라는 필요성을 위해서 일제 강점기에도 유지됐으며, 비록 일제에 의한 강요된 근대화 체제 아래서도

---

[8] Robert Oliver, *Verdict in Korea* (State College, PA: Bald Eagle Press, 1952), 191. 김흥수, 『한국 전쟁과 기복신앙확산 연구』, 37에서 재인용.

봉건 계층의 구조도 지속하여 왔다. 그러나 전쟁은 비록 점차 약화했으나, 실질적으로는 유지되어 온 유교의 위계 질서, 그리고 그에 따라서 사회를 지탱하는 가치 체계인 도덕주의와 집단주의를 붕괴시켰다. 권위적 상징과 규범들이 무너지는 상황에서 자신을 지킬 수 있는 것은 개인과 가족의 물질적 이익 외에는 존재할 수 없다.

(5) 심리적 변동

한국 전쟁이 전 국민에게 오랫동안 남긴 것은 심리적 트라우마일 것이다. 엄청난 사상과 파괴로 인해서 신체적으로 경제적으로 입은 피해도 크지만, 단시일 내에 남한 전역을 장악한 북한군과 그 체제에 대한 전 국민적 공포심은 남한 사회의 장기적으로 견고한 병리성이 되었다.

> 인명과 재산의 손실로 인한 심리적 정신적 손상, 북한 공산주의자들에 대한 공포심, 전후의 급격한 사회 변동 속에서 적응의 어려움 등은 서로 결합되어 한국인들의 의식 속에 심리적 불안정을 가져다 주었다. 예기치도 못한 상황에서 급작스럽게 닥쳐온 전쟁의 충격으로 한국인들은 자기 자신의 내적 의지나 근면한 생활과는 관계없이 다시 언제 어디서 피해를 당할지도 모른다는 막연한 불안감과 초조감을 지니고 살 수밖에 없었다. 불안감의 내면에는 인간의 삶 자체에 대한 회의와 절망이 들어 있었다. 전후의 폐허 속에서 사람들은 "허무, 실존, 절망, 불안"의 심리에 울부짖었다. 역사의 횡포 앞에서 실존적 충격과 인간에 대한 절망은 인간의 삶이나 인간 자체에

대한 의문으로까지 번져 갔다. 삶에 대한 근원적인 회의는 결과적으로 모든 가치에 대한 부정으로 이어지고 구체적으로는 개인이나 사회 생활에 대한 부정적 태도로 나타날 수밖에 없었다.[9]

이러한 공포와 충격은 전쟁 이후에도 가장 오랫동안 한국인들에게 잠재된 위기감으로 남는다. 때로 아직 가시지 않은 공포를 상기시키는 사건들이 터지면 이 위기감은 더욱 증폭되고, 사람들은 잠재적 위기로 인한 불안감으로부터 도피할 수 있고 안정을 제공할 수 있는 상징 체계를 찾게 된다. 또한, 이러한 심리적 불안은 남한 내에서도 서로 간의 불신과 대립을 유발하는 주된 동인이 되어, 그 이후로 지금까지 사회적으로 이념적 온도 차에 따른 철저한 피아 구분으로 갈등이 지속하였다.

한국 전쟁이 남긴 이와 같은 상황은 기독교가 일제 강점기 이후 가장 먼저 대응해야 할 과제였다. 기독교는 어떤 식으로든 한국 전쟁이 남긴 여파 속에서 자리매김해야 했다. 김흥수는 한국 전쟁의 여파를 이렇게 정리한다.

> 한마디로, 전쟁은 한국 사회에 엄청난 충격을 가함으로써 19세기 후반 이래 외세와의 접촉 과정에서 그리고 일제 치하에서 서서히 붕괴되고 있던 한국 사회의 문화 체계와 사회 체계는 물론 심리적 안정까지 뿌리째 흔들어 놓았다고 볼 수 있다. 전통적 사회 체계

---

9 김흥수, 『한국 전쟁과 기복신앙 확산 연구』, 40-41.

의 와해는 그 체계를 유지해 주는 규범의 와해로 이어졌으며 이런 상황은 사람들이 극심한 빈곤에 시달리면서 하루하루 불안 속에서 스스로 자기의 생존을 해결해야 하는 사회 환경을 만들어 주었다. 이처럼 전후의 사회는 파괴된 경제와 와해된 사회 구조 모두 복구와 재건해야 하는 상황에 처해 있었다. 여기서 전자의 해결책으로 등장한 것이 정부의 산업화, 서구화 계획이었으며 후자의 대안으로는 국민 정신을 '근대화'하는 새마을 운동이 등장하였다.

이런 상황이 1960년대와 1970년대 교회가 처한 상황이었으나 일부를 제외한 다수의 교회는 산업화 정책에 편승해 경제 발전과 안정을 외쳤으며, 교세 확장을 위한 전도 활동에 주력하였다. 이런 교회들로부터 현세 위안과 축복의 메시지가 나왔다는 것은 놀라운 일이 아니다.[10]

김홍수의 주된 연구 관심은 한국 전쟁이 기독교가 어떻게 기복적이고 물질적인 사역을 하게 만들었는가 하는 점이다. 하지만, 한국 전쟁의 결과는 기복주의의 확산만이 아니었다. 아니, 기복주의 신앙의 씨앗이 전쟁을 통해서 심어졌다 하더라도 기복주의 신앙이 본격화되는 것은 전쟁의 참상을 극복한 뒤에나 가능했다. 즉, 한국 전쟁과 기복주의 신앙이라는 결과 사이에는 어느 정도의 시간적 조정이 필요했다. 오히려 한국 전쟁 직후에 대면해야 할 가난과 질병, 불안과 공포를 극복할 수 있는 생존적 도움과 상징적 힘이 필요했다.

---

10 Ibid., 42-43.

여기서 생존적 도움은 죽음에 이르게 할 가난과 질병을 극복할 실질적인 대책이었으며, 상징적 힘은 공산주의의 위협에 대응할 수 있는 이념 체계, 즉 반공과 승공으로 이어지는 집단적 사회 분위기였고, 기독교는 이에 비교적 충실하게 대응하며 한국 전쟁 이후 한국 사회와 문화를 주도해 갔다. 그러한 면에서 한국 기독교는 한국 전쟁이라는 거대한 위기에 대한 대응으로 현대사회 속에서 성장의 동력을 확보했다 해도 과언이 아니었다.

2. 생존의 시대, 지식인 문화의 양상

이제 해방 이후와 1950년대의 문화 속에서 나타난 그 시대 사람들의 정신적 상태를 조명해 보자.

이 시기의 사람들이 집합적으로 경험하고 누리는 문화 매체는 노래와 라디오였다. 반면, 식자층은 문학 등의 서적을 통해 시대 감성을 표현하고 공감하였다.

우선 지식인 문화에 나타난 시대적 문화 감성을 진단해 보자.

1) 전쟁 후의 죽음 내러티브

위에서는 한국 전쟁이 남긴 사회 전반과 시민들에게 가져다준 파괴와 상처, 공포와 두려움 등을 다루었다. 따라서 전쟁의 결과는 이후 한국 사회의 냉소적이고 절망적인 분위기로 나타난다. 이는 죽음을 경험하고, 또한 염두에 두고 살아야 하는 생의 절박함을 만들어 낸다. 당대에 출간된 문학들에도 그와 같은 죽음의 내러티브가 자주 등장한다.

최정운은 전쟁이 끝난 후의 시대를 프랑스어 '아프레게르'(apres guerre)라는 말로 묘사한다.[11] 아프레게르는 '전쟁 이후'라는 의미를 지니는데 '전쟁 이전'이라는 의미의 '아방게르'(avant guerre)의 반대어인데, 전쟁으로 인해 사회의 근간이 흔들리고 세상이 위태로워졌음을 의미한다. 한국 전쟁 이후에도 수많은 사람이 죽고 다치고 가족이 파괴되며 고아들이 양산되고 이산 가족들이 생기는 이별과 아픔이 곳곳에 묻어 있는 상태가 '아프레게르'이다.

한국 전쟁 직후에 나온 문학들은 한국 전쟁을 기점으로 이와 같은 상흔과 절망을 묘사한다. 최정운은 전쟁 직후 한국 사회는 비참한 폐허 가운데 재건의 기력도 갖추지 못한 '냉동 국가' 상태였다고 지적하며, 당시 도시 시민들이 생명력과 성욕, 세상과의 친밀함을 잃고 소외된 상태 속에서 의무감만으로 일상을 반복하는 좀비 같은 인생을 묘사하는 데서 그 시대의 실상을 진단한다. 손창섭의 『공휴일』에는 이런 대목이 나온다.

그것은 이미 완전한 주검의 흔적이었을 뿐이었다. 도일은 그 놈(미꾸라지 한 마리)을 책상 위에 건져 놓고 잠시 바라보았다. 고요한 그 주검은 자기의 생명의 한 토막이 잘리어 떨어진 것 같이 느껴지

---

11 최정운, 『한국인의 발견』, 96.

기도 했다.

세 마리의 조그만 어족의 생명과 자신의 생명이 합쳐져서 협착한 자기의 세계를 지켜온 탓이라고 할까?

그러나 그는 죽은 놈에 대해서보다 살아 있는 놈의 무료에 더 관심이 끌려 어항 속을 엿보는 것이었다.[12]

위에 인용된 소설의 대목에서 풍기는 느낌은 죽음과 무덤덤함, 그리고 무료함이다. 죽음이 보편화되고 살아 있는 것도 목적과 의미 없이 무료하게 느껴지는 세계를 반영하고 있다.

우리가 잘 아는 유명한 소설 황순원의 『소나기』는 바로 이 시기(1953년)에 나왔는데, 시골의 한 소년과 전학 온 소녀의 순수한 사랑을 그린 아름다운 단편 문학으로 인용됐지만, 사실은 이 작품의 출간 시기와 내용의 배경을 고려해 보면 이는 몰락한 양반 가문의 무력감을 묘사하고 있다.

소나기와 같은 일상적인 시련도 이기지 못하고 죽어가는 이 소녀는 "이 시대를 견디지 못하고 쇠락하여 멸망해 간 도시 부르주아의 마지막 자손"[13]이었다. 최정운은 이 소녀의 죽음이 상징하는 바를 이렇게 해석한다.

결국, 소녀의 죽음은 이 땅을 그간 '개화'로, '계몽'으로 이끌어온 도시 부르주아가 일상적 소나기도 견디지 못할 정도로 나약해지고

---

12 Ibid., 98.
13 Ibid., 102.

비극도 이루지 못하고 사라져버리는 이야기였다.[14]

황순원의 또 다른 작품인 『카인의 후예』는 죽음의 참혹함과 한 사람의 죽음이 타인을 적대하며 죽음의 세상을 만들어가는 소름 끼치는 이야기를 다루고 있다. 손창섭의 다른 작품들에서도 그가 그리는 인물들이다.

모두 죽어가는 사람, 죽음밖에는 길이 없는 사람, 죽음으로 끌려가고 있는 사람, 정상적인 삶에서부터 소외된 사람들뿐이었다. 그의 소설에서 죽음으로부터 거리를 유지하고 사는 인물은 하나도 없다.[15]

김동리가 1955년 발표한 『밀다원의 시대』는 단절과 소외, 그리고 결과적인 죽음이라는 모티브를 담고 있다. 시인들이 모여 대화를 나누던 공간인 다방 '밀다원'은 더 이상 생명력과 연결의 장소가 아니었다. 최종운은 이 소설에 나타난 분위기를 이렇게 묘사한다.

그들 중 늘 벽화처럼 외롭게 앉아 있던 박운삼 시인이 얼마 전부터 애인이 해외로 떠났다며 우울해했다. 하루는 길 여사 등과 대화를 마치고 '밀다원'에 돌아오니 박운삼이 늘 앉던 자리에서 약을 먹었다고 한다. 수면제 계통의 독한 약을 엄청나게 먹어 소생할 가

---
14 Ibid.
15 Ibid., 119.

능성이 거의 없다는 것이었다. 결국, 박운삼은 '밀다원' 안에서 벽화처럼 앉아서 죽고, '밀다원'은 수리에 들어간다고 했다. 그사이에 친구들은 모두 '밀다원'을 떠난다. 그 좋던 시대, '밀다원 시대'는 막을 내렸다.[16]

한때는 따뜻하고 환대가 있었던 다방이 이제는 소외된 사람의 처량한 죽음과 그 죽음으로 인해 조용히, 어느덧 서로를 멀리하는 떠남의 공간으로 변모했다. 전쟁 이후, 1950년대 한국 사회는 죽음이 모든 곳에 편재해 있었으며, 살아 있는 사람들의 생활 죽음의 암울한 지배력이 가득 채우고 있었다. 비록 사람들은 이 죽음에 저항하기 원하나 죽음에 끌려갈 수밖에 없을 정도로 무력감과 좌절을 체득할 수밖에 없었다.

2) 전쟁 후의 소생 내러티브

1950년대 초반의 무력한 죽음 내러티브는 1950년대 중후반으로 넘어가면서 생에 대한 절박한 희망과 소생의 염원을 담은 부활 내러티브로 바뀌기 시작한다. 손창섭의 작품들은 이러한 변화의 조짐을 잘 담고 있는데, 대표적으로는 1959년 11월에 발표된 그의 단편작인 『포말의 의지』를 보면 잘 드러난다. 그 줄거리는 다음과 같다.

역전에서 몸을 파는 옥화라는 여인이 있고, 주인공인 종배는 이

---

[16] Ibid., 121.

옥화의 단골손님이었다. 둘은 서로를 이해하고 따뜻하게 마음을 나누었으며, 옥화에게는 아이가 있었다. 옥화가 사는 곳은 판잣집들이 즐비하고 그곳에는 굶주리는 사람들이 있었다.

그 뒤에는 예배당이 있었고 옥화는 죽을 때는 그곳에서 죽고 싶다는 말을 종종 했다. 종배는 옥화에게 예배당에 나가보라고 권유했지만, 몸을 파는 여인인 자신이 교회에 가면 하나님이 노하실 것이라고, 하지만 죽을 땐 꼭 예배당에 가서 죽고 싶다고 했다. 사실 주인공 종배의 이모부 집안은 교회를 열심히 나가는 집이었고 매일 꼬박꼬박 예배를 드리는 집이었으나, 종배의 눈에는 진실성이 없어 보였다. 사실 종배의 어머니도 몸을 팔다가 변사했었다. 종배의 어머니가 고독하게 죽은 사건은 신문에 크게 보도된 바 있었다.

내용인즉슨, 몸을 팔아서 자기 여동생을 미션 계통의 학교로 보낸 여인의 이야기였다. 그 여인에게는 애비조차 모르는 아들이 하나 있었지만, 삶에 지쳐 병든 상태였다. 자신이 애써 키워 준 여동생은 교회의 청년과 결혼하여 행복한 가정을 이루고 있었지만, 몸을 팔아 자기 뒷바라지해 준 언니를 수치스러워하고 거부했다. 그러다가 이 여인은 어느 날 허름한 여인숙에서 돌봐 주는 이 없이 죽었다는 것이다. 이러한 기구한 환경에서 자란 종배와 옥화의 만남은 운명적이었으며, 옥화는 자신의 본명이 강영실이라는 사실도 알려줬다.

종배는 어느 날 옥화, 아니 영실은 전도하러 온 청년이 준 마태복음을 읽고 있는 모습을 본다. 어린 애를 업고 성경을 읽고 있는 영실의 모습은 순수한 소녀의 그것이었다. 종배는 옥화에게 같이 살림을 차리자는 제안을 했지만, 자격이 없다는 옥화의 거절을 받는다. 소

설의 몇 단락을 직접 인용해 보겠다.[17]

영실은 예배당에 나가는 것이 유일한 소원이라고 했다. 종배는 그런 여인을 향해 예배당에 가면 하느님께서는 받아 주실 것이라고 이제부터 예배당에 나가라고 권했다. 그는 여인을 억지로 끌어내다시피 했다. 여인은 망설이면서 마지못해 따라 나갔다. 예배당 문을 열고 들어서려던 점잖은 풍채의 남녀가 종배와 영실을 이상한 눈으로 바라보았다.

두 사람은 교회 안의 점잖은 이들에게 자신들이 불쾌감을 주는 사람들로 비치자 그 자리를 도망치며 나왔고, 영실은 미친 사람처럼 울부짖기도 했다. 영실은 점점 병들어 가고 있었다. 그러면서 늘 예배당을 가고, 예배당의 종소리를 듣고 싶어 했다. 그런 영실을 위해 종배는 영실을 병문안하며, 어느 금요일에 일부러 영실을 위해 이틀 뒤에야 울려야 할 종소리를 몰래 내기도 했다. 병들어 가던 영실의 마지막 장면은 이렇게 묘사된다.

다음 날 점심때쯤 찾아가 보았더니 방이 비어있었다. 낯선 아주머니가 방을 청소하고 있었다. 이상하여 영실의 일을 물어보았더니 오늘 아침 일찍이 뒤에 있는 예배당 문 앞에서 시체로 발견되었다고 했다. 종배는 가슴이 뻐근해 들어옴을 느꼈다. 영실은 예배당

---

17 "포말의 의지"(한국현대문학대사전, 2004. 2. 25.) http://terms.naver.com/entry.nhn?docId=334994&cid=41708&categoryId=41737

에 찾아가서 죽고 싶었던 것이다. 자기의 생명이 얼마 남지 않은 것을 깨닫고 죽을힘을 다해서 예배당 쪽으로 기어가다가 숨을 거두었을 것이다. 종배는 발이 땅에 붙은 듯이 잠시 멍하니 서 있었다. 시체는 조금 전에 구청 직원과 순경이 인부를 데리고 와서 실어내 갔다는 것이다. 애기도 같이 데려갔다고 했다.

소설 『포말의 의지』는 당시의 비루하고 절망적인 상황, 죽음이 인생을 덧없이 가져가는 삶 속에서 낮은 자들이 서로를 위로하고 생의 마지막 희망을 놓지 않으려는 몸부림을 묘사한다. 최정운은 이렇게 평한다.

> 1955년에는 종교적 색채를 띠는 문학 작품들이 등장했다. 그 이유는 바로 한국 전쟁 이후 원혼들이 들어찬 세상, 죽음이 지배하는 세상에서 어떻게든 살아가기 위해서는 원혼들을 보내야 했고, 그 길은 '어떤 종교라도' 두드려보는 그와 연관된 행위 이에는 없었기 때문이다.[18]

그리고 그 몸부림이 『포말의 의지』에서는 예배당과 교회의 종소리로 향하고 있다. 여기서 종교적 상징이 제공하는 바에 대한 기대가 깔려있다. 물론 교회와 기독교인 그 자체가 긍정적으로, 관용적으로 묘사되지는 않는다. 기독교인은 비교적 사회에서 선두 반열에

---

[18] 최정운, 『한국인의 발견』, 171.

위치할 수 있었지만, 자기들만의 공간을 만들어 사람들을 소외시키는 곳으로 그려지고 있다.

이러한 묘사는 당시의 종교에 대한 냉소적 회의를 반영하기도 하지만, 소설의 초점은 삶의 비참함 속에서 현실 너머의 이상적 실체로서 기독교에 대한 기대를 드러내고 있다.[19]

죽음이 익숙하고 보편화되었으며, 현실 삶에서 낙관하고 의지할 것이 없는 이들에게 교회는 분명 옆에 존재하고 있다. 그러나 곁에서 함께 존재하지 않는다. 죽음과 기독교는 분명 더욱 가까워질 수 있는 지근거리에 공존하고 있던 것이다.

이처럼 죽음과 생을 위해서 종교를 두드리는 절박한 몸부림은 다른 1950년대 다른 작품들 속에서도 드러나는데, 1955년부터 1957년까지 연재되었던 김동리의 『사반의 십자가』는 유대인의 해방을 추구하던 사반이 하나님께 생명을 바치기 위해 사반의 요구를 들어줄 수 없었던 예수와 함께 붙잡혀 처형당하는 이야기를 그린다. 이중섭 화백의 소 그림들도 1953년경부터 약 2년 동안 그려졌는데 전쟁 이후의 이러한 아픔과 슬픔을 반영했다.

일제 강점기에 그려진 익숙한 소 그림들은 평온한 농촌에서 풀을 뜯는 한가한 모습들이었다면, 이중섭이 전쟁 이후에 그린 소 그림들은 정적이기보다는 요동치고 울부짖는 모습, 즉 당시 한국인의 심적

---

19 문학 평론가 장석주는 손창섭의 작품들은 전쟁 이후 가난과 부조리로 망가진 한국 사회와 그로 인한 개인의 모멸과 무가치성을 가장 선명하게 드러냈다고 평한다. 손창섭은 자신의 노년을 일본의 거리에서 사람들에게 성경 및 경전의 지혜 구절들을 나눠 주며 보냈다고 전해진다. 장석주, 『나는 문학이다』 (고양: 나무이야기, 2009), 332.

상태를 묘사한 듯하다. 그래서 많은 한국인이 이러한 소 그림들을 보고 강한 영감과 일체감을 느꼈을 것이다.[20] 이와 같은 소설이나 그림들에서(이중섭의 닭 그림들 역시 뛰쳐나오고 싶은 강한 욕구를 보인다.) 죽음의 심연에서 헤어 나와 생명을 향한 절규를 보인다.

　이처럼 죽음에서 생명으로 이동하려는 한국인의 강한 의지적 노력은 1950년대 중후반 문학에서 본격적으로 드러난다. 더 이상 무력하게 비참한 운명에 포획당하는 인생이 아니라 스스로 모험을 감행하는 존재들이 등장하는 것이다. 이어령은 이미 1956년에 『저항의 문학』과 같은 평론집에서 그 시대를 살아가는 젊은이의 정체성을 다음과 같이 표현한다.

　엉겅퀴와 가시나무 그리고 돌무더기가 있는 황요한 지평 위에 우리는 섰다. 이 거센 지역을 찾아 우리는 참으로 많은 바람과 많은 어둠 속을 유랑해 왔다. 저주받은 생애일랑 차라리 풍장해 버리자던 뼈저린 절망을 기억한다. 손마디 마디마디와 발바닥에 흐르던 응혈의 피, 사지의 감각마저 통하지 않던 수난의 성정을 기억한다.… 그것은 이 황야 위에 불을 지르고 기름지게 밭과 밭을 갈아야 하는 야생의 작업이다. 한 손으로 불어오는 바람을 막고 또 한 손으로는 모래의 사태를 멎게 하는 눈물의 투쟁이다. 그리하여 우리는 화전민이다. 우리들의 어린 곡물의 싹을 위하여 잡초와 불순물을 제거하는 그러한 불의 작업이며 불의 작업은 신개지를 개간

20　최정운, 『한국인의 발견』, 173.

하는 창조의 혼이다. 저 잡초의 더미를 도리어 풍양한 땅의 자양으로 바꾸는 마술이, 성실한 반역과 힘과 땀의 노동이 이 세대 문학인의 운명적인 출발이다.[21]

이어령의 위 평론은 1956년부터 발표되어 1959년에 경지사에서 첫 출간이 되었는데, 죽음과 절망을 몸서리치게 기억하면서도, 황량한 들판에서 옹골차게 땅을 개척하겠다는 강한 의지를 피력한다.

1950년대 후반은 한국 현대사에서 이승만 정권에 대한 저항과 격동의 에너지가 분출하던 시기였다. 국제적으로는 자립된 국가로서의 대우를 인정받지 못했고, 경제적 수준은 최빈국의 지위였기에 사람들은 나라를 근본적으로 개조해야 한다는 필요성을 느끼면서, 기존 정권에 대한 도전은 거세졌고 군 일각에서는 쿠데타를 모의하기 시작했다. 권력층에서는 이러한 저항 의식과 반발을 통제하고 무마하기 위해 이미 국민의 의식 속에 집단적 불안감으로 작동하는 반공 정서를 더욱 부추긴다.

국가보안법 개정안이 나오면서 진보당의 죽산 조봉암이 사형을 당하고, 언론이 탄압되고, 정치 깡패들을 동원하여 야당을 탄압하는 일이 일어난다. 이러한 사회, 정치적 탄압 속에서 민심은 흉흉해지고 사람들은 분노를 축적하게 된다. 한국인의 좌절과 분노를 깊어져 갔지만, 1960년대를 전후해서 경제적 상황이 호전되기 시작했고 사람들은 잃어버린 자존심을 회복하고 국가를 제대로 잡으려는 열망

---

21 Ibid., 180에서 재인용.

이 점증해 갔다.

　이러한 상황에서 3.15 부정선거가 자행되고 분노한 민심이 폭발하는 4.19 혁명이 일어났다. 4.19 세대들의 욕망은 남들에게 부끄러운 추한 모습을 버리고 아름다운 모습을 갖고 싶다는 허영으로 등장한다. 4.19 혁명은 대한민국 현대사에서 민주화 운동의 분수령이 되는 사건이었으나 완결된 혁명이 되기에는 부족했다. 성난 민심의 힘으로 정권을 잡은 세력은 그 기대에 부응하는 정치 개혁과 안정을 이룩하지 못했다. 이로 인해 정국의 불안정성은 쉽게 해소되지 못하고, 뒤이은 5.16 쿠데타로 4.19 혁명으로 시도된 민본 국가 체제가 또 다른 위험에 처하게 된다.

　5.16 쿠데타를 주도한 세력들은 자신들의 행위를 정당화하기 위해 제2공화국 장면 정부의 무능과 실패를 질타했다. 이것은 변명의 논리일 수도 있지만, 당시 많은 지식인과 정치인들 역시 혁명 전까지 비슷한 문제 의식을 공유했고, 혁명을 통한 새로운 사회 개혁에 대한 기대를 품었던 것도 사실이다.

　그런 의미에서 군인들이 주도한 5.16 쿠데타는 전면적인 사회의 변화를 끌어낼 가능성을 비치고 있었다. 그것은 4.19 혁명을 성취한 이들과 그에 따라서 권력을 잡은 세력이 충분한 차원의 사회적 어젠다를 창출하지 못한 원인도 있다. 최정운은 이 두 혁명을 당대의 시대적 의의 속에서 이렇게 평가한다.

　　4.19 혁명에 적극적으로 참여한 사람들, 민중과 학생들은 그들이 어떤 변화를 원하는지 제대로 표현하지 못했다. 그 이유는 당시에 우

리 사회에서 이념적 스펙트럼은 제한되고 있었고 또 1950년대 사회적 부조리의 규모를 간단한 구호로 표현하기란 대단히 어려웠다. 그리고 이 문제는 5.16 쿠데타를 주도한 세력에게도 마찬가지였다. 4.19 혁명과 5.16 쿠데타는 모두 대한민국 국가의 정체성이나 사회, 경제 질서의 정체성을 바꾸기 위해 벌어진 혁명은 아니었고 따라서 눈에 띄거나 역사적으로 독창적이고 특이한 구호를 내세운 적이 없었다.

결국, 앞에서 지적했듯이 5.16 쿠데타의 구호는 뻔한 이야기들의 반복에 불과했다. 반공, 빈곤 타파, 경제 발전 등이었다. 그러나 그 외에 그들이 구상한 것, 즉 그간 대한민국 역사에서 나타난 취약국가의 상황을 극복하는 문제와 정치가들의 주체 의식 결여를 극복하는 문제는 대부분 한국인에게 실로 중요한 일이 아닐 수 없었다.[22]

결국, 본서에서 생존의 시대라고 명명한 이 시기는 불안정성과 좌절, 욕망이 혼재하는 시기였으며, 죽음 및 빈곤에 대한 공포와 새로운 삶과 사회에 대한 의지가 함께 표출되었다. 기독교는 이러한 위기 요소들에 대응하여 메시지와 사역의 모델을 구성해간다.

---

22 Ibid., 259-260.

3. 생존의 시대, 대중문화의 짜임새와 생김새

어느 시대, 어느 문화에서나 더 많은 평범한 사람들은 활자보다는 가요와 영화, 라디오를 통해 대중적 감수성을 공유한다. 1950년대 문학이 죽음과 생애의 의지라는 욕망을 치열하게 표출했으며 이는 당대 한국인들의 의식과 가치를 반영하고 있지만, 대다수 사람은 내면의 감성을 노래와 영화라는 매체를 통해서 표현하고 함양하게 된다.

1) 미국 경제와 문화의 영향

해방 이후 미군이 진입했을 때와 한국 전쟁 이후 미군이 대규모로 장기간 진주한 것은 경제적으로나 문화적으로 양상이 크게 다르다. 휴전선 이남의 주요 도시마다 미군 기지가 생겨나면서 도시 자체가 재편되는 일이 일어났다. 더군다나 전쟁 이후 남한의 경제가 붕괴한 마당에 미군 부대는 많은 이들이 선망하는 젖줄이기도 했다.

강 헌은 미국을 중심으로 한 서구 국가들로부터 오는 원조와 미군 부대의 면세점에서 유출된 생필품과 가전 제품들이 한국 사회에 불법적으로 유통되면서, 1950년대는 무상 원조와 'PX 경제'가 주축을 이루었다고 한다. 이는 필사적인 '생존의 동아줄'이었다.[23] 이와 같은 경제적 지배권을 가진 미군(미국이 아닌)의 존재는 이 시기 한국인들의 대중 문화에도 상당한 영향을 주게 된다.

---

23 강 헌, 『강 헌의 한국대중문화사 2』(파주: 이 봄, 2016), 83.

1) 노래

전후에는 전쟁터의 질곡과 아픔을 담아 노래로 표현한 인기곡들이 많았다. 영화 "국제시장"의 주제가와 같은 배경 곡이 된 "굳세어라 금순아"과 같은 노래는 1950년 12월 연합군과 국군이 흥남 부두에서 극도로 위험하게 철수하는 상황에서, 이별과 아픔, 외로움을 그리고 있다. 또한 "단장의 미아리 고개"나 "이별의 부산 정거장"과 같은 노래들이 큰 인기를 끈 이유도 당시 사람들의 애환을 처절하게, 그러나 군가 풍으로, 즉 박력과 의지를 담아 표현했기 때문이다.

그러다가 1950년대 중반부터 미군이 전해 주는 미국의 노래 문법이 점차 대중의 감성으로 파고들기 시작했다. 대표적인 노래가 박시춘 작곡의 "봄날은 간다"로서 최근에도 리메이크되고 같은 제목의 영화도 나왔으나, 한국의 대중 문화사에서는 일제 강점기의 트로트 풍을 넘어서는 블루스 풍의 노래가 만들어진 것이며, 군가 풍의 전쟁 경험 곡들이 쏟아지는 가운데 미국식 감성 문법이 대중과 호흡하는 효시였다.[24]

이때는 노래가 새로운 문화 물결을 주도하는 장르였음을 감안할 때, 종래의 문화적 감성에 이질적이지만, 그러나 이미 한국 사회와 문화의 기존 문법이 장악력을 상실한 상황에서 새로운 지배 문화, 더 나아가서는 타당성 구조를 갖춘 문화로서 미국 문화가 입성함을 보여 준다.

---

24 Ibid., 97.

새로운 문화의 물결을 주도한 것은 미국의 대중문화였고, 사람들이 선호하는 노래의 장르도 종래의 트로트에서 팝으로 이동하기 시작한다. 이때 미국에서뿐만 아니라 한국에서도 인기를 누리던 미국의 가수가 페티 페이지와 같이 감미로운 왈츠 리듬을 담은 미국 스타일의 노래들을 선보였다(그녀의 이름을 본 따 한국에서도 패티 김이라는 가수가 등장할 정도였다).

이미 1950년 중반부터 한국 내의 노래들도 미국식 팝송의 멜로디를 모방하는 창작곡들이 나오기 시작한다. 미국은 한국민들에게 전달되는 문화의 생산자 역할뿐 아니라 유통자 역할도 하게 된다. 나중에 미8군을 위한 채널인 AFKN은 한국민들에게 미국 대중문화 홍보의 첨병 역할을 한다. 라틴 계열의 노래인 "베사메무초"가 큰 히트를 쳤고, 쿠바 악단의 곡인 "체리핑크맘보"와 같은 곡도 공전의 인기를 끌었다. 미국 문화는 한 마디로 전후 한국의 대중문화를 규정하고 선별해 주는 역할까지 한 셈이다.

2) 라디오와 영화

TV가 등장하기 전까지, 사람들이 가장 애용하던 미디어는 라디오였다. 1955년에는 한국 대중문화를 기념비적 작품으로 평가되는 "청실홍실"이라는 라디오 드라마가 등장하며, 이때부터 여성들은 멜로드라마에 열광하게 된다. 당시의 미국 팝송 풍의 곡을 즐겨 불렀던 송민도라는 가수가 주제가를 불렀다.[25] 영화는 일제 강점기 때부터 대중이 즐기는 미디어였고, 흔히 소설이 영화화되는 경우가 관례였다. 이미 이 당시의 소설 중에는 앞서 말한 것과 같은 죽음과 소생의 내러티브를 담은 작품들 외에 개인의 자유를 갈구하는 소설도 인기를 끌었는데 대표적인 것이 "자유부인"이었고, 이는 1956년에 영화화되었다.

"자유부인"은 신문 연재가 끝난 뒤, 단행본이 14만 부가 팔려 나갈 정도로 신기원을 이룩한 책인데, 그 줄거리가 당대의 가치관에서는 워낙 큰 파문을 일으켰다. 한 대학 교수의 아내가 무료한 삶을 벗어나고자 사회 생활을 하다가 나중에는 춤바람이 나서 가정이 위협받는다는 통속적인 줄거리였지만, 그때의 남성 중심적 문화에 대한 도전적 성격이 강했기에 뜨거운 반응을 불러 일으켰다.[26]

이와 비슷한 시기에 '제비족 박인수 사건'이 터졌고, 이 박인수라는 자가 고관 부인을 포함해서 여대생들까지 약 70명을 대상으로 혼인빙자 간음과 농락을 저지른 것으로 드러나서 사람들의 큰 관심을 끈다. 당시 법정에서 내린 판결문 "법은 정숙한 여인의 건전하고 순결한 정조만 보호할 수 있다"라는 문장은 두고두고 남성 지배의 문화를 드러냈으나, 뜨거운 사회적 찬반양론이 일어나므로 유교적 엄숙함의 문화에 제동이 걸리는 사건이 되기도 한다.[27]

이상과 같은 1950년대 한국 대중문화의 면면을 살펴볼 때, 두 가

---

[25] Ibid., 105.
[26] Ibid., 117.
[27] Ibid., 118.

지 큰 흐름이 생성되었음을 짐작할 수 있다.

첫째, 사회적으로 전쟁의 참혹함과 이어지는 가난과 질병 속에서 익숙해진 죽음과 고통, 그리고 좌절과 절망이었다. 손창섭, 김동리, 황순원의 작품들에서 이러한 죽음으로 인한 몸부림과 몰락이 잘 드러나고 있다.

둘째, 살아 있음에 대한 갈급한 욕망이었고, 새로운 세계를 열고 싶은 열망이었다. 이 욕망과 열망을 충족하기 위해서 당시에는 미국의 문화, 더 정확하게는 미군으로부터 유입되는 문화와 정서를 습득하기 원했다.

이와 같은 1950년대의 한국 사회, 문화 지형은 새로운 종교의 타당성 구조를 도입하고 정착시키는데 필요한 두 가지를 고루 갖추고 있었다. 기존 사회의 질서에서 새로운 종교가 문화의 중심부까지 이르러 그 사회의 여러 사람에게 타당성 있는 실체로 다가가기 위해서는 먼저 기존의 정신적 가치관이 위협을 받거나 그 사회 구성원들을 향한 영향력이 약화되어야 한다.

이 당시 한국 사회는 전쟁과 정치-경제적 무능, 미국의 원조와 미군의 진주로 인해 문화적으로 큰 격변을 경험하고 있었다. 유교적, 봉건적 계층과 질서는 전쟁으로 인해 거의 무너지다시피 했고, 더 이상 기존의 사회 질서 속에서 사람들은 해답을 찾을 수 없었다. 그런데 이러한 시점에 한국 사회에 대안으로 등장한 것은 바로 미국이라는 실체였으며, 미국은 한편으로는 미군의 군사력을 통한 남한의 자유 안보를 지켜줌으로 생존의 과제에 대한 유일한 대답이 되었고, 다른 한편으로는 미국 대중문화의 보급을 통해 한국인들에게 새로운 정신적 생동력을 제공하기도 한다.

기존의 가부장적이고 집단적인 가치관과 라이프 스타일도 미국식 개인주의와 자유주의 정신과 대면하면서 새로운 고민과 숙제를 안게 되었다. 물론 이 시기까지 그와 같은 한국 사회의 기존 문화적 가치들이 큰 변동을 겪지는 않았으나, 그에 대한 저항과 도전이 처음으로 문화적 양식을 통해서 일어났다고 볼 수 있다.

위와 같은 새로운 종교의 도입과 정착이 한층 유리해진 상황에서 기독교의 역할은 타 종교에 비해서 훨씬 더 적극적이었고, 한국의 사회 문화적 변동과 궤를 같이 하게 된다. 그것은 반공 이데올로기와 기독교의 결합, 전후 복구와 고아 돌봄 사업에서 기독교의 적극적인 역할 등을 통해 잘 드러난다.

4. 생존의 시대, 기독교의 대응

해방 이후 한국 기독교의 독특한 성격을 이해하기 위해서는 초기 기독교 수용의 지리적 특성을 먼저 이해할 필요가 있다. 왜냐하면, 평안도 서북 지역은 초기 한국 기독교가 가장 융성한 곳이었으며, 이들은 해방 이후 북한 지역이 공산화되면서 남하하여 서울 등지에서 중심적인 한국교회를 형성하는 데 크게 이바지했기 때문이다.

1) 서북 지역과 기독교

평안도 서북 지역은 초기 한국교회를 형성하는데 견인차 구실을 했으며, 한국 기독교의 독특한 정서를 구성하게 했다. 원래 서북지역은 오랫동안 중앙 권력보다 소외된 곳이었고, 중국과 국경을 마주함으로 외래 문물에 대한 개방도가 다른 지역에 비해서 높았다. 게다가 고려 시대 묘청의 난 이후로 서북 지역은 항상 중앙 정부의 경계를 받는 곳이었다.

따라서 서북 지역의 자제들이 중앙 정부로 진출하는 데에는 태생적 어려움을 겪을 수밖에 없었고, 늘 소외감이 쌓이는 곳일 가능성이 크다. 비록 조선의 성리학이 유교적 이념으로 모든 사람의 정신세계를 효율적으로 통치한 것은 사실이지만, 평안도 지역과 두메산골까지 확고하게 장악하긴 힘들었다. 조선 말기에 서북 지역에서 민란이 계속 발생한 것도 이를 증명한다.

중앙으로부터의 소외와 더불어, 서북 지역은 개방성이 높은 곳이었다. 지역 자체가 국경을 접해 있었기에 이 지역에서 무역업에 종사하는 행상이나 보부상들을 많이 있었으며 이들은 자연스럽게 중국과 만주로 들어온 외래 문물, 특히 기독교를 접할 수 있게 되었다. 그래서 최초의 신자들이 로스 선교사와 매킨타이어 선교사의 성경 번역을 도와준 식자공과 한글 교사로 일하면서 기독교 신앙을 얻게 된 것이다.

이러한 소외감과 개방성 외에도 서북 지역에서 기독교의 유입과 확산을 촉진하는 사건이 19세기 중반부터 비롯되는데, 그것은 바로 전염병의 창궐이다. 개항기를 전후하여 당시 조선 사회에서 가장 심각한 문제로 대두된 것은 콜레라의 유입이었는데, 당시 조선의 의료 수준에서는 이에 대해 손을 쓸 도리가 없었으며, 선교사들의 기록에 의하면 조선인들 가운데 천연두를 앓지 않은 사람이 거의 없을 정도였다.

특히, 이러한 전염병은 서북 지역에 직접적인 타격을 주었으니, 다음의 상소를 보자.

> 평안감사 김이교가 아뢰니라. 평양부의 성 안팎에 지난달 그믐 사이에 갑자기 괴질이 유행하여 토사와 관격을 앓아 잠깐 사이에 사망한 사람이 10일 동안에 자그마치 1천여 명이나 됩니다. 의약도 소용없고 구제할 방법도 없으니, 목전의 광경이 매우 참담할 따름입니다.[28]

당시의 전염병은 전국에 창궐하였으나 특히 평안도가 더욱 큰 타격을 입은 것으로 보는 이유는 '신사년(1821년)의 괴질'이라고 불리는 이 전염병이 인도에서 발원하여 중국을 통해 조선으로 유입될 때 가장 먼저 통과한 지역이 서북지역이기 때문이다. 국내에서 볼 때 이 전염병의 발원지는 바로 평안도 지역이라 할 수 있다.[29] 전염병이

---

28 전석원, "1884~1910년의 급성전염병에 대한 개신교 의료 선교 사업: 개항기 조선인의 질병관, 의료 체계에 대한 계몽주의적 접근," 「한국 기독교와 역사」 제36권 (2012년 3월), 232.

29 신동원, "변강쇠가로 읽는 성, 병, 주검의 문화사," 「역사 비평」 67호 (2004), 310. 흥미로운 부분은 변강쇠가는 소설이 아니라 잡가나 판소리로만 전해지는데, 여기서 전통적인 유교 가부장적 가족주의가 무력해진 모습을 보인다는 점이다. 변강쇠와 옹녀는 모두 가족이 드러나지 않고 일대일로 만나서 부부의 연을 만든다. 일곱 번이나 개가를 한 옹녀의 출신이 평안도 지역이라는 점, 그리고 이 작품의 또 다른 제목인 가루지기라는 단어가 시체를 거두는 도구를 의미한다는 점에서 당시의 전염병으로 인해 초토화된 풍경을 외설적으로 묘사한다.

겉잡을 수없이 번지면, 질병의 치료와 사망자 급증 외에도 또 다른 심각한 문제가 있었는데, 그것은 바로 유교의 전통적인 가부장적 구조가 붕괴한다는 것이다.

조선 시대 성리학은 주자가례와 관혼상제를 바탕으로 사람들의 전 생애를 통제하고 질서 담당의 역할을 했는데, 남녀노소 가릴 것 없이 전염병에 희생당하고 곳곳마다 시체가 쌓이게 되자 가족 의례와 제사의 기능이 상실되고 만 것이다. 그러면서 유교 의례의 힘도 약해지는데, 유교의 존속적 생명력이 예법에 있음을 감안할 때 이는 전통적 종교가 무력해지는 출발점이 되었다.

이러한 충격적 상황이 평안도 지역에서 가장 눈에 띄었으며, 당시 개신교 선교사들이 문명적인 방식으로 서구 의술을 통해 콜레라 환자들을 치료하는 의료 선교의 방향을 세움으로써 기독교는 유교의 무력해진 체제를 대치할 수 있는 대안으로 자리 잡게 된다.

이는 선교사들의 의도적인 사역 지침이기도 했다. 이들은 전염병에 대한 효과적인 치료 및 대응을 통해 조선인들에게 미신의 부정, 위생의 중요성, 과학의 힘을 기독교와 연결하는 전략을 사용했다.[30] 이와 같은 유교 정신과 예법의 약화와 기독교 의술의 신장이 가장 먼저 빛을 발한 곳이 바로 서북 지역이었고, 기존의 소외감과 개방성에 덧붙여서 이는 기독교가 이곳에서 움틀 수 있는 최적의 기반을 마련하게 된다.

---

30 전석원, "1884~1910년의 급성전염병에 대한 개신교 의료 선교 사업: 개항기 조선인의 질병관, 의료 체계에 대한 계몽주의적 접근," 250.

2) 서북 기독교의 형성과 이동

북한에 공산 정권이 세워지면서 월남한 서북 출신 기독교인들은 주로 예수교 장로회 소속 교인들이면서, 해방 이전부터 미국의 북장로교 선교사들과 밀착된 관계를 형성하고 있었다. 이는 선교사들의 선교지 분할 정책 때문이기도 하고, 또한 서북 출신 기독교의 대표성을 가진 프린스턴신학교 출신 한경직이 북장로교 선교사들의 통역을 맡으며 인맥을 쌓았기 때문이기도 하다.[31] 한경직은 북한의 신의주에서 목회할 때부터, 기독교 사회민주당을 세워 김일성의 공산 정권과 대립각을 세울 정도로 반공 성향이 강했다.

김일성 정부와 소련군 사령부는 신의주에서 일어난 학생 사건의 배후를 사회민주당으로 지목하고 관련자들을 검거하고자 하였고 한경직은 이를 피해 남하하였고 현재의 영락교회 전신인 베다니전도교회를 설립하였다. 처음 27명의 월남한 신자들로 예배를 드렸고 이후 계속해서 월남한 기독교인들이 이곳을 중심으로 결집하기 시작했다.

"'탈출 신앙공동체'인 영락교회는 월남한 기독교인들의 남한 정착 안내 및 구호, 나아가 반공의 전투기지 역할을 했다."[32]

영락교회 청년회와 학생회는 반공 운동에 가장 앞장서게 되었고, 서북청년회의 핵심 구성원들이 여기서 나온다.

서북 지역 기독교인들이 한국교회 전체에서 차지하는 비중은 막강했다. 일제 강점기 말 한국 개신교인은 30만 명이었는데, 서북 지

---

31 윤정란, 『한국 전쟁과 기독교』(파주: 한울, 2015), 97.
32 Ibid., 102.

방의 개신교인이 48%였고 그 가운데 장로교인들이 3/4이었다.[33] 서북청년회는 북한에 있을 때 그들의 가족이 북한 공산 정권에 의해 견제와 탄압을 받았기 때문에 특히 공산당에 대한 반감이 충만했다. 당시 서북 지역은 일제 강점기 때부터 경기나 삼남 지역과 달리 자작농이 훨씬 많았고 이중 상당수가 기독교인 중소 지주들이었다. 타 지역에 비해서 기독교인의 비율도 높았다.

따라서 서북 출신 기독교인들은 북한 정권에 의해서 토지를 빼앗기고 자신들의 터전을 떠나 남쪽으로 탈출한 이들이었기에 반공 정서가 매우 강했고, 구호물자와 선교 자금을 독점하고 있는 북장로교 선교사들과의 공고한 관계를 통해 남한 기독교 내에서 가장 강력한 세력으로 성장했다.[34]

한국 전쟁의 발발로 인해 선교사들과 서북 기독교인들의 유착 관계는 더욱 깊어진다. 당시에 여러 장로교 교파들이 존재했으니, 주도권은 서북 출신 기독교인들이 쥐었다. 미국의 기독교 단체에서 물자 구호를 제공해 주는 이유도 월남한 기독교인들을 염두에 둔 것이었기에, 이들의 존재감은 더욱 커졌다.

3) 호전적 반공 기독교

현재 한국 사회뿐 아니라, 기독교계도 보수와 진보로 나누어진 지 오래된다. 그런데 한국 기독교에서의 보수와 진보는 신학적인 자유

---

33 양현혜, 『근대 한·일 관계사 속의 기독교』, 360.
34 윤정란, 『한국 전쟁과 기독교』, 108.

의 폭을 얼마나 넓히고, 소수자들의 권리를 얼마나 인정하느냐에 그치지 않는다. 한국 기독교에서 보수와 진보는 사회와 마찬가지로 공산주의 및 사회주의 사상에 대한 태도가 중요한 기준이 된다.

흔히 한국 보수 기독교계에서는 진보 기독교계를 대표하는 WCC(세계교회협의회: The World Council of Churches)에 대해 용공의 딱지를 붙이는 일이 잦다. WCC에 참여하는 한국의 상응 기관인 NCCK(한국기독교교회협의회: The National Council of Churches in Korea) 또한 같은 시선으로 의심을 받곤 한다. 그러나 WCC는 초창기부터 오히려 미국 정부의 외교 정책에 대한 종교적 자문 역할을 하며 냉전 시대에 공산주의의 확산을 경계하는 미국 정부의 입장과 맥을 같이 했다.

(1) 이승만의 역할

당시 대통령이었던 이승만은 주지하다시피 맹렬한 반공주의자이며 공공연히 북진통일 주장한 것으로 유명하다. WCC에 참여하는 감리교회 교인이었던 이승만은 처음에는 WCC에 대해 호의적인 입장을 보이다, 나중에 자신의 노선과 WCC의 입장이 반 WCC를 분명히 하고 용공이라는 비판을 가하게 된다. WCC에 대한 이념적 색깔 논쟁은 한국 기독교 내에서 매우 오랜 역사를 갖고 있는 셈이다.

허나, 사실상 WCC는 북한 공산 정권의 남침에 대항하는 연합군의 파병을 지지하고 대한민국의 적화를 막고자 지원했던 단체였다. 이에 대해서는 한국 전쟁과 기독교의 관계에 대해 심층 연구를 수행한 윤정란의 글을 인용하겠다.

한국 전쟁이 발발했을 때 미국 정부와 WCC는 한목소리로 한국 전쟁에 소련이 개입한 것을 비난했다. 유엔 안보리에서 미국 대표의 주도로 유엔군의 참전이 결정되었을 때, WCC는 그 원인을 북한의 남침으로 규정하고 유엔의 경찰 행동을 촉구했다. WCC가 한국 전쟁에 빨리 관심을 가질 수 있었던 이유는 한국기독교연합회(KNCC)의 긴급 도움 요청이 있었기 때문이다.

전쟁이 발발하자 KNCC 교역자들은 기독교서회에서 긴급 대책 회의를 열었다. 이때 한경직은 총무 남궁혁을 만나 KNCC 명의로 트루먼, 일본 도쿄에 있는 더글러스 맥아더 그리고 국제선교협의회에 즉각적인 도움을 요구하는 전보를 보내기로 했다. 미국 시각으로 6월 26일, IMC의 총무인 찰스 랜슨은 남궁혁과 KNCC 회장 황종률로부터 한국을 돕기 위해 미국 교회가 미국 정부에 영향력을 행사해줄 것을 촉구하는 전보를 받았다.… WCC는 이 문제를 신속하게 처리했다. 같은 해 7월에 캐나다 토론토에서 열린 CCIA 집행위원회는 한국 문제에 대해 성명을 준비했고, 이어 WCC 중앙위원회는 CCIA 작성문을 토대로 유엔이 한국 전쟁이 나설 것을 촉구하는 성명서를 발표했다.[35]

한 마디로 WCC는 대한민국의 자유 수호를 위해서 소련의 후원을 업은 북한 공산 정권의 남침을 절대 용인하지 않고, 이를 막기 위해 한국 전쟁 참전을 지지하고 동조를 끌어내는 데 빠르게 최선을

---

35 Ibid., 120-121.

다했다. 연합군의 참전으로 전세가 역전되었으나, 중공군의 개입으로 전장이 교착 상태에 빠지면서 장기화할 조짐을 보이고 연합군의 피해가 커지자 전쟁에 대한 반대하는 여론도 커졌다.

금방 해결될 줄 알았던 작은 나라의 분쟁이 예상보다 길어지고 중국과의 전면전까지 이어질지 모르는 부담 때문에 미국 정부는 곤혹스러운 상황에 놓이게 되고, 이때 WCC가 휴전 회담을 촉구하게 된다. 그러나 이미 많은 미국의 언론과 기독교 단체들이 휴전 회담을 요구하는 상태였다.

"1950년 말부터 미국 교회에 소속된 언론들은 미국인은 전쟁에 지쳤으며, 어떠한 대가를 치르더라도 평화가 이루어져야 한다고 주장했다."[36]

이즈음에 WCC는 중국을 더 자극하지 않고 세계 평화를 도모하는 방침으로 노선을 선회하며, 반공 운동과 군비 경쟁에 대해 비판적 태도를 보인다. 그리고 이러한 노선에 따라서 한국 전쟁의 휴전을 촉구하며 미국 정부가 전쟁을 더 확대하지 않도록 하는 데 중요한 역할을 한다.

이승만과 WCC의 갈등은 여기서부터 시작된다. 북진 통일을 주장하고 휴전 협정을 강경하게 반대하던 이승만에게 WCC의 휴전 촉구와 평화 요구는 자신의 정치적 위치에 위협처럼 느껴졌을 것이다. 당시 미국에서는 매카시 열풍으로 인해 정치권에 공산주의자 색출과 낙인찍기가 기승을 부리고 있었고, 미국의 근본주의 기독교 지

---

36 Ibid., 130.

도자인 매킨타이어는 공산주의를 절대 악으로 규정하며 메카시와 친밀한 관계를 맺으면서 WCC를 용공 단체로 공격했다.

따라서 이승만과 WCC의 갈등은 불가피할 수밖에 없는데, 이승만의 전략은 그보다 더 치밀했다. 왜냐하면, 이승만은 극렬 반공단체인 서북청년회와도 원만한 관계가 아니었기 때문이다. 이는 서북 출신 기독교인들이 미국이나 유엔군 세력과 독자적인 접촉을 하고 있기에 이승만의 확실한 통제 아래 있지 않기 때문이다. 이승만은 WCC를 용공 단체로 몰아붙이면서 WCC와 밀접한 관계를 맺고 있던 한국의 기독교(주로 서북 출신의 기독교인들)를 자신의 통제 아래 두고자 했다.

이승만의 이러한 전략적 몸짓은 부산에 머물던 당시 그가 원래 참석하던 미8군교회가 아니라 고신파 목사 한상동이 시무하는 부산 초량교회 예배에 참석한 것이다. 그는 1953년 반공 포로가 석방되기 직전까지 고신파교회에서 예배를 드렸다.[37] 이는 WCC를 자유주의이자 용공으로 보는 고신 교단을 이용해 서북 출신 기독교인들에게 자신과 함께하도록 압박을 가하기 위해서였다.

(2) 서북 기독교의 역할

서북 출신의 기독교인들은 월남해서 주로 장로교회에서 활동했지만, 전체 교회 연합단체인 KNCC(한국기독교연합회)를 주도했다. 북한에서 공산주의를 피해 남하했기에 공산주의 세력과 싸우는 가장

---

37 Ibid., 143.

강력한 세력으로 발돋움하는 것은 당연했다. 한국 전쟁이 발발하자, 종교계에서 그에 대한 대응을 가장 신속하게 한 곳이 KNCC였다. KNCC는 북한군의 남침에 대응할 기독교구국회, 기독교의용대, 선무공작대 등을 조직하였고 중심 활동은 한경직이 담당했다.

월남한 서북 출신 기독교인들은 방대한 구호물자를 공급할 수 있는 역량을 갖추고 미국교회와의 긴밀한 관계 속에서 무시할 수 없는 주요 세력으로 부상했다. KNCC는 비록 이승만과는 미묘하게 기독교 내의 주도권을 놓고 긴장 관계에 있었으나, 휴전 반대 운동에는 동참하며 자신들의 정체성을 뚜렷이 했다. 당시 KNCC 기관지인 「기독공보」는 휴전 회담 반대를 촉구하며 기독교인들의 휴전 반대 궐기대회를 요청하면서, 정부의 지원을 받고 교인들을 동원하려는 것 아니냐는 의심을 받기도 했지만, 이승만은 끝까지 KNCC에게 우호적이지 않았다.

나중에 이승만이 4.19 의거로 해야 할 때도, 서북 출신 기독교인들의 대표자인 한경직은 4.19 혁명을 지지했다. 그런데도 미국의 WCC와 한국의 이승만 정권 사이에서 한동안 동요하던 KNCC는 반공과 휴전 반대에서는 이승만과 함께했다. 그리고 이승만이 미국과의 관계가 틀어지고 결국은 실각하기에 이르기까지, 서북 출신 기독교는 반공적 선명성을 안고 미국으로부터 가장 신뢰받은 집단이 되었으며 한국 사회의 변동에 가장 빨리 적응하면서 무시할 수 없는 세력으로 발전하게 되었다.[38]

---

38 Ibid., 159-162.

4) 구호 사업과 전쟁고아 사업

전쟁이 끝난 이후, 남한 사회는 재건 사업에 총력을 쏟아야 했다. 주택과 각종 시설을 재건하고, 제도를 정비하는 문제도 시급했지만, 또 하나의 거대한 숙제는 전쟁으로 인해 발생한 고아들과 난민들을 어떻게 돌보느냐 하는 것이었다. 전쟁으로 부모를 잃거나 피난 과정에서 미아가 된 아이들이 수만 명에 이르는 상황에서 특히 한국 언론과 미국 언론에서는 전쟁고아들이 질병, 기아, 범죄에 노출될 우려를 제기하며 이들을 돌봐야 할 필요성을 알려줬다.

특히, 부모를 잃고 위험과 공포에 놓여 있는 고아들의 참상을 자주 기사화하기도 했다. 한국 정부에서도 전쟁고아에 관한 대책을 모색했으나 격리 수용 외에는 마땅한 대책을 수립할 여력이 없었다. 전쟁 중에는 미군들이 고아들을 자주 돌봐 주는 일이 빈번했는데, 미군들 개개인의 자애심도 작동했겠지만, 남한 사회에서 미군이 구원자로서의 이미지를 심어주기 위한 목적도 있었다.

미군 사령관도 고아원을 자주 방문해서 구호물자를 기증하곤 했다. 그래서 고아들에게 미군 부대 주위를 돌아다니기를 좋아했는데, 미군은 자신들을 보호해 주러 온 은인이었고 미군 부대에서 열리는 부활절, 추수감사절, 성탄절 등은 고아들을 위한 축하 행사의 장이 되었다.[39]

고아들을 돌보는 사업에 적극적인 곳은 미국 기독교 단체들이었

---

39 Ibid., 174-175.

다. 세계를 향한 미국의 선한 의지를 대내외적으로 증명하는데 한국에 구호자금을 보내고 전쟁고아들을 돕는 일은 미국의 "민주주의적 가치, 현대화, 기독교적 자비 등이 혼합된 미국을 탈식민지 세계에 선전해 동맹국으로 만드는 데 중요한 역할을 했을 뿐만 아니라, 미국 시민들도 이러한 프로젝트에 참여함"[40]으로 미국의 외교 정책에도 기여하게 된다.

전 세계적으로 미국의 선한 가치와 역할을 보여줌으로 미국에 대한 광범위한 지지를 이끄는데 구호사업과 전쟁고아 돌봄이 주목받았고, 여기에 협력자 역할을 한 조직은 미국과 한국의 기독교 단체들이었다. 미군들이 돌보던 고아원을 접수해서 고아 돌봄 사업을 담당한 단체들은 미국의 월드비전이나 홀트 입양 프로그램과 같은 기독교 구제 기관들이었고 빌리 그레이엄과 같은 복음주의 명망가는 자신의 부흥 집회에서 가족애와 도덕성을 강조하면서 공산주의를 대적하기 위해서 인종을 뛰어넘는 형제애를 발휘할 것을 촉구하였다.[41]

월드비전은 사실상 한국 전쟁이 일어난 직후에 전쟁고아 사업을 위해서 설립되었고 이를 통해 미국인들의 지원을 끌어내고 한국과 미국의 혈맹 관계를 돈독히 하고 더 나아가 한국이 아시아권에서 가장 유력한 기독교 국가임을 알리는데 미국 내에서도 크게 기여한다.

입양 사업은 홀트 프로그램을 통해 활발히 전개되었다. 월드비전과 마찬가지로 홀트 프로그램도 TV, 라디오, 신문, 필름 등을 활용해

---

40 Ibid., 181. 이는 공산권에 대항해서 비공산권 세계가 박애를 중심으로 서로 통합하는 정책의 하나로 확산되었다.
41 Ibid., 187.

서 한국 전쟁 고아의 입양 필요성을 미국 내에 알리는 견인차 역할을 한다. 원래 오리건 주에서 농사를 짓던 복음주의 평신도였던 홀트는 월드비전에서 상영한 한국 전쟁 고아에 관한 필름을 보고 충격을 받아 입양 사업에 헌신하게 되고 많은 미국인의 지지를 얻어낸다.[42]

홀트 입양 프로그램 또한 한국 전쟁을 통해서 크게 확산하였고, 미국의 복음주의 기독교가 한국과 아시아에서 지위를 다지는데도 기여를 하게 된다. 이렇게 미국 복음주의는 한국 전쟁 직후 피폐하고 열악해진 사회 환경에 대해 선도적인 구제와 자선을 통해 한국 사회와 긴밀히 연결되게 된다.

이와 같은 미국의 복음주의 기독교 자선 사업 단체들과 한국에서 주된 협력을 도모한 이들이 바로 한경직을 중심으로 한 서북 출신 기독교인들이었다. 미국의 구호와 고아 돌봄 사업의 한국 채널 역할을 함으로써 이들은 종교뿐 아니라 정치, 사회적으로 무시할 수 없는 세력이 되었다.

한경직은 월드비전과 홀트 입양 프로그램이 한국에 세워지고 정착되는 데 중요한 역할을 하였으며, 월드비전의 한국지부인 선명회가 설립될 때 총재인 피어스와 함께 관여했으며, 1964년부터 이사장으로 취임하여 1985년까지 활동하고, 그 이후로도 명예 이사장으로 남아 있을 만큼 지대한 영향력을 미쳤다. 또한, 1967년부터 1974년까지는 홀트 입양 프로그램에서도 이사장으로 활동하면서 그가 세

---

42 Ibid., 198. 당시 미국 내에서는 대리 입양을 반대하는 의견도 있었는데, 홀트의 적극적 활동으로 인해 입양 기간과 비용을 줄이는 프로그램을 개발하여 입양이 활성화되었다.

운 영락교회가 한국 최초로 3부 예배를 드리는 대형교회로 발전하고 200개 이상의 교회들을 세우거나 후원하고 가장 많은 군인교회를 설립하였다.

그럼으로써 한경직과 서북 출신의 기독교는 반공주의뿐 아니라, 남한 사회에서 정치, 경제적 기반을 갖춘 영향력 있는 세력으로 자리매김하게 된다.[43]

5. 평가: 생존의 시대와 기독교의 성장 동력

해방 이후부터 1960년대 초반 근대화의 시대가 열리기까지 한국 사회는 가장 질곡과 고통의 세월을 보냈다. 전쟁으로 인한 끔찍한 피해와 이어지는 가난과 혼란은 한국인의 삶을 곤궁하게 만들었고, 이로 인해 한국인의 내면에는 '위기 인성'(crisis personality)이라는 독특한 삶의 모드가 각인되기도 했다.

위기 인성이란 합리성과 평화의 부재로 인한 혼란과 대립의 시대에 개인 이기주의, 요령주의, 혈연주의, 반칙의 정당화와 같은 습관들이 형성된 것을 말한다. 한경구는 한국 전쟁이 심화시킨 위기 인성을 이렇게 설명한다.

첫째, 한국인의 삶의 동선이 변화하면서 피난과 군 복무 등으로

---

[43] Ibid., 203-206.

지역 공동체를 떠나 생면 부지의 사람들과 생존을 위한 투쟁을 벌이게 되었다.

둘째, 전통적 생활 방식이 붕괴하고 아울러 가족도 해체되었다.

셋째, 급격한 도시화로 열악한 시설과 불결한 생활 환경이 조성되었다.

넷째, 성실한 사람은 무능해 보이고, 착하고 올바르게 살면 탈락한다는 인식이 확산하였다.[44]

그러므로 이러한 위기 인성은 단기적이고 절박한 관점을 양성하고, 불의한 파벌과 거래가 불가피하다는 인식을 유포한다. 생존의 시대는 위기의 인성이 똬리를 잡는 여건을 마련했으며, 이는 역설적으로 사람들이 위기를 타개하고 혼란을 바로 잡을 수 있는 해결책을 찾게 만든다.

기독교는 이러한 시대적 상황에서 위기를 극복하고, 위기를 넘어서는 전망을 제시하며 한국의 현대사에서 의미 있는 종교적 실체로 다가온 것이다. 먼저 전쟁과 가난의 위기는 우리 삶에 불안과 혼란을 가져다준다. 반칙과 모순, 폭력과 불법이 난무하는 사회 속에서 사람들은 자신들을 보호해 주고 위안을 줄 수 있는 곳을 찾기 마련이다.

앞서 회심 이론에서 본 것처럼 위기는 사람들이 새로운 종교를 탐구하는 가장 중요한 계기가 된다. 기독교는 한국 현대사에서 가장 극심한 위기 속에서 유력한 위안과 생명의 장소가 되었다. 게다가, 그

---

44 한경구, "아름답고 슬기롭고 너그러운 나라," 『한국의 국가전략 2020』(성남 : 세종연구소, 2000), 142-144.

해결의 통로는 미국 문화였고, 그 통로를 제공한 이들은 미군과 미국의 기독교 단체들이었다. 그들과 협력했던 서북 출신의 기독교가 한국 사회에서 차후에도 유력한 역할을 담당하게 된 것은 자연스러웠다.

본 장에서 상술한 것처럼, 기독교는 한국 전쟁과 이후의 위기 상황에 대해 두 가지 측면에서 크게 도움을 주었다.

첫째, 외적으로 절박한 환경에 대한 긴급한 구호와 특히 위험에 처하게 된 고아들을 구제하고 입양하는 일이었다.

여기서 기독교는 미국과 한국의 교회 및 기독교인들이 연대하여 발군의 능력을 보인다. 한국인들에게는 당장 스스로 해결할 수 없는 문제에 대한 구세주로 기독교가 비치게 된 것이다.

고아원뿐 아니라, 각종 구호 물품을 제공하고, 열악한 상황에서 교육 기관을 설립하는 것들이 기독교의 주도적인 활동을 통해서 가능했다. 구한말에 기독교가 도입되었을 때도 소위 Rice Christian이라는 말로, 사람들이 먹을 것을 얻기 위해 교회에 온다고 하였으나, 한국 전쟁과 그 직후는 그와 같을 필요가 죽음에 이르는 수준이었기에 훨씬 더 절박했고, 도움을 받았을 때 훨씬 더 강하게 새겨질 수밖에 없었다. 이는 외적인 위기에 대한 기독교의 대답이었다고 볼 수 있다.

둘째, 정신적 불안과 공포의 문제에 대해서 기독교는 반공 이념의 중심지가 됨으로서 안정성을 주었다.

전쟁이 남긴 정신적 상흔은 대단했다. 특히, 북한 공산 정권의 도발로 인해 비극적 살상과 피해를 본 사람들에게는 두고두고 남을만한 거대한 상처였다. 그 상처를 아무르는 한 가지 방법으로 북한 공산주의에 대한 경계심과 반공 이념은 사람들 사이에 결속력을 가져오기에, 충분했다.

반공을 중심으로 한 결집력은 북한에서 월남한 서북 출신 기독교인들에게서 두드러지게 나왔고, 이러한 반공 이데올로기는 이후 한국 기독교에서 상당히 주류적인 정서를 형성하게 된다.

"전쟁을 겪은 국가는 안보를 명분으로 비대해지기 마련"[45]이기 때문이다. 국가가 직접 관장하는 국가기구는 비대해져서 국가 공무원 20만 명, 군대 60만 명, 경찰과 치안 기구 2, 30만 명해서 약 11만 명에 달하는 공공 부문이 만들어졌고, 이 기구들은 반공과 안보 이념으로 집단의 생존 논리를 갖추게 된다.[46] 1950년대 한국 사회에서 기독교 인구는 소수였음에도 불구하고, 군대와 기독교의 유착은 이례적이었다.

1950년부터 시작된 군종 제도는 개신교에 편향되게 구성되었고, 군 지휘부는 '신앙을 통한 전력화'라는 모토 아래 개신교 목사로 구성된 군종 제도에 우호적이었다.[47] 이는 북한 공산주의를 주적으로

---

45 송호근, 『한국의 평등주의, 그 마음의 습관』, 103.
46 Ibid., 103-104.
47 강인철, 『종교와 군대』(서울: 현실문화, 2017), 140. 강인철은 당시 최대 종교였던 불교가 군종 제도의 도입 초기에 참여조차 하지 못한 것을 놀라운 미스터리라고 지적한다. 이는 한국의 현대사를 지배해 온 반공 이데올로기와 전쟁의 정당화에서 개신교가 얼마나 주도적인 비중을 차지했는지를 방증한다.

삼는 대한민국 군대에 가장 확실한 사기 증진자의 역할을 바로 개신교가 담당하는 계기가 되었다.

따라서 한국 전쟁 이후 반세기 이상 한국 사회를 지배해 온 반공과 승공의 이념, 그리고 안보 논리는 사회의 상당한 구성원들을 포괄하게 되고, 기독교는 이와 같은 토양 위에서 반공의 동반자가 되고, 반공 기독교로서 번성할 수 있는 여건을 조성한 것이다.

한국 기독교는 생존의 시대에 근대적 문명의 대표 주자 가운데 하나로 자리매김하였다. 여기서 근대적 문명이라고 하는 것은 지독한 가난과 고난으로부터 탈출시켜줄 수 있는 구원자였다. 사람들의 절박한 생존 동기는 인간에 결핍된 필요를 채우려는 기독교에서 기복 신앙의 확산으로 나타났으며, 그와 같은 신앙을 가진 자들에게 하나님은 그들의 당면 생존 문제를 해결할 수 있는 안식의 복음으로 다가왔다.

당시 기독교는 한국 사회와 문화가 지닌 그간의 역량과 관습으로는 해결할 수 없는 생존 문제를 풀어줄 실체로 자리매김을 하였다. 외적으로는 피폐하고 궁핍한 현실에 대한 물적 해결책을 마련해 주기도 했고, 내적으로는 국가의 안보 이데올로기에 부응하고 동맹하는 강력한 반공 기독교를 형성함으로써 전쟁으로 제 조건이 평등해지고, 뚜렷한 이념적 질서가 부재하던 시대에 '타당성 구조'로서 올라설 수 있는 중요한 근거를 확보하게 된다.

한편으로 평범한 민중에게 기독교의 메시지는 열악한 현실을 극복하고 초월할 수 있는 피안의 복음으로 강력하게 나타나기도 했다. 해방 직전까지 한국 사회에 가장 큰 영향력을 끼친 전도자는 만주와 이북에서 많은 교회를 개척하고 많은 사람을 개종시킨 최권능이라 불리는 최봉석 목사였다.

그의 전도 이력은 널리 알려졌고 '예수 천당'이라는 단호한 메시지로 유명했다. 죽음을 가까이에서 목격하는 상황에서, 살아갈 생명력과 동기가 극도로 약화하고, 겨우 생존만을 유지하는 것이 목표가 된 현실에서, 예수 천당의 메시지는 큰 울림이 있었다. 일제 강점기와 한국 전쟁을 거치면서, 언제 닥칠지 모르는 죽음과 고통에 대한 불안을 이겨낼 수 있는 메시지는 저 너머 세계에 대한 기대이기 때문이다. 내세적이고 이원론적인 복음이 기독교의 원래 가르침과 부합되는지는 논란의 여지가 있으나, 이 생존의 시기에 삶을 긍정하고 더 지속할 수 없는 이들에게 피안의 복음은 그 자체로 위로와 희망이 되는 것도 사실이다. 위기를 타개할 수 있는 또 하나의 통로가 되기 때문이다.

기독교는 이처럼 죽음과 절망의 시대를 살아가는 한국인들에게 의지할 수 있는 새로운 체제로 다가오기 시작한다. 그러나 위기의 타개만을 목표로 하는 기독교의 포교 전략은 위기를 넘어서는 단계를 전망해야 한다. 1950년대 후반부터 한국 사회는 생명에 대한 의지를 표출하며 새로운 사회를 위한 집합적 동기 부여를 자극하게 된다. 그리고 기독교도 이러한 문화적 변동에 맞춰 변화를 모색하기 시작한다.

제6장

생활의 시대와 기독교의 성장

한국 사회가 지독한 가난과 정치적 혼란의 틈바구니에서 4.19 혁명과 5.16 쿠데타를 거치며 근대국가로의 기틀을 마련하기 시작한다. 이 시기는 산업화 시대이자 민주화 시대로 요약된다.

산업화와 근대화라는 두 마리 토끼를 잡는 것이 1963년의 박정희 정권부터 1992년 김영삼 문민정부가 시작되기 전까지의 사회상이라면, 한국 기독교는 이러한 발전 맥락에서 동반자적 태도를 보인다. 그리고 이 시기에 한국 기독교는 그야말로 비약적 성장을 경험하게 된다. 생존의 시대에 유력한 보호막으로써 기독교가 존재했다면, 이 생활의 시대는 기독교는 국민적 동력이자 성장의 동반자가 되었으며, 정의와 긍휼이라는 기독교적 가치를 구현하는 양수겸장의 역할을 취하게 된다.

1. 생활의 시대, 불안한 희망

1960년대는 근대라는 개념으로 포획될 수 있는 첫 시대일 것이다. 문화와 사회 구성으로 볼 때 근대가 도입되기 시작하는 모습이 자주 발견된다. 앞서 1950년대 후반부터 한국인들에게서 삶의 욕망과 분노가 동시에 표출되면서 집단적 사회 에너지로 승화하고 그 기운이 두 차례의 혁명을 일으키게 했다면, 이제 1960년대는 국민적 에너지가 총력 집결하여 새로운 국가와 사회 건설이라는 지향으로 나아가야 하는 시기였다. 이 시기에는 전통과 가정보다 개인의 생산성과 집단적 동원력이 매우 중요시되었다.

그리고 경제 개발과 국민 총생산의 증가를 통해 근대화 과업을 이루기 위해서는 마르지 않는 생명력과 활기가 필요했다. 이를 위해서 민족 국가의 이상이 다시 소개되어야 했고, 유교 국가에 특유한 계몽과 충성도 요구되었다. 이는 국가 전체가 병영 전시 체제였을 뿐 아니라, 공동의 목표와 동기를 갖고 근대화의 과제를 향해 일사불란하게 움직이는 때였다.

심지어 전통적 규범과 덕목인 가족, 공동체, 윤리, 도덕마저도 부차적인 중요성으로 미루고, 산업화와 근대화를 통한 국가 개조를 향해서 매진하는 모습을 지녔다. 이는 한동안 사회 전체의 활력이었던 것은 분명하다. 이 시기의 음악들도 1950년대의 사랑이나 고향 인생에 관한 노래보다는 부흥의 시기에 발맞춘 희망적인 건전가요 풍의 노래들이 많이 나왔다.[1] 이러한 시대의 문화적 특성과 관련해서 이영미는 당시 사회의 분위기를 이렇게 묘사한다.

> 1960년대만큼 도시 성인 서민들의 삶이 희망적이고 아름답게 그려진 적은 없다. 이런 경우는 우리 대중 가요사에서 전무후무하다. 이지리스닝의 세계에서, 도시의 삶은 사랑과 행복이 이루어지는 곳이며 설사 실패한다 해도 그 이별조차 아름답다. 슬픈 사랑과 이별의 노래야 우리나라 대중가요사 어느 시기이든 항상 존재했으므로 그다지 신기할 것이 없지만, 이렇게 행복하고 즐거운 노래가 많이 등장한 것은 1960년대만의 특이한 현상이다.
> 희망과 즐거움이 강한 노래가 1970년대 포크에서도 집중적으로 드러나나, 그 삶은 자신이 돈을 벌어 먹고사는 성인의 삶이 아닌 아직 성인의 세계에 들어가지 않은 청소년들의 삶이다. 그에 비해 1960년대에는 자신의 생활을 스스로 책임지는 성인의 삶 속에 희망과 낙관이 있다. 트로트 양식은 성인의 삶의 모습이었지만 으레 비극과 패배, 탄식이 터져 나오는 자학적 슬픔으로 점철되어 있었다. 그러나 대중가요에서 나타난 1960년대의 도시에서의 삶은 뭔가 잘 될 것 같다는 예감으로 가득 차있다.[2]

대중문화 영역에서도 이 당시에 나타난 노래는 경쾌하고 흥이 넘

---

1 강준만,『한국 현 대사 산책 1960년대 편: 4. 19혁명에서 3선 개헌까지』(서울: 인물과 사상사, 2004), 162-163.
2 이영미,『한국 대중 가요사』(서울: 민속원, 2006), 190-191.

쳤다. 대표적인 곡으로 "노란 셔츠 입은 사나이"가 있는데, 오랫동안 사람들에게 이색적이면서 묘한 익살과 흥을 느끼게 하며 사랑받았다. 그러나 이 시기는 근대 국가의 산업화를 향한 욕망과 비전이 일기는 했으나, 그 안에서 경험되고 부딪히는 모순과 갈등으로 희망으로 직진하기는 힘들었을 때였다. 사람들은 힘을 얻고 욕망을 증진하면서도, 무언가 막다른 벽을 느낀 것이다. 최정운은 이렇게 이 시대를 표현한다.

> 1960년대의 한국인은 전과는 전혀 다른 활기찬 모습이었다. 혁명 과정에서 욕망을 얻었고 역사의 발견을 통해 희망을 얻었으며 이 희망을 지키기 위한 결의는 진지한 것이었다. 그러나 그들은 고독했고, 그들의 정서를 품어줄 공동체는 거부되었다. 그들은 모두 가족도, 공동체도, 윤리도, 도덕도, 심지어는 민족도 벗어버린 가벼운 군장으로 욕망을 향해 잠시의 휴식도 거부하고 달려나갔다. 이것이 바로 1960년대 '한국주식회사'라 불렸던 '민족 공동체'의 모습이었고, 이 지점에서 '민족이란 상상의 공동체'라는 앤더슨의 명제는 너무나 정확했다.[3]

이 방향 없는 숨 가쁜 행보에서 최정운은 50년대와는 다른 죽음의 징조를 발견한다. 그는 김승옥의 소설들에서 염세주의적이고 허무적인 충동, 또는 양심의 가책으로 인해 죽음의 선택이 심심찮게 등장하

---

3   최정운, 『한국인의 발견』, 346-347.

는 모습에 주목한다. 최인훈의 단편 『웃음소리』에서도 유흥업소에서 일하는 여인이 자기 손님인 남자에게 인격적 모독을 당하면서 증오심을 품고 그를 향해 살의를 갖게 되는 대목도 주목한다. 이와 같은 남자들을 대하면서 겪은 증오심은 켜켜이 쌓여 있던 것이었다.

> 그녀는 짜증스러움이 밖으로부터도 그녀를 괴롭히고 있는 것을 느낀다. 그것은 맞은편 자리로부터 오고 있었다.
> "멀리 가십니까?"
> 뚱뚱한 남자는 끝내 말을 걸어온다. 그녀는 손에 든 칼로 그 소리가 나는 쪽을 푹 찌르고 싶은 흉포한 북받침을 겨우 참는다. 그녀는 아무 대답도 하지 않았다. 그녀의 눈길 어림의 그쪽에 싱글거리는 남자의 얼굴이 있다. 그녀는 도마도 껍질 벗기듯이 얇게 천천히 사과를 벗겨간다. 칼끝을 그쪽으로 보내고 싶은 욕망에 지그시 버티듯이… 이 남자 – 이처럼 만난 뚱뚱한 남자를 죽이고 싶은 마음은 거짓말 같지 않았다.[4]

자본주의 근대화가 진행되는 시점에 사람들의 인격이 물질적 이익과 보상으로 거래되는 마당에, 인격의 존엄성 상실을 경험한 이들에게서 분노가 북받쳐 오는 것은 어찌 보면 당연하다. 그래서 사회는 외형적으로 발전하면서 생명력을 회복한 것 같으나, 또 다른 쪽에서는 불만과 살기가 치솟고 있었다.

---

4 Ibid., 353.

2. 새로운 문화 집단의 출현

1970년대에는 도시화가 본격적으로 진행되며, 노동의 문제가 점증하게 된다. 그리고 중동 분쟁과 오일 쇼크로 국제 정세가 불안해지고, 박정희 대통령의 유신 개헌으로 국내 정치도 광폭에 휩싸이게 된다. 베트남 전쟁이 벌어지고 대규모의 한국군도 파병되었으나, 베트남은 패망함으로 공산화에 대한 불안감은 증폭된다.

유신독재에 대한 저항도 끊이지 않아서 사회적으로 사람들은 안정되기 힘든 시기였다. 또한, 동시에 이 시기에 사적 존재와 사적 영역이 자리를 잡아가기도 했다. 이는 우선 사회가 여러 갈래로 계층화와 분화의 조짐을 보이면서 일어난 현상이었다.

1) 청년의 등장

1970년대는 통키타, 포크송, 청바지, 세시봉 등으로 대표되는 청년 문화가 분출하던 시대였다. 특히, 이러한 흐름은 기성 시대의 스타일과 정서를 거부하고, 자신들만의 문화를 만들어가는 독자적인 청년 문화의 장을 열기 시작했다. 포크송 중심의 대중가요 문화는 이전까지의 트롯트나 군가 풍의 가요보다 미국적 멜로디와 선율을 더 선호하며 번안된 노래나, 모방한 창작곡 등이 널리 알려졌다. 구세대보다는 재기발랄하고 서구적이면서 개성과 취향을 더 강하게

표방하는 세대가 등장한 것이다.[5]

김민기, 양희은, 윤형주, 송창식, 조영남 등이 시도한 청년 문화의 세계는 한국의 대중문화가 세계 보편적 코드와 조율했던 문화적 시도였으며, 이는 미국의 문화가 지배적으로 수용되는 가운데 한국인들에 의해서 현대적 감각에 부응하는 문화적 감성과 취향이 발생하는 시점이었다. 이때의 음악적 장르는 심지어 그 이후 세대들과도 상당히 오랫동안 연결성을 가질 수 있는 대중문화의 원류와 같았으며, 삶에 대한 엄숙주의나 패배주의적 관념에 잡히지 않고 낭만과 감성을 공유하는 취향의 출현이었다.

2) 여성의 등장

아직 여성은 사회 제 분야에서 고르게 권리와 역할을 맡진 못했으나, 강하고 주체적인 여성에 대한 이해는 문학에서 나타났다. 대표적으로 1969년부터 1980년까지 연재된 박경리의 『토지』가 이에 해당하는 데, 토지는 한일합병과 3.1 운동 전후를 배경으로 경남 하동의 몰락한 양반 가문에서 유일하게 남은 자손인 서희가 북간도로 이주했다가 장사꾼으로 변신하여 큰 성공을 거두고 자기 집안을 다시 회복한다는 줄거리이다.

서희는 자기의 집안을 파괴한 원수와 싸우고 가문을 회복하기 위해서 원래 그 집의 머슴으로 살던 길상이와 결혼까지 감행하면서 자

---

[5] Ibid., 365.

신의 야심을 추구한다. 서서히 자신의 계획대로 가문을 회복해 가지만, 서희는 자신의 양반 가문 정체성까지 양보하고 해온 여정과 결과에 대해서 공허함과 허전함을 느끼게 된다. 최정운은 서희와 같은 여성의 묘사를 다음과 같이 평가한다.

> 구한말에 나타난 최서희라는 소녀는 파멸한 집안에서 독기를 품고 북간도로 이주하여 장사로 큰 재산을 모아 집안을 다시 일으킨 여장부였다. 이런 강한 여성은 구한말 당시 신소설에 나타난 강한 여성들과 사뭇 다른 차원이었다. 서희는 생존해 냈을 뿐만 아니라 머슴이었던 '길상이'와 결혼하여 전통을 범하는 결단을 내리고, 재산을 모아 집안을 되찾고, 가장의 임무를 수행하고, 나라를 되찾는 일에 일조했다.
> 나아가서, 그녀는 호적의 이름조차 김서희가 되어 성이 바뀌는 대가도 마다하지 않았다. '여권 운동,' '여권' 등과는 차원이 다른 이야기였다. 이 시대에 나타난 최서희는 가부장제에 대한 도전이자 최후통첩이었다.

이러한 새로운 여성상의 묘사는 최인훈의 작품 『어디서 무엇이 되어 만나랴』(1970)에서 평강 공주와 온달 이야기를 각색하면서 평강 공주를 적극적이면서 지혜롭고, 남편 온달을 죽인 음모 세력에게 복수를 모색하는 옹골찬 여인으로 묘사하는 데서도 재확인된다.

한편 이러한 시기에 기독교 여성들은 어땠을까?

과거 한국 기독교 초기의 전도부인들이 근대 교육을 받고 여성 계몽에 앞장선 젊은 여성 엘리트들이었다면, 1970~80년대의 한국교회의 성장에는 중년 여성들의 활동이 매우 도드라졌다. 그런데 이들은 교육 체계나 가족으로부터 소외된 이들로서 자신들의 신앙 체험과 열정적 헌신을 바탕으로 담임 목회자의 리더십을 강화하는 보조자 역할로 넘어가게 된다.[6] 즉, 산업화와 성장주의의 거센 물결 속에서 교회에서 여성의 리더십은 독자적 소리를 내기보다는 남성 중심의 체제를 기능적으로 도와주는 복무자에 머무르게 된 것이다.

3) 노동자와 도시 빈민

1970년대의 가장 충격적인 인식은 노동자 계급의 존재를 노동자 스스로가 알려준 전태일 분신 사망 사건일 것이다. 노동자 계층에 대한 문학적 묘사는 이미 황석영의 『객지』(1971)에서 온갖 불리한 여건 속에서 분투하며 힘겹게 살아가는 이들의 모습으로 그려졌다. 노동자들은 최소한의 권리를 쟁취하기 위해서 전략적인 구상을 하며 투쟁을 벌여야 하는 존재였다.

하지만, 현실은 녹록지 않았고 국가 주도의 경제 성장과 수출 주도 정책에 의해서 노동자들의 권리는 하염없이 유보되고 절제되어야 했다. 이로 인해서 생겨난 노동자 계급의 착취와 불만은 산업화의 시대인 생존의 시대 내내 언제 터질지 모르는 활화산 같았다.

그러다가 노동자 계급의 비참한 현실을 온몸으로 고발하고 희생한

---

6 김진호 외, 『권력과 교회』(파주: 창비사, 2018), 165.

이가 전태일이었다. 1970년에 발생한 전태일 분신 사건은 한국 현대사에서 분수령과 같은 사건이었다.[7] 전태일이 온몸을 불사르기까지 한국에서 노동자 계급은 한번도 주목을 받은 적이 없기 때문이다. 사회 전반과 언론에서는 노동자들의 실상을 중요한 화두로 다루지 않았다.

당시에는 농촌에서 도시로의 급격한 이도 현상이 일어났고, 대부분 도시로 이주한 이들은 공장의 일자리를 찾아 고향을 떠난 젊은이들이었다. 1969년에 우리나라 농촌 인구는 전 인구의 58.3%였으나, 1975년에 불과 6년 만에 28%로 반 토막이 나버린다. 이처럼 급격한 도시로의 대규모 인구 유입이 있었고, 대개가 공장에서 자신들의 기본적인 권리가 무엇인지도 모른 채 자본 계급에 착취당하고 있었다.

이러한 비인간적 착취와 처우로 인해 1960년대와 1970년대는 희망이 도약한다는 생활의 시대임에도 여전히 우울함과 사회에 대한 적의를 떨쳐낼 수 없던 것이다. 강 헌은 전태일의 분신과 관련해서 다음과 같이 평한다.

> 노동자 중 한 사람이었던 전태일은 평화시장 봉제 공장 노동자들의 실태를 참으로 꼼꼼히 연필로 적어 온갖 신문사에 돌렸지만 어떤 신문사에서도 그것을 기사로 다루지 않았다.… 그때 노동자들은 하루에 보통 14시간에서 16시간, 평균 15시간씩을 일했다. 물론 노동 시간이 문제의 전부가 아니다. 노동의 강도에서부터 노동 환경, 그리고 노동의 대가와 노동자들을 위한 복지 등 어느 것 하

---

7 강 헌, 『강 헌의 한국대중문화사 2』, 253.

나 제대로 된 것이 없었다. 노동자들은 하나부터 열까지 처참하리만큼 비인간적 처우를 받으며 하루하루를 견뎌내고 있었다.

당시에도 물론 근로 기준법이 있었다. 노동자의 최소한의 권리를 보장해 주는 법이 있기는 했으나 현장에서는 아무짝에도 쓸모없는 법이었고 그 누구도 그것을 지켜야 한다고 말하지 않았다. 어떤 누구도, 어느 집단도 이 어마어마한 숫자로 늘어나고 있는 노동자 계급의 문제에 대해 주목하지 않았다. 참다못한 전태일이 이런 실태를 적어 들고, 여기저기 돌아다니고 돌아다닌 것이다.

그러던 어느 날 주요 일간지에 전태일에 관한 기사가 딱 한 번 게재되었다. 그러자 전태일은 주머닛돈을 탈탈 털어 있는 대로 신문을 사서 자신들의 기사가 났노라며 청계천 동네에 돌린다. 물론 그 한 번으로 끝이었다. 더 이상 기사가 실리는 일은 없었다. 전태일이 죽으면서 남긴 한 맺힌 유언 중의 하나가 '나에게도 대학생 친구가 한 명 있었으면' 이었다.…[8]

전태일의 마지막 유언은 특히 이 땅의 대학생들에게 큰 충격과 울림을 주었다. 그동안 한일회담 반대나 삼선개헌 반대 투쟁 등으로 민족, 민주화 운동에 투신해 온 이들이 전태일의 죽음을 보면서 자신들이 간과해 왔던 또 다른 역사적 책무를 깨닫고, 노동자 계급의 문제, 더 나아가서는 한 사회 안의 다른 계층의 존재들에 대한 자각이 생겨나기 시작한 것이다.

---

8 Ibid., 254.

조세희의 『난장이가 쏘아올린 작은 공』(1978)은 한국의 열악한 영세민 도시 현실에서 겪는 억압과 좌절, 불결함과 부조리함을 그린다. 철거계고장과 입주권으로 상징되는 불안과 꿈은 미국의 우주 센터에 보내는 편지라는 허황된 희망으로 뜬구름처럼 그려진다. 난장이라고 업신여김 받는 아버지의 아들들은 은강이라는 도시에서 일하며 정당한 노동을 위해서 일하지만, 그곳조차 횡포와 착취 속에서 편할 수가 없다. 이러한 도시 빈민의 남루하고 폭력에 취약한 삶을 소설은 사실적 묘사가 아닌 신비함과 모호함으로 담아내고 있다. 최정운은 이 소설의 의의를 이렇게 평가한다.

> 난장이는 작은 공을 쏘아 올린 적이 없다. 그는 굴뚝 위에서 종이 비행기를 날렸다고도 하고, 쇠공이 하늘을 가로질러 가는 것을 영희가 보았다고도 했다. 이런 이야기들은 사람 못 살 뫼비우스의 띠, 이차원의 지옥에 사는 사람인 난장이가 천상의 존재들에게 구조 요청을 했고 그래서 그들이 이런 소설을 쓰고 노동 운동에 나섰다는 것이다. 여기에서 난장이는 경험적 인물이나 존재가 아니라 고생하며 사는 사람들의 상징일 따름이다.[9]

압축 근대화의 한 복판에서 억압 받는 소외 계층의 상징인 난장이는 삶의 짓눌림 속에서도 하늘의 희망이라는 이름의 작은 공을 쏘아 올리지만 결국 좌절과 절망을 넘지 못하고 투신자살을 하고 만다.

---

9 최정운, 『한국인의 발견』, 458.

난장이의 아들도 사형선고를 받음으로 결국 그들이 갈망했던 사랑과 평화의 세계는 이루어지지 못하고 '절망의 비전'만이 남는 당대의 현실을 작가는 음울하게 그리고 있다.[10] 이러한 삶의 비루함은 이철용의 『어둠의 자식들』(1981) 또한 하류 인생들의 남루한 현실을 생생하게 그리는데, 주인공은 경찰서, 수용소, 감옥을 드나들었지만, 인간 구실을 하고 싶은 바람을 드러낸다. 더구나 인간의 최소한의 가치를 찾고자 성경도 읽고, 교회도 다니며, 예배도 보며 인간으로서의 길을 찾는다. 그러나 동시에 여기에 무관심한 지식인들의 부르주아적 허위성을 고발하기도 한다. 80년대의 문학은 인간의 가치를 추구하는 개인의 몸부림 이면에는 더욱 큰 권력을 향한 두려움과 순응적 속성도 내포하고 있다.

권위주의에 대한 종속에의 강요는 이문열의 소설『우리들의 일그러진 영웅』(1979)에도 잘 나타난다. 영화로도 제작됐던 이 소설은 어느 시골 작은 읍의 초등학교에 전학 온 병태라는 아이가 학교 아이들의 생활을 장악하고 있는 엄석대에게 저항과 순응의 과정을 거치는 줄거리로 전개된다. 엄석대의 권력에 굴복하는 것은 치욕적이었으나, 한편으로는 그 권력에 기생하면서 주어지는 편리함에 은근히 익숙해져 있었다. 그러다가 새로 부임하신 선생님이 엄석대의 고질적인 비리와 문제를 발견하고 그를 벌하자, 모든 아이가 엄석대의 횡포를 폭로하고 고발하고 만다. 수십 년이 지난 뒤에도 병태는 엄석대의 존재를 자신의 의식 속에서 완전히 떨쳐내지 못하고 있다.

---

10 장석주,『나는 문학이다』, 662.

이 작품은 한국인의 권력 속성에 어떻게 자신을 맞춰 가는지를 보여 준다.

> 폭력적 모습을 겉으로 드러내지 않으며 폭력뿐만 아니라 각종 기술을 활용하고 혜택도 베풂으로 "엄석대의 권력은 이른바 헤게모니를 형성하고 있었다. 현대 산업주의, 자본주의의 권력은 그로써 피지배자의 동의를 끌어낸다."[11]

이 소설이 등장하고 영화화된 시기는 주로 1980년대였다. 이 당시 다수의 한국인이 권력에 자신들의 인간적 권리를 조금 양보하고 권력이 주는 달콤한 혜택에 묻히는 데 익숙해 있던 실태를 잘 고발한다. 인간 존재의 가치를 힘겹게 지켜내지 못하고, 당시 80년대의 폭압적인 정권 아래 기생할 수밖에 없는 삶이 묘사되었다고 볼 수 있다.

그래서 이 당시의 문학이나 영화는 정경 유착의 공고한 권력 구조와 안보 논리의 절대 정당성 아래서 인간의 존엄성을 주장할 수 없이 우울함과 정신적 죽음에 자신을 허용하는 개인들의 모습을 자주 그려낸다.

4) 우울을 이겨내는 순수한 개인의 시대

1970년대와 80년대의 개인들은 60년대에 비해 삶의 희열과 의욕이 넘치지 않았다. 1972년에 연재되기 시작하여 100만 부 이상의 단

---

11 최정운, 『한국인의 발견』, 465.

행본 판매라는 공정의 히트를 기록한 최인호의 장편 소설 『별들의 고향』은 인간의 심리에 대한 섬세한 묘사가 두드러진다. 가난한 집 출신의 여성 경아가 대학을 들어간 뒤에 여러 욕망의 남자들을 거치면서 술집의 여급으로 비운의 생을 살아가는 과정을 그리고 있는데, 이미 1960년대부터 등장하기 시작한 죽음의 문화로 인한 희생을 그리고 있다.

원래 매력적이고 귀엽고 사랑스러운 여인이 오로지 자신의 낮은 계급성으로 인해 함부로 취급받다 비참하고 쓸쓸하게 생을 마감한다. 그러나 경아는 비록 우울하게 죽어가지만 거대한 사회적 의미를 품은 여인이었다.

그녀는 서울의 살벌하게 찢긴 계급 사회를 살갑게 덥힐 존재였다. 그녀는 지식인, 부르주아 남성들과 관계를 맺음에 있어서 서울의 수많은 하층 계급 여성들, 즉 공순이, 식모, 버스 차장, 식당 종업원, 술집 아가씨, 작부, 몸파는 여인 등 수많은 계급으로 변신해가며 뜨거운 사랑으로 살만한 세상을 만들 존재였다. 그녀는 자신의 세 번째 남자와 마지막 밤을 보낸 후 이런 말을 남긴다.

> 꿈이라도 아름다운 꿈이에요. 내겐 소중해요, 소중한 꿈이에요. 또 내 몸을 스쳐 간 모든 사람이 차라리 사랑스러워요. 내 몸엔 그들의 흔적이 남아 있어요. 그들이 한때는 날 사랑하고 내 몸엔 그들의 흔적이 남아 있어요. 그들이 한때는 날 사랑하고 그들이 한때는 슬퍼하던 그림자가 내 살 어딘가에 박혀 있어요.[12]

12　Ibid. 405.

슬픔을 사랑으로, 상처를 새로운 의미로 승화시키는 힘, 그 순수함을 한국인들은 그리워하고 있었다.

이 시기의 사람들에게는 친구가 소중했다. 전통 사회에서 도시 산업 사회로 다수의 인구가 급격히 이동하면서, 개인들이 자발적으로 선택한 친구는 "가족 및 여러 소규모 집단들이 흔들리고 개인주의화 될수록 개인들이 자발적으로 선택한 존재"이기 때문이다.[13] 이러한 개인과 개인의 만남, 가족이나 전통 사회가 침범할 수 없는 소중한 인연은 여러 문학 작품들에서 의미심장하게 묘사된다. 개인과 개인이 연대할 수 있는 공간, 개인과 개인이 연대하여 창출할 수 있는 새로운 세상에 대한 염원이 점점 확장되어 갔다.

5) 투쟁의 시대

1980년대는 70년대부터 시작된 여러 계층의 분화가 이어졌지만, 다양한 사람들을 엮이게 한 것은 광주사태라는 공통의 불행한 경험이었다. 신군부의 폭압적 정치와 학살에 맞서 사람들은 현시대를 되돌아보게 된다. 5. 18은 1970년 전태일의 분신 이후, 아니 한국 현대사에서 가장 충격적인 잔인한 트라우마이자, 한국인이 주체 의식으로 나아가게 하는 기폭제가 된 사건이었다.

광주사태에서 일어난 공수 부대의 폭력과 살상은 의도된 전시였으며, 이를 통해서 시민들을 공포에 질리게 하여 통제하고 절대 순응으

---

[13] Ibid., 407.

로 길들이게 하려는 것이었다. 이 전대미문의 학살과 비극 앞에서 우울하고 순수했던 개인들은 자각하게 된다. 광주에서 계엄군이 잠시 철수했을 때 경험했던 '절대 공동체'의 가치를 소환하면서, 인간 존엄성의 회복을 위한 싸움은 80년대 내내 이어졌다. 광주 시민들의 피는 대한민국의 민주화를 위한 크나큰 희생 어린 발판이 되었다.

1980년대 학생들은 목숨을 건 전대미문의 민주화 투쟁을 벌이며, 또한 한국의 현대사와 사회를 객관적이며 과학적으로 분석하기 위한 연구 동아리들이 속속 생겨난다. 이때는 지성을 잦은 열풍이 대학생들을 중심으로 번지고, 학생과 노동자 계급의 연대는 하나의 통과의례처럼 보였다. 비록 이념 과잉이라는 비판도 있지만, 폭력적 정권의 억압과 언론 통제, 미디어 정책 가운데서도 주체적으로 우리 사회에 대한 혜안과 전망하려는 지성적 몸부림이었다.

1984년에 발표된 최인호의 『고래사냥』은 송창식의 노래로 배창호 감독에 의해서 영화화되기도 했는데, 병태와 미란의 애정 행각을 묘사하며 술 마시고 춤추고 학업에는 무관심한 듯한 대학생들의 현실을 그리며 고래 잡겠다는 초인적 목표를 허무하게 표현한다. 이 희한한 제목에 대해서 최정운은 말한다.

> 1980년대 한국의 대학생들은 5.18신화를 전해 듣고, 5공의 폭력에 대항하여 5.18정신으로 싸우는 위대한 전사의 모습을 그리고 있었고, 그때 '고래사냥'이라는 초인의 신화는 그들과 공명했을 것이다.[14]

14　Ibid., 525.

폭압적인 거대 권력 앞에 인간의 가치와 민주주의 사회를 위해서 싸우겠다는 의욕에도 불구하고, 청년 문화는 세속화와 허망함으로 인해서 마냥 활기찰 수만은 없는 이중적 현실을 이 소설은 그리고 있는지 모른다.

비록 기대보다 더디긴 했고, 정치인들에 대한 실망과 배신감도 밀려왔지만, 한국 사회는 1980년대의 민주화 투쟁을 거치고, 1988년 서울올림픽을 성공적으로 치르면서 사회, 경제적 자신감을 어느 정도 되찾기 시작한다. 노동 투쟁은 계속되었고, 아직 여성과 장애인들의 권리 문제는 제대로 제기조차 할 수 없던 시대였으나 이 생활의 시대는 인간의 존엄한 가치를 찾기 위한 싸움이었고, 단기 성장의 목표와 자본의 욕망을 미화시키는 기득권층에 맞서서 사회의 구조를 다수를 위해 개선하기 위한 치열한 싸움이 벌어졌다.

군사 문화로 산업화를 진행하고, 유교적으로 국민을 계몽하며 동원하는 이 체제는 1980년대의 거센 투쟁에 직면하여 더 이상 원래의 속도와 설계대로만 나아갈 수 없었다. 그래서 산업화 세력과 민주화 세력이 어느 정도 타협을 이루어가며 사회의 발전을 모색하게 된다.

이제 사람들은 여전히 많은 희생과 불평등이 공존하고 있지만, 가장 기본적인 생활의 필요들을 해결해가고 있었다. 역사의 수레바퀴는 인간적 가치, 삶의 질 개선을 향해서 굴러가고 있는 것처럼 보인다. 더군다나, 비록 5.17 군사 쿠데타 세력과의 야합을 통해서이긴 했으나 최초의 문민정부가 1992년 출범하며, 사회와 문화의 발전은 정해진 순서로 보였다.

이때 일어난 또 하나의 문화사적 분수령이 되는 사건은 TV 특별소

비세의 인하라고 강헌은 단언한다. 이는 1971년 대통령 선거를 앞두고 단행되는데, 이로 인해서 TV 보급률이 불과 10.2%에서 특소세 인하 이후 1979년 말에는 78%를 넘어서게 되었다. 국민 사이에서 TV 시청이 보편화되기 시작했다. 이미 1960년대부터 시작했던 주한 미8군의 방송 채널인 AFKN을 통해서 미국의 '우월한' 문화를 접했던 한국인들에게 이전의 신문과 라디오와는 비교할 수 없는 메시지의 전달력과 설득력이 있고 정보가 통제될 수 있는 국면이 시작된 것이다. 감성적으로는 이질적이지만 우월한 미국문화를, 정보와 세계 이해에서는 국내 TV를 통해 판단과 감성이 통제될 수 있게 된 것이다.

> 신문의 글이 의견이라면 라디오의 말은 소식이고 TV의 화면이 보여주는 현실의 장면은 진실이 된다. 대중은 그 장면이 어떻게 왜곡되고 어떻게 편집되는지의 복잡한 매커니즘에 대해 알지 못한다. 대중의 다수는 브라운관 화면 속의 장면이 윤색되지 않은 날 것의 진실이라는 위험한 인식에 쉽사리 말려든다.[15]

이러한 상황에서 5공 군사독재정권의 그 유명한 3S 정책이 날개를 달기 시작한다. 그러나 이러한 문화 매체 활용에서의 진전은 1980년대와 90년대에 폭발적인 대중문화의 성장을 양산하고, 대중문화 감성의 확산은 오늘날 한국인들에게 자유로운 취향을 고조시킨다.

어쨌든, 이처럼 현대 한국 사회에서 30년에 걸쳐 진행되는 생활의

---

15 강 헌, 『강 헌의 한국대중문화사 2』, 259.

개선과 재편에서 한국 기독교는 어떠한 역할을 감당했고, 어디서부터 성장의 동력을 발견하고 추진했는지를 살펴보자.

2. 한국 기독교의 대응

1960년대부터 1980년대는 한국 기독교 성장의 전성기라 할 수 있다. 산업화와 민주화가 동시에 추구되었지만, 사실 많은 경우에 산업화를 위해서 인권과 민주주의가 심각하게 유린당하여, 사람들이 여전히 고통을 감내하고 살던 시대에 한국교회는 역설적으로 가장 큰 수혜를 입었다.

여기에는 국가 정책의 최대 협력자로서의 위치를 잘 유지한 이유와 시대의 정신에 부응했던 측면도 있으며, 또한 취약해진 개인(50년대가 취약 국가라면)들을 보듬을 수 있는 공간이 한국교회에 가능했기 때문이기도 하다.

1) 한국 기독교의 국가적 협력

서북 청년회와 그 지역 출신으로 구성된 기독교는 이승만 정권 아래서는 호의적인 대우를 받지 못하고 오히려 견제를 받아왔다. 이승만은 서북 기독교 세력이 독자적으로 미국 기독교와의 협력 관계를 구축하여 영향력을 행사하길 원치 않았다. 비록 반공 정서에서는 이승만과 서북 기독교는 같은 노선에 있었지만, 양자 사이의 관계는 순탄치 않았다.

서북 출신 기독교의 청년 연맹이라 할 수 있는 서북 청년회는 서북 지역의 대표적 기독교 민족주의자들인 안창호, 이승훈, 조만식 등과 임시 정부를 계승한다고 확신했기 때문에, 이승만의 처지에서 볼 때는 이들은 언제든 자신과 경쟁 관계가 될 수 있다고 판단했을 것 같다.[16] 또한, 전쟁 중에 이승만의 지시에 대해 서북청년회가 고분고분하지 않았던 것으로 인해 좋은 관계에 들어가기 힘들었다.

(1) 박정희와 서북 청년회

서북 청년회의 경우에는 극단적이고 전투적인 반공주의자들로서 남한 내의 좌익들에 대한 테러를 서슴지 않았고 제주 4.3사태의 폭압적 진압과 민간인 살상에도 큰 책임이 있는 것으로 여겨진다. 이들의 또 다른 성향은 우익 계열의 이념적 민족주의자들이지만, 이승만은 자신의 독단적인 정국 장악에 일차적인 관심이 높고 국가주의적 성향이 강하지 않았다.

이승만과 껄끄러운 관계가 이승만의 실각으로 끝이 나고, 5.16 쿠데타 이후 박정권 정권이 출범한 뒤로 서북 청년회 출신들은 박정희와의 우호적인 관계에 들어서게 된다. 이들의 민족주의적 성향은 박정희의 국가주의적 반공 및 근대화 프로젝트와 부합된 것이다.[17] 이승만이 반공 이념을 정적 모함과 제거에 사용했다면, 서북 청년회 출신들은 민족주의에 토대를 둔 반공을 하기 위해 박정희의 구테타

---

16 윤정란, 『한국 전쟁과 기독교』, 242.

17 Ibid., 247.

에 협력했다.

　박정희의 군사 정변에 주역으로 참여한 군 장교들은 주로 육사 5기와 8기가 많은데, 이들 중 8기의 거의 70%가 서북 청년회 출신이었다. 또한, 이들 중 상당수가 서북 기독교와 동질감을 느끼고 있으며, 미국 정부와 미국인들에게 박정희 군사 정변의 정당성을 알리고 설득하는 역할을 한경직이 맡았다.[18] 그는 이미 전쟁고아 사업의 협력적인 파트너였기 때문에 미국에서도 신뢰를 받는 인물이었다. 이로 인해서 서북 출신 기독교는 박정희 정권 이래로 계속 한국 사회에 큰 영향력을 행사하는 세력이 되었다.

　박정희는 한경직이 이사장으로 한국선명회를 적극적으로 후원했고, 한미 관계가 엇갈릴 조짐이 있을 때마다 선명회 합창단을 미국에 보내도록 해서 좋은 관계를 유지하려 했다. 한경직은 박정희의 후원 아래 미국 복음주의의 대표 지도자인 빌리 그레이엄을 초청해 대대적인 부흥회를 개최해서 돈독한 한미 관계를 과시했다.

　한국 전쟁이 났을 때 서북 청년회 출신의 많은 젊은이가 국군에 대거 입대해 전쟁에 앞장서서 싸웠으며, 이로 인해 군에게도 서북 출신 기독교인 장교들의 역할이 상당했을 것으로 추측된다. 한경직은 군종 제도를 도입하여 한국군의 사상 무장을 도모했고,[19] 종교는 군대에서 자유 세계의 우월함을 보장해 주는 가치로 선전되었다. 이는 베트남 전쟁 다시 한국교회가 파월 장병들을 위한 대대적인 환송

18　Ibid., 252.
19　Ibid., 268. 실제로 필자가 군 복무 시절 정훈 교육을 받을 때 공산주의 체제보다 자유민주주의 체제가 우월한 첫 번째 사례로 종교의 자유 보장을 드는 것을 들은 바 있다.

연합 예배를 드리고, 파월 부대 사령관인 채명신이 귀국하자 교계 인사들이 모여 환영 기도회를 개최하는 등의 모습은 기독교 국가도 아닌 나라에서 매우 이례적이었다.

더군다나 파월 백마부대 내에는 기독교인들로만 구성된 '임마누엘' 부대라는 독특한 중대가 있어서 '하나님의 뜻을 수행하는 20세기의 자유 십자군'이라 불렸다.[20] 1966년 5월 지명관은 상당히 진보적인 잡지로 알려진 「기독교 사상」에 기고한 글에서 "공산주의자가 베트남을 장악하는 것은 안이한 평화일 뿐이며 공산주의에 대한 무력적 방어가 진정한 평화의 길"이라고 주장했다.[21]

서는 "이는 베트남 전쟁을 악의 중심축인 공산주의 세력의 확대를 저지하며 기독교의 자유와 선을 위한 싸움으로 보는 이분법적 정서가 지배했기 때문이며, 한국교회의 이러한 베트남 전쟁에 대한 적극적인 지지와 참여는 한국교회의 대표 기관인 NCCK에 서북 출신 기독교인들이 포진해 있었고 한국 전쟁 이후 한국군 수뇌부에도 서북청년회 출신들이 진출해 있음을 감안할 때 반공의 논리로 충분한 연대감이 형성되었기 때문이라고 추측할 만하다. 이렇게 해서 보수 장로교단의 가장 큰 구성원이라 할만한 서북 출신 기독교는 박정희와의 우호적 관계를 통해 한국 기독교 내에서뿐 아니라, 일반 사회에서도 영향력 있는 집단으로 자리매김한다.

---

20 류대영, 『한국 근현대사와 기독교』(서울: 푸른역사, 2009), 277-278.
21 지명관, "평화에 대한 교회의 증언," 「기독교 사상」 (1966년 5월), 30-31. 류대영, 『한국 근현대사와 기독교』, 271에서 재인용.

(2) 반공에서 승공으로

박정희 정권 이후 공산주의에 맞서는 대한민국의 기본 노선은 단순히 북한을 적대시하는 반공에 그치지 않는다. 1960년대와 70년대는 여러 통계에 근거해볼 때 남한이 북한보다 경제력을 포함한 전체 국력에서 뒤처졌다. 서북 출신 기독교인들은 북한에서 공산 정권의 탄압을 받고 남한으로 피난했기 때문에 극한 호전적 반공주의자들임은 분명하고, 그러한 반공 프레임 안에서 세력이 점차 확대되었다. 이들은 민족주의에 바탕을 둔 반공을 추진했기에, 북한과의 체제 경쟁에 민감해 했다.

1950년대 중후반 남한이 여전히 이승만 독재정권 아래서 정세가 불안한 사이에, 북한은 전후 재건에서 성공을 거두고 소련, 중국 등과 자신감 있는 외교 정책을 펼치기 시작했다. 그리고 동구권 공산국가들로부터 원조를 받고, 전쟁 이전보다 더 뛰어난 경제력과 생산력을 확보하며 목표 이상의 성취를 거두었다. 당시 북한의 경제성장은 서구의 경제학자들도 감탄할 수준이었으나, 이승만 정권의 경제정책과 재건 사업은 별다른 성과를 내지 못하고 있었다. 이에 대해서 서북 출신 기독교의 대표인 한경직은 이승만 정권을 비판한다.

그는 1957년 3월 3일 설교에서 "삼팔선이 그냥 있고 북한이 공산도배의 압제 아래 그냥 신음하고 있는 현재 남한에서 자행되는 그릇된 애국심을, 우리는 지금도 그렇고 앞으로도 경계해야 합니다. 애국심이 잘못되어 변태적으로 발전하게 되면 거기서 독재주의가 생기는 것이고, 거기서 배타주의가 생기고, 심지어는 온갖 불법과 테러가 생기는 것입니다"라고 하며 남한의 후진성에 대해서 정권과 지도자들을 비판했다.[22] 그는 더 나아가 1959년 11월 23일자 「기독공보」에 기고한 글에서 다음과 같이 주장했다.

> 교권을 잡고 사람을 잡아보기 위하여 용공주의 운운하는 것은 악질적인 죄악이 아닐 수 없다. 우리 교회는 그러한 방법으로 방공할 것이 아니요. 공산주의가 뿌리박으며 자라나는 온상이 되는 사회적 부패를 막으며 가난한 자들이 공산주의자들의 감언에 속아 넘어가지 않도록 그들의 생활 수준을 향상하는 방향으로 나아가도록 힘써야 할 것이다.[23]

공산주의에 대해서 적개심을 품고 그들이 얼마나 악마적인지를 알리고 정죄하는 것으로는 충분치 않으며, 남한에서 민주주의와 사회적 질서를 확립하고 경제력을 신장시키는 노력을 병행해야만 공산주의를 이길 수 있다는 것이다. 다시 말해, 반공으로 충분치 않고 승공에 힘쓰려면, 사회, 정치, 경제 개혁과 성장이 필요한 셈이다.

남한의 자유 체제가 우월함을 사회, 경제적으로 증명해야지 이념만 고수하는 것으로는 충분치 않고, 더군다나 북한이 눈부신 경제 및 외교의 발전을 구가하고 있는 마당에, 남한이 내부의 독재와 부정으로 얼룩진 상태에서는 반공은커녕 민심을 잃을 수도 있음을 염려한 것이다. 윤정란은 이에 대해서 다음과 같이 진단한다.

---

22 Ibid., 279-280.
23 한경직, "반공 조공," 「기독공보」 1959년 11월 23일자.

사회적 약자들이 사회적 빈곤으로 말미암아 공산주의에 기울어지기 쉽다고 생각한 한국 기독교인들은 이들과의 연대를 위해 산업 전도를 하기 시작했다. 목사 홍현설은 산업 전도란 공장 노동자들이 공산주의자들이 가장 많이 이용하는 노동조합을 지지하는 것을 방지하고 기독교 사상을 받아들이게 함으로써 진정한 민주주의 사회 건설을 위한 것이라고 주장했다.

…(미국 신학자) 에밀 부르너는 일본에서 기독교인들은 공산당이 가장 많이 이용하는 노동조합과 긴밀히 접촉해 놀랄 만한 성과를 거두었다고 주장했다. 즉, 공장의 소수 기독교인이 성경 연구반이나 기도단 같은 것을 조직해 공산당의 전술 방법처럼 내부로 침투해 좋은 결과를 얻었다는 것이다. 이와 같은 이유로 한국 기독교인들도 산업 전도에 뛰어들었다. 대한예수교장로회에서는 1957년 4월 전도부 산하에 산업전도위원회를 설치했다.[24]

박정희 정권 시대에 노동 기본권 보장과 반독재 투쟁에 앞장섰던 산업선교회 운동이 원래 공산주의자들의 침투를 막고 반공과 승공을 위해서라는 사실이 흥미롭다. 이러한 인식을 가진 서북 출신의 기독교인들과 KNCC는 이승만을 독재 정권으로 규정하고 4.19 혁명을 지지한 이유가 이승만 정권이 공산주의보다 더 우위의 체제인 민주주의를 짓밟았기 때문으로 보았다.[25]

기존의 반공 논리로는 한국 사회를 개선하고 발전시키며, 국민의

---

24 윤정란, 『한국 전쟁과 기독교』, 284.
25 Ibid., 287.

삶을 신장시킬 수 없다고 보았다. 그래서 민주주의 제도가 더 우월함을 보여 주자는 움직임이 기독교인들 사이에 승공론으로 자리매김하였고, 후에 박정희 정권의 근대화 계획에도 지지를 보인다.

한국 주류 기독교가 박정희의 군사 정변을 지지한 이유는 공산주의 체제보다 우위에 설 수 있는 실질적 반공 체제의 확립인 승공을 원했기 때문이다. 즉, 남북한이 대치하고 있고 아직도 공산 정권의 적화 통일 야욕에 대한 불안감이 여전한 마당에 북한보다 월등한 국력을 이루지 못하고 국민을 경제적으로 빈궁하게 한다면 그것은 남한의 체제를 위태롭게 하므로 공산주의에 승리할 수 있는 체제를 원했던 것이다.

이화여자대학교 기독교학부 교수였고 윤보선 대통령의 6촌 매제이기도 한 현영학은 당시 5.16 쿠데타에 대해서 군사 독재의 위험성 때문에 적극 환영은 못 하지만 불가피한 선택임을 인정하고 다음과 같이 말한다.

> 실질적인 반공 체제가 확립되고 동남아, 남북 미주, 구라파, 아프리카 및 중동 여러 나라와의 친선과 유대의 강화가 이룩되고 부패와 부정이 소탕되는 한편, 국민의 도의가 세워지고 국민의 근로정신과 국가 자주 경제가 성취되고 국군의 실력이 배양될 때에 우리의 사는 날이 오는 것이다.[26]

---

26 현영학, "반공에 기대," 「기독공보」 1961년 5월 22일자. 윤정란, 『한국 전쟁과 기독교』, 292에서 재인용.

현영학은 후일에 대표적인 민중신학자이자 진보 신학자로 활동하며 유신 독재에 항거하며 민주화 운동까지 한 인물임을 고려할 때, 당시 주류 기독교계의 공산주의에 대한 인식과 경계가 얼마나 우선적인 과제였는지를 엿보게 해 준다. 이러한 승공 담론은 군사 정변을 일으킨 혁명위원회에서 큰 환영과 공감을 얻었고, 결국 한국교회와 군사정권의 결합이 이루어져 근대화와 경제성장을 이루는데 큰 원동력이 되었다.

기독교가 선도적으로 이러한 승공의 논리를 공산주의에 맞서는 기독교 신앙의 수호 차원에서 내세웠고 대다수 한국인이 이러한 논리에 압도되어 따르면서 전 국민적 근대화 운동과 경제 성장의 동력을 얻게 되었다. 그리고 이는 한국 기독교의 중요한 성장 동력으로 오랫동안 전략적 포인트가 되었다.

(3) 가족계획 사업

한국 기독교와 박정희 군사 정권의 협력 관계를 잘 보여 주는 또 다른 사례는 가족계획 사업이다. 박정희는 정권을 잡은 뒤 제1차 경제개발 5개년 계획을 세우고 산아 제한 정책을 펼친다. 천주교는 인위적인 출산 조절에 대해서 반대하였으나 기독교는 생명 윤리를 견지하고 있음에도 불구하고 NCCK(한국기독교교회협의회) 주도로 1970년대부터 이 사업에 참여하고 교인들에게 홍보했다. 국가가 출산이라는 사적인 영역에까지 개입한 이 정책에 기독교가 적극적으로 함께 한 이유로는 몇 가지가 있다.

첫째, WCC에서 가족계획 관련 보고서가 채택되면서 자의적 가족계획을 용인했다. WCC는 공산주의의 확대를 경계하고 있었고, 제3세계 국가의 인구 증가가 가난을 심화시켜 공산혁명이 일어날 것을 우려했기에 경제적인 부를 창출해서 공산주의의 침투를 막기 위해 인구 조절 계획을 시행한 것이다.

둘째, 서북 출신 기독교인들의 반공을 승공으로 재정의함에 따라 공산주의와 효과적으로 싸워 이기기 위해서는 박정희 정권의 경제발전 정책에 참여해야 하며, 이를 위해서는 생활고의 시급한 해결이 우선되어야 한다고 보았기 때문이다.[27]

셋째, 창세기의 생육과 번성에 대한 성경의 명령은 자녀 출산을 의무화하기보다는 애정 있는 부부 관계, 책임 있는 자녀 양육의 의미로 받아들여야 한다는 미국 기독교 신학자와 목회자들의 해석도 산아 제한에 대한 성경적 걸림돌을 제거하는 데 도움이 되었다. 그 외에도 자녀관, 피임, 심지어 인공 유산에 대해서도 미국 기독교의 조건부 허용 정책을 NCCK도 수용하기에 이르렀다.[28]

가족계획 사업에 기독교계의 여성 조직들도 동참하게 된다. NCCK 가정생활위원회와 YWCA 연합회, 각 교단의 여성 단체 등이 미국교회의 선례에 의존하며 인구 증가 해소를 위해 노력하기로

---

27 윤정란, 『한국 전쟁과 기독교』, 307ff.
28 Ibid., 314-319. 당시 NCCK에서 내린 인공 유산에 관한 지침은 다음과 같다. 인공 유산이 허용되는 경우는 ① 임신으로 인해 모체에 치명적 위험이 있을 때, ② 결정적인 유전병으로 그 태아에게 더 큰 불행이 예견될 때 ③ 비상한 상태 아래에서 강제된 임신 혹은 미성년의 무지에 의한 무분별한 임신 등으로 그 결과 더 큰 불행으로 확대될 것이 예견된 경우…

한다. 인구 증가를 막는 것은 당시 한국 기독교계에서는 공통으로 절박한 과제로 인식되었다. 기독교의 적인 공산주의를 막기 위해서는, 국가가 먼저 경제적으로 든든해서 불만 소외 세력이 공산주의의 침투에 대항할 수 있다.

따라서 경제를 먼저 살려야 하는데, 인구 조절은 빈곤을 막을 수 있는 효과적인 방법 가운데 하나였기 때문이다. 결국, 기독교가 교리상으로 명료하지 못함에도 불구하고 가족계획 사업에 적극적으로 동참한 것은 반공기독교적 정서와 승공 기독교적 논리가 결합되면서 국가와 협력하게 된 사례라고 할 수 있다.

2) 기복신앙의 확산

앞서 한국 전쟁이 한국교회의 기복신앙을 확산하는 데 일조했음을 언급했는데, 더 큰 맥락에서 한국 사회의 물질을 향한 경쟁주의 역시 한국 전쟁 이후에 비롯되었을 것으로 본다.

(1) 한국 전쟁의 영향

송호근은 한국 전쟁이 한국민들에게 제 조건의 평등이라는 상태를 제공함으로, 사람들이 가시적인 물질성에 집착하고 경쟁할 수밖에 없었을 것이라고 진단한다.

모든 것이 파괴된 상황에서 재산은 신분 탈출의 수단이자 자유를 획득하는 창구가 되었다. 유럽에서는 재산과 자유가 유산 계급인 부르주아 계급에서 현실적으로 결합했지만, 폐허가 된 한국에서는 아무것도 갖지 못한 평범한 사람들에게 추상적으로 결합했다.… 말하자면, 한국 전쟁은 아무것도 없는 상태의 평등 공간을 만들어 낸 것이다.

재산을 향한 무한 질주의 욕구는 이렇게 한국 전쟁이 만들어 낸 제 조건의 평등으로부터 출발한다. 그러나 그것은 타인의 권리를 인정하고 타인의 능력과 노력을 인정하는 자율적 도덕으로 무장한 자유주의, 시장과 재산권을 보장하는 단단한 제도와 행동 양식으로 뒷받침된 자유주의와는 거리가 먼 것이었다. 그 결과는 '교양 없는 중산층'의 탄생이다.[29]

한국 전쟁이 새롭게 재편한 삶의 조건은 재산과 물질이 삶의 유일한 동기 부여와 상징적 지위가 되는 사회였고, 송호근의 표현대로 '교양 없는 중산층'과 더불어 속물적 기복주의가 부상할 수 있는 상황이었다.

그러나 한국 전쟁 직후에 곧바로 기복주의나 물질주의가 형성되기엔 힘들었다. 한국 전쟁을 통해서 기복신앙이 확산될 여건이 조성되었는데, 이승만 정권의 50년대에는 기복신앙이 표현되고 실행될 채널이 협소했다. 이승만은 자신의 정권을 유지하는 데 급급했고 반공, 북진 통일을 정략적으로 제시하였으나, 국가주의적 구상을 가진 인물은 아니었다. 이러한 물질주의적 희구가 날개를 단 것은 박정희

---

[29] 송호근, 『한국의 평등주의, 그 마음의 습관』, 108-109.

정권의 근대화와 경제 성장을 위한 국가적 동원 체제와 맞물리면서라고 볼 수 있다.

한국교회 또한 1950년대는 혼란과 불안 속에서 신종파들이 출현하고 현세적인 위안에 대한 욕구가 높은 탓에 주술적, 신비적 신앙이 널리 퍼졌다고 볼 수 있다.[30] 1960년대에 박정희 정권이 들어서고 근대화와 승공 담론이 등장하고, 한국 기독교가 이에 협조하면서 기복적, 성취적 신앙도 더욱 확산하였다고 보는 것이 올바를 것이다.

(2) 한국인의 구복적 종교성

한국 사회에서 전통적으로 여러 종교가 공존하지만, 종교 간 갈등과 분쟁이 흔하지 않다. 이에 대해서 여러 분석이 있지만, 한국인의 심성적 종교 틀이 현세 구복적이라는 분석이 있다.

"현세 구복적이란 현세만을 유일한 세계로 인정한다는 것과 현세에서 초월이 아닌 세속적 복을 염원한다는 것을 의미한다."[31]

이러한 관념은 현세주의적 사고방식인데, 서구 기독교의 초월적 세계관과는 전혀 다른 양식이다. 초월적 세계관에서도 현세가 중요하긴 하지만 어디까지나 내세를 위한 준비와 투자로서 현세가 의미가 있는 것일 뿐이다. 그러나 현세주의는 지금 살아가는 현재의 삶이 전부라는 것이며, 내세를 위한 절제와 준비를 실질적으로 믿지

---

30 김홍수, 『한국 전쟁과 기복신앙 확산 연구』, 132. 그래서 김홍수는 "1950년대에는 전쟁의 영향이 종교 조직과 의례에 크게 미쳤으나, 1960년대 이후에는 그 영향이 신앙 체계에까지 미치기 시작했다"고 평한다. 의례가 기도와 예배를 드리는 방식이라면, 신앙 체계는 사람들의 생활에서 원동력이 되는 신앙의 동기와 목표라고 할 수 있다.

31 탁석산, 『한국인은 무엇으로 사는가』, 49.

않는 것이다. 이 점에서 탁석산은 한국인의 현세적 종교성이 유대인과 비슷한 양상을 갖는다고 말한다.

> 유대인들은 여호와를 믿으면서도 내세를 인정하지 않는 독특한 믿음 체계를 갖고 있기에 확고한 믿음 속에서 현실 세계 지배를 꿈꾸며, 그들의 눈부신 성공과 생존력은 이런 믿음 체계에 기인한다고 생각한다.[32]

이러한 이유로 미국에서 유대인들과 한국인들의 강인한 생존력이 비슷한 유형으로 취급받는 것일 수 있다. 심지어 한국의 전통 유교 문화에서는 제사를 드리고, 이 제사는 겉보기에는 고인의 혼령이 와서 정성껏 차린 음식을 먹으며 산자들과 교감한다는 것 같지만, 그것은 내세에 대한 믿음이기보다는 현재 살아있는 자들이 고인을 기억하며 예의를 갖춤으로 조상의 좋은 기가 임함을 믿는 것이다.[33]

제사는 자손의 도리와 정성을 통해 복을 받겠다는 것이지, 내세와 혼령의 존재를 믿는 신념이 아니다. 혼령의 존재도 오직 현세의 나에게 유익이나 불행을 준다는 점에서 의미 있다. 한국인의 심성에는 이러한 현세주의적 구복성이 강하기 때문에, 기복신앙이 확산할 수 있는 원천적 마음의 틀이 이미 존재한다고 볼 수 있다.

기복신앙은 특히 기독교(개신교) 쪽에서 더욱 성장할 수 있는 토양을 갖추고 있었다. 1950년대 서북 기독교인들이 반공 이념을 통

---

[32] Ibid., 50.
[33] Ibid., 55.

한 적대적인 전략을 펴왔다면, 산업화 시대에 조용기 등으로 표상되는 승공을 위한 생산적 증오의 전략을 구사하며 그 바톤을 이어받았다.[34] 군사 정권은 반공을 위해 경제적인 부의 성장을 최고의 가치로 두었으나, 천주교는 공산주의에 대한 반대에는 뜻을 같이했으나 경제적 부에 대한 지나친 신념을 경계했기에 박정희 정권을 마냥 지지할 수 없었다.

게다가 4.19 혁명으로 출범한 장면 정권이 독실한 천주교 신자였기에 기독교만큼 지지하기는 쉽지 않았다. 천주교의 교리상 가족계획 사업에도 동의할 수 없었다.[35] 이러한 상황에서 한국교회는 군사 정권이 경제적 성장을 주도하는데 강력한 힘의 원천이 되었으며, 점점 강력한 기복적, 현세적 신앙의 성격을 지니게 된다.

(3) 한국적 기복신앙의 전개

1960년대 이후 한국교회는 현세 위안의 신앙에서 구체적인 문제 해결과 유익을 추구하는 신앙으로 흘러가기 시작한다. 이때 대표적으로 물질적 축복을 강조하는 메시지로 유명한 교회는 조용기 목사의 여의도순복음교회였다. 그는 인터뷰에서 당시의 평범하고 가난한 사람들은 천국이나 지옥에 별 관심이 없었으며, 하루 벌어 하루 먹고사는 삶에 지쳐 있었다고 술회한다. 이는 다른 교회들의 윤리적이거나 신비주의적인 성격과 달리, 조용기가 현실적 삶의 문제를 타개하는 희망의 메시지를 전하는 동기 부여가 됐다.

---

34 김진호 외, 『권력과 교회』, 159.
35 윤정란, 『한국 전쟁과 기독교』, 293.

그래서 그는 "종말론적 신비주의자들처럼 임박한 재림주의 도래와 지상 천국의 메시지를 전하기보다는 하나님의 축복을 설교 속에서 전달하기 시작했다."[36] 삼박자 축복론으로도 유명한 조용기는 미국의 노먼 빈센트 필과 로버트 슐러의 긍정적 사고방식을 빌려서 그의 교인들에게 "잘 살 수 있다"라는 신앙을 전파하고, 하나님은 우리가 복 받고 부자 되기를 원한다는 메시지를 전매특허와 같이 전파했다. 물론 이러한 긍정과 축복의 메시지는 당시 여의도순복음교회에서만 나온 것은 아니고 일반적인 부흥 집회에서의 단골 메시지였다.

당시 교회를 찾는 이들에게 개인이 충실한 기독교인이 되고, 나라가 기독교 국가가 되면 경제, 정치적으로 대한민국은 축복받는 부강한 나라가 될 것이라는 메시지는 부흥 집회에서 가장 자주 유통되는 소리였다.[37] 하지만 이러한 물질적 기복신앙을 확산하는 데서 조용기가 발군의 역량을 발휘하며 선도적이었던 것은 사실이다. 특히, 여의도순복음교회는 물질주의 신앙과 성령 운동이 한데 결합 되어 나타남으로 그 폭발력이 더욱 컸다.

여의도 순복음교회는 성령 운동을 통한 기복신앙의 신학화를 이뤘다는 점에서 단연 돋보였다. 가난과 소외에 대해서 물질적 축복의 약속이라는 희망을 주며, 그 희망에 도달할 수 있는 원기와 치유력을 성령 운동이 제공했다. 김홍수는 이렇게 평가한다.

경제 발전의 혜택이 교회 안으로 급속히 유입되면서 많은 교역자이

---

36 김홍수, 『한국 전쟁과 기복신앙 확산 연구』, 136.
37 Ibid., 137.

부를 하나님의 은총과 축복의 표징으로 설교하기 시작하였지만, 여의도순복음교회만큼 생존 동기를 만족시켜 주는 부와 건강을 신학화하는 데 성공한 교회는 없었다. 일상 생활의 형통과 육신의 건강 같은 현세적 축복을 강조하다 보니까 그것을 가능하게 해주는 힘으로서의 성령이 강조되었다. 오순절 운동에서 강조되는 힘과 능력은 중생한 자의 이차적인 체험을 뜻하는 성령 세례라는 개념과 밀접히 연관되는 것이었으며 결국 이 운동에서는 성령세례에 대한 강조가 두드러지게 나타났다.… 이같은 힘으로서의 성령 강조의 신앙 체계는 예수도 인간의 영혼 뿐만 아니라 생활 환경을 저주에서 축복으로, 인간의 육체를 죽음과 질병에서 생명과 건강으로 바꾸어 놓는 신유의 기적과 돈벌이의 기적을 행하시는 좋으신 예수님이며, 하나님도 영생을 주시는 하나님일 뿐만 아니라 현재의 삶에 복을 주시고 건강을 주시는 좋으신 하나님으로 이해한다.[38]

복 주시는 좋으신 하나님이라는 기복주의와 성령 운동의 결합은 비록 기독교의 온전한 교리 체계에 부응한다고 보기 힘들지만, 60년대와 70년대의 한국 사회에서 기독교가 위기 극복과 성장의 추동력으로 작동하는데 상당한 기여를 한 것으로 봐야 한다. 60년대와 70년대는 국가적으로 근대화와 새마을 운동이 펼쳐지고 있던 시기였으나, 여전히 정치, 경제적 환경은 불안하고 북한의 위협에 대한 공포는 줄어들지 않았다.

이러한 불안과 혼란의 시기에 사람들이 안정성을 희구하며 종교

---
[38] Ibid., 145-146.

에 기대는 것은 당연하다. 이러한 기복신앙 욕구와 안정 희구라는 사람들의 내면적 열망 속에서 한국 기독교는 소위 생활의 시대에 경이로운 성장을 이룬다.

3) 한국 기독교 성장의 양상

한국 기독교의 본격적인 성장은 이 생활의 시대, 전 국가적인 목표와 활력이 가장 넘치던 이 시기에 이루어졌다. 구한말 기독교가 들어오면서 기독교는 우월한 서구 문명의 질서에 편입되는 통로였을 뿐 아니라, 일제 강점기로 인해 억압과 수난에 대한 대안으로 인식될 수 있었다. 해방과 전쟁을 거치면서, 파괴의 잔재 위에서 위로와 재건이 필요할 때 한국 기독교는 미국의 도움을 대변하고 정부의 시책에 적극적으로 부응하는 성장 동력 그 자체였다.

이제 한국 기독교의 성장을 끌어낸 직접적 요인들을 살펴보자.[39]

(1) 부흥 운동과 교회 성장

한국 기독교가 사회 속에서 주류 세력으로 부상하면서 사회적 설득력을 발휘할 수 있는 여건이 조성되었는데, 그렇다고 해서 저절로 교회가 성장하기를 기대할 수는 없었다. 기독교계에서는 이 시기에 대대적인 민족 복음화 운동을 벌인다. 이 운동은 "3천만을 그리스도에게로"라는 이름으로 모든 교파와 교단이 동참하는 전도 운동으로

---

[39] 현대 한국교회 성장의 원인에 대해서는 한국기독교역사연구소 저자들이 집필한 『한국교회사 III』, 128 이하의 내용을 정리한다.

발전한다. 각 교단에서는 1970년대부터 한국교회 100주년을 앞두고 경쟁적으로 교세 확장 운동을 펼쳤다. 대한예수교장로회합동 측의 '1만 교회 운동,' 통합 측의 '연 300교회 개척 운동,' 감리교의 '5000 교회 100만 신도 운동' 등이 대대적으로 시행된다.

이 시기에 한국교회가 지닌 가장 큰 관심은 양적인 성장이었다. 교회 건물의 크기, 헌금 액수, 예산 규모 등의 가시적 수치가 중요시되었다. 이와 같은 수량적 기준을 기초로 해서 각 교단과 교회들은 구체적인 목표와 전략을 세워 놓고 교세 확장에 힘썼으며, 이러한 시도는 군 장병들을 대상으로 적극적으로 이루어졌다.

앞서 말한 것처럼, 군대 내의 친 기독교적 분위기가 강했고 이에 기초해서 한경직 등을 중심으로 군복음화 운동이 활발히 전개되면서, 기독교인 지휘관이 소속된 예하 부대의 전 장병에게 세례를 거행하는 이른바 진중 세례가 심심치 않게 일어났다.

이는 종교의 자유를 보장하는 사회에서는 일어나기 힘든 상황이었음에도, 남북 분단과 병역 의무라는 특수한 상황에 놓인 청년들을 대상으로 종교를 통한 정신 세계의 관리와 통제라는 측면에서 허용되었다고 볼 수 있다.[40]

1960년대부터 시작한 기독교의 전도 운동은 1970년대에 들어서면서, 연속적인 집회들로 활성화되고 많은 인파를 끌어모았다. 한국교회는 1973년 '빌리그레이엄전도집회,' 1974년 '엑스플로(CCC), 77년의 '민족복음화성회,' 80년의 '세계복음화대회'를 성공적으로 치르면

---
[40] Ibid., 128.

서 그 왕성한 교세를 과시하며 한국 사회에서 가장 급속도로 성장하는 종교로 확실하게 자리매김하며 강력한 영향력을 미치기 시작했다.

한국교회의 점증하는 역량은 캠퍼스와 대학생들에게도 확대된다. 1970년대에 한국대학생선교회(CCC), 한국기독학생회(IVF), 학생신앙운동(SFC)과 같은 복음주의 대학생 선교 단체들이 활성화된다. CCC의 74년 '엑스플로집회'는 전 세계에 불어 닥친 예수혁명(Jesus Revolution)의 맥락에서 열린 집회였다. 예수혁명은 마오쩌둥이나 체 게바라와 같은 혁명의 영웅들에게 매력을 느끼던 1960년대의 미국 대학생들에게 예수를 가장 위대한 혁명가로 소개하며 그를 따르도록 권유하는 전도 운동이었다.[41]

이러한 보수주의 계열의 대학생 선교 단체 운동은 학업을 위해서 도시로 모여든 학생들, 새로운 미래 지식인 계층으로 준비하고 있는 청년들의 감성과 열정에 기독교적 공동체가 부응한 측면이 있지만, 다른 한편으로 유신 때의 인권 탄압과 학생 운동 통제라는 정부의 의도와 맞물렸을 가능성도 배제할 수 있다. CCC의 훈련원 장소 인허가에 대한 박정희 정권의 특혜 의혹은 그러한 의심을 더욱 증폭시킨다.

이 시기의 학생 신앙 운동은 열정과 고조된 감성의 헌신이 주된 특징이었으며, 동시에 당시 압제의 시기로부터 초연해질 수 있는 도구이기도 했다. 초월적 세계로부터 위안을 받는 부흥 운동은 과도기적 사회 불안과 암울한 상황을 극복하는데 종종 쓰이는 종교적 양식이라 할 수 있다. 또한, 이 시기는 반공에서 승공으로 국가적 과제가

---

[41] Ibid., 129-130.

이동하면서, 근대화와 경제 성장이 중요한 과제였다. 부흥 운동은 "신도들의 초월적 욕구를 충족시켜 주면서도 물질적, 육체적 축복을 신앙과 연계시키는 통로"[42]로서 도시화와 근대화에 따른 한국인들의 정신적 공백을 채워주는 데 유용했다.

이러한 분위기와 욕구는 당시부터 거의 다수의 한국 기독교인들이 정례적으로 방문하는 기도원 운동과 교회마다 경쟁적으로 열리던 부흥 집회의 형태로 가속화되었다.[43] 1970년대와 80년대는 가히 한국 기독교인들의 열정적이며 희망찬 영적 갈망과 삶의 변화에 대한 희구가 폭발적으로 분출하는 시기였으며, 이는 근대화 성장으로 향하고자 하는 한국 사회의 주요한 동력이자 동반자였다.

(2) 교회 성장학의 도입

감성적인 부흥 운동뿐 아니라, 교회를 성장시키기 위한 체계적이고 방법론적인 모델로서 교회 성장론이 도입되기도 한다. 교회 성장론은 미국 풀러신학교 선교대학원을 설립한 도날드 맥가브란(Donald McGavran)이 창안한 이론으로서 선교지에서의 유형을 객관적으로 관찰하고 거기서 상황에 따른 교회 개척과 포교의 원리들을 추출하여 이를 다시 북미 지역의 교회들에게서 적용시키고 변화를 모색함으로 교계에 큰 반향을 일으킨 방법론이다.

이는 사회과학과 행동과학을 접목시킨 것으로서, 로버트 슐러

---

[42] Ibid., 130.
[43] 김진호 외, 『권력과 교회』, 177. 김진호는 산 기도원 운동이 1990년대 대형교회와 문화 사역이 부상하면서 와해되기 시작한 것으로 본다.

(Robert Schuller)의 긍정적 사고 이론과 더불어 당시 교세 확장에 열을 올리는 많은 한국교회에게 이론적이며 경험적인 성장 모멘텀이 되었다고 볼 수 있다.[44]

흥미로운 점은 교회 성장학자들이 성장하는 교회의 사례와 유형을 분석할 때 사실은 그 당시 경이로운 성장을 보인 한국의 교회들을 적극적으로 소개하고 인용하는 것이다. 예를 들어, 맥가브란의 후계자로 교회 성장학을 더욱 실용적으로 발전시킨 피터 와그너(Peer Wagner)세계에서 제일 큰 교회인 여의도순복음교회, 세계에서 제일 큰 장로교회인 영락교회, 세계에서 제일 큰 감리교회인 광림교회 등을 열거하며 교회 성장의 원리들을 미국으로 '역수입' 한다.[45]

여의도순복음교회의 경우 성령 운동과 점조직과 같은 효율적 구역 사역을, 광림교회의 경우 목회자의 카리스마적 리더십을, 영락교회의 경우 성경 중심의 설교와 성화의 삶을 거론하면서 한국교회들의 성장 비결에 관심을 둔다.

이는 두 가지 측면에서 의미를 평가해볼 수 있다.

첫째, 한국교회의 성장이 당시 비서구권에서는 특유하고 경이로웠다는 것이다. 이는 20세기 세계 기독교의 흐름에서 매우 주목할 만한 사건이었다.

---

44 Ibid., 131. 이 책의 저자들이 교회 성장학을 교회의 상황에서 현실적이고 효과적인 성장을 위한 방법론으로 진단한 것은 맞지만, 교회 성장학의 바탕을 이루는 신학적 토대와 인류학적, 혹은 선교학적 통찰을 간과하고 교회 성장학이 현장에서의 기법으로 쓰인 것에만 초점을 맞추고 비판하는 것은 균형 잡힌 관점이라고 보긴 힘들다.

45 Peter Wagner, *Leading Your Church Into Growth* (Grand Rapids: Baker Books, 1984), 제3장을 보라.

둘째, 평가해야 할 측면은 교회 성장학자들의 유연한 문화 이해이다.

오랫동안 인도에서 선교사로 활동했던 맥가브란은 서구인들의 문화와 의식 속에 갇혀 있던 교회의 모델과 사역 활동에 대한 고착적 관념을 극복할 수 있었다. 그리고 서구 기독교의 틀이 아닌 각 종족의 문화에서 상황화되어 성장하는 교회를 발견하고 이를 원리화시킨 것이 바로 교회 성장학이었다. 그런 의미에서 교회 성장학자들은 선교적, 인류학적 감수성을 가고 서구교회 일변도의 관점을 벗어나서 비서구권 교회들에도 시야를 넓히고 그들과 교류했던 서구에서 일어난 비서구적 신학운동이기도 했다.

그러한 면에서 교회 성장학은 실제로 사람들이 '인종적, 언어적, 계층 등의 문화적 경계를 넘지 않고 기독교인이 될 수 있는'[46] 실제적이고 검증된 방법들과 교회의 형태를 제안했으며, 이는 북미의 문화 속에서도 적실한 프로그램과 사역들(교회 건물의 가시성이나 주차 시설, 아이들을 위한 교육 프로그램, 생활의 이슈를 다루는 설교 등)로 구체화된다.

하지만 교회 성장학이 교회에서 평신도 교육과 은사 개발, 효과적인 성경 공부 등의 프로그램을 증진시킨 기여는 있으나, 지나치게 양적 성장을 위한 상업적 기법과 물량주의, 외형주의 성공을 이상화시키고, 기독교의 근본인 십자가의 정신을 망각한 점은 두고두고 비판의 소재가 된다.[47] 적극적 사고방식의 도입이 한국의 경제 성장기

---

46 Donald McGavran, *Understanding Church Growth* (Grand Rapids: Eerdmans, 1990), 163.
47 『한국교회사 III』, 133-134. 그러나 최소한 교회 성장학의 창시자인 맥가브란은 이러한 비판에 동의하지 않을 것이다. 왜냐하면 그는 자신의 교회 성장학을 전개하면서, 60-70년대의 행동과학 방법론이 주도하는 교회 성장학을 극복하려고, 신학적 제자도의 문제를 진지하게 다루어왔기 때문이다. 이에 대해서는 *Understanding Church Growth*, 제1장을 참조하라.

와 동반하면서 오늘날 교회들의 물질주의와 기복주의가 더욱 확대되고 공고해지고, 교회의 대형화와 기업화를 정당화시켰다는 엄중한 비판을 피할 수 없을 것이다.

(3) 민주화 운동과 민중신학

생활의 시대는 활력이 필요하기도 하고 넘쳐나기도 했지만, 기독교인들의 그러한 에너지가 물량적 교회 성장과 기복신앙으로만 이동하지는 않았다. 진보적 기독교인들과 목회자들은 한국 사회의 민주주의와 인권이 심각한 위협을 받고, 사회적 약자들이 양산되는 현실에 분노와 우려를 표하며 직접 행동으로 나서기 시작했다. 한때 반공과 근대화에 적극적이었던 NCCK와 같은 단체들도 장기화되는 박정희 유신 정권에 비판적으로 돌아섰으며, 그 이후에 이어지는 신군부 정권에 대한 투쟁에 참여했다.

1980년대에는 진보 기독교에서 민주화 운동에 행동으로의 참여함뿐 아니라, 사회적 불의와 억압의 상황에서 한국적 신학을 모색하는 이른바 '민중신학' 운동도 일어난다. 민중신학은 당시 불기 시작한 다수 세계의 자국 신학화 운동과 특히 남미의 해방 신학에 자극받은 민중신학은 성서에 대한 민중적 해석과 한국의 민중사관을 접목해 기독교의 사회 참여와 한국적 신학에 대한 고민의 깊이를 심화시켰다. 민중신학은 신학계에서 큰 쟁점이 되었고 보수 신학자들은 정통 신학의 교리에 비추어서 민중신학의 과도한 상황적 해석과 정통 신학의 방법론으로부터의 이탈을 비판하고 우려했다.

그러나 군사 정권 시절의 계급 차별과 억압에 대한 저항과 불만이 워낙 강했던 시기이기에, 보수 교회의 많은 젊은이는 민중 지향적 관점에 심정적 동조를 하였고 복음주의 기독교와 사회 책임 의식을 접목하도록 자극하는 외적 기제가 되었다고 볼 수 있다. 이는 1980년대 중반부터 일기 시작한 전도와 사회적 책임을 균형 있게 추구하려는 복음주의자들의 자생적 움직임을 일으키게 된다.

(4) 문화 해방구로서의 교회

이 시기에 비로소 젊은이들의 문화적 욕구가 올라오기 시작했지만, 사회에서 그 욕구를 배출하고 해소할 곳은 부족했다. 그러한 상황에서 교회는 비교적 안전하게 문화적, 인간적 소통 창구가 되었다. 건축학자 유현준은 1970-80년대 교회 부흥에는 철저하게 남녀 공간이 분리되던 시절에 교회가 유일한 해방구였기 때문이라고 본다.

교회에서는 자매님, 형제님 호칭을 하면서 자연스럽게 이성 간의 소통이 가능했으며 심지어 수련회는 청소년들이 부모를 떠나 남녀가 함께 지낼 수 있는 공식적인 기회를 제공해 주었다. 당시는 기타치고 놀면 '날라리' 취급을 받던 시절이었다. 그런데 교회에 선 찬양이라는 이름으로 장려되었다.

기타를 맨 찬양대 오빠는 동네 짝퉁 록스타였다. 당시 교회는 가장 진보적인 공간이었다. 반면 절은 멀리 산에 있어 가기도 어렵고, 이성 교제를 꿈꿀 장소는 더더욱 아니었다. 젊은 세대가 종교를 찾는다면 절보다는 교회가 훨씬 더 매력적인 공간이었다. 이런

건축적 배경 속에서 종교의 세대 교체는 자연스럽게 이루어졌다.[48]

이 외에도, 교회는 문학의 밤과 같이 청소년들이 스스로 자신들의 미숙한 재능이라도 연출하고 표현할 수 있는 공간이었다. 교회의 성가대 활동은 아마도 거의 유일하게 누구나 음악 훈련을 받고 합창에 참여할 기회였을 것이다. 21세기 현재 한국교회는 문화적으로 가장 보수적인 공간으로 전락하였지만, 이 당시의 교회는 분명히 문화적 중심이자 문화 인력의 양성소와 같은 역할도 담당하며 충분한 문화적 흡인력을 지닌 것으로 평가될 수 있다.

3. 평가

생활의 시대는 한국 기독교 성장의 전성기였다고 할 수 있다. 생존의 문제를 해결하면서 여가를 누릴 수 있는 생활을 갈망하게 되었다. 생존에 여가를 더하면 생활이 된다. 이제 한국 사회는 산업화, 도시화의 풍토에서 열심히 노력하여 자립적인 삶 이상을 영위할 수 있고, 사회적인 역할에도 관심을 끌게 되었다.

사실 이 시기는 국가적으로 근대화의 활력을 창출하고 경제성장을 위해서 국민 계몽과 동원이 상시화되었으나, 동시에 인권 탄압과 독재 정권, 빈부 격차라는 거대한 모순들도 통제할 수 없는 수준이

---

48 유현준, 『어디서 살 것인가』(서울: 을유문화사, 2018), 199-200.

되었다. 70년대의 유신 정권과 80년대의 신군부 정권을 거치면서 각성한 시민들의 힘이 결집하기 시작되며 합리적이고 공정한 사회 질서에 대한 강한 욕구가 이곳저곳에서 분출되었다.

특히, 1980년대 중반 이후 거리로 쏟아져 나온 시민들의 자발적 민주화 운동은 결국 1987년에 국민이 자기 손으로 직접 대통령을 뽑는 직선제 개헌을 다시 성취하고, 1992년에 김영삼 문민정부가 세워지면서 군인들 주도의 정권이 일단 막을 내린다. 이 과정에서 한국의 캠퍼스와 지식인들 사이에서는 한국 사회 구성체와 역사를 다각적으로 분석하는 열풍이 일어났다. 한국 사회와 역사에 대해서 특정 이데올로기에 좌우되지 않는 과학적인 이해의 열풍도 일어났다.

이러한 사회 속에서 한국 기독교는 양수겸장으로 한국 사회 내에서 타당성 구조의 지경을 더욱 넓혀 간다. 한국 기독교는 근대 한국 국가와 마찬가지로 반공주의와 친미주의의 자장 안에서 권위주의적이면서 폐쇄성과 배타성을 띠면서 박정희 정권의 동반자로서 국가를 대신하여 사람들을 돌보는 장소가 되었다.[49]

한국 기독교는 근대화의 가치를 성장과 번영의 논리로 해석하고 충실히 보여주는 곳이었다. 이 시기에 기독교는 사람들에게 단순히 생존 너머를 제시하는 피안의 복음이 아닌 삶의 동기와 발전을 자극하는 희망의 복음을 제시했다. 각종 부흥 집회와 번영신학의 발흥은 이러한 집단적이며 상향적인 에너지의 분출과 상응하였다고 볼 수

---

49 김덕영, 『환원근대』(서울: 길, 2014), 195. 이 책에서 김덕영은 박정희 정권의 근대화가 사회의 모든 가치를 경제적, 물질적 가치로 환원시키는 특성을 지녔으며, 여기에 한국교회가 가장 협력적인 환원근대의 전도사였다고 지적한다.

있기 때문이다.

　이러한 민주화 시대의 욕구에 부응하는 한국 기독교의 문화적 가치는 계몽적 복음으로 표현되었다고 볼 수 있다. 보수-복음주의 기독교가 기복신앙, 부흥 집회, 교회 성장론 등으로 양적인 팽창을 지속해 나간 것은 사실이지만, 진보 기독교가 보여 준 인권과 민주화 운동, 민중신학을 통한 약자와의 연대는 후일에 개혁적이며 젊은 복음주의자들에게서도 자기 성찰과 사회적 책임 의식을 일깨우는 역할을 한다.

　1980년대 중반 이후 젊은 복음주의자들 사이에서 불기 시작한 기독교 지성 운동과 세계관 운동, 그리고 기독교 윤리실천 운동은 보수 기독교가 사회 문제와 공적 영역에 더 이상 주변인으로 머무를 수 없다는 인식을 심어주었다. 일선 교회들에서도 부흥 집회를 넘어서서 깊은 수준의 성경 공부와 성경을 자세하게 풀어 주는 강해 설교 붐이 불기 시작한다. 양적으로 팽창한 한국 기독교의 역량은 여전히 주류교회들은 영적이며 피안적이고 기복적인 신앙생활 양식의 테두리 안에 머물렀지만, 진보 기독교 인사들뿐 아니라 개혁적 복음주의 기독교인들도 양산하는 결과를 낳았다고 볼 수 있다.

　이러한 복음주의자들의 개혁적 의식과 고민은 1990년대에 가서 한국 사회에서 기독교의 역할과 위상이 상당함을 보여주지만, 동시에 물량화, 세속화되어가는 한국교회에 대한 질타와 비판의 수위도 점점 더 높아져 간다.

제7장

행복의 시대와 기독교의 성장

　이제 한국 사회는 산업화와 민주화, 그리고 대통령 직선제를 거쳐 문민정부 시대에 이른다. 대통령 아니라 지방자치단체장도 국민이 직접 자기 손으로 뽑는 시대가 되면서 사람들은 자신의 의견과 느낌을 더욱 자유롭게 표출할 수 있게 되었다. 박정희 정권의 근대화 시대나 전두환 정권의 3저 시대 호황보다 경제 성장은 더디었고, 사람들의 다양한 의견이 표출되면서 갈등도 불거졌지만, 사회는 큰 요동 없이 절차적 민주화와 개혁을 이루어 나간다.
　70년대에 중공업 육성과 수출주도 정책으로 경제 규모가 커지면서 부의 유통이 일어나고 사람들이 사적 재산을 축적하게 되었고, 자신의 사적 재산을 지키기 위한 정치적 권리 투쟁이 80년대를 장식했다면, 90년대에는 어느 정도 확보된 절차적 민주주의의 권리를 기반으로 집단이 아닌 개인의 행복권이라는 가치에 본격적으로 접근하기 시작한다.

1990년대 초반은 전 세계적으로 냉전 체제가 붕괴하고, 동구권 사회주의가 해체되는 미증유의 역사적 격변이 일어났다. 이에 따라서 한국 사회도 그전부터 존재해 오던 이념 논쟁이 힘을 잃고 구체적인 생활과 개인의 행복에 관심을 두고 있었다.

이 시기는 1988년 서울올림픽과 1993년 김영삼 정부의 세계화를 통해서 한국 문화에 형성된 개인의 가치와 문화적 욕구를 반영한 행복의 시대라고 할 수 있다. 대략 이 시기는 2002년 노무현의 대통령 당선 시점까지에 이른다고 볼 수 있다. 혹은 2002년 월드컵 때부터 우리는 새로운 가치의 충격을 받았다고도 봐도 무리가 아니다.

1. 한국인, 행복을 찾다!

이 시대의 첫 번째 특징은 서울올림픽 이후에 불어난 부가 도시 사회에 새로운 문화 시설로 건설되는 모습이었다. 많은 문화 센터가 생겨나고 구민 회관이 들어서고 종래의 다방 풍을 벗어나 산뜻하게 단장된 커피숍들이 젊은이들의 약속 장소가 되었고 프렌차이즈 레스토랑들도 우후죽순 들어섰다. 고급 제품을 주로 판매하는 백화점은 전에는 소수의 가진 자들이 애용하는 것으로 인식되었으나,

이제는 백화점과 문화 센터가 생기고 각종 행사가 열리면서 도시인의 보편적인 휴식, 쇼핑 공간이 되었다. 각 지역에는 관료적인 공무 시설이 아닌 구민 회관이 들어서면서 각종 강좌가 열려 사람들의 높아진 문화 욕구에 부응하고자 했다. 탁석산은 이 시기에 일어난

정신적 변화를 이렇게 평한다.

> 부모들은 자식들에게 행복하게 살라는 충고를 하고, 자식들은 이미 자신의 행복을 우선시하는 삶을 살고 있다. 행복의 기준이 사람마다 다르긴 하지만 행복하지 못한 사람은 자신을 패배자로 느끼기 시작했다. 행복이 화두가 되면서 비로소 정신적인 면이 해방 후 처음으로 전면에 등장하게 되었다. 행복이란 단순히 외적 조건의 문제가 아니라 내면의 정신적 문제임을 실감하게 된 것이다. 전에는 돈만 있으면, 집만 있으면, 출세만 하면 행복할 것이라고 여겼지만, 그것으로 충분하지 않음이 증명되었기 때문이다.[1]

1) 문화의 시대

돈과 집, 그 이상의 만족을 찾으려는 갈망이 늘어나면서 이 시기에는 문화에 대한 관심과 투자도 높아졌다. 문화가 중요하다는 이야기들이 많이 퍼지고, 문화를 통한 경제적 가치의 '깨달음'도 번져 갔다. 문화적 각성이라는 관점에서 볼 때, 지금은 당연한 것들(대중문화)의 시작 지점에 바로 1990년대가 자리 잡고 있다 해도 과언이 아니다.[2] 1993년 스티븐 스필버그 감독의 영화 "쥐라기 공원"이 개봉

---

[1] 탁석산, 『한국인은 무엇으로 사는가』, 41-42.
[2] 최샛별, 『한국의 세대 연대기』(서울: 이화여자대학교출판문화원, 2018), 135. 최샛별은 그 근거로 현재도 10대의 우상이라 할 수 있는 아이돌 대중문화를 주도하는 핵심세력이 1990년대에 청소년기와 청년기를 보낸 현재의 40대임을 주목한다(156). 그래서 이 시기에 청춘을 보낸 X세대가 우리 사회의 리더십을 차지하게 되면, 젊은 세대와의 소통이 더욱 원활해질 것으로 전망한다(163).

되어 전 세계에서 히트하자, 영화 1편의 흥행 수입이 자동차 1백 50만 대를 수출하는 것과 맞먹는다는 말이 회자가 되었다.

1990년대는 영화뿐 아니라, TV, 가요, CF 등 대중문화의 모든 영역에서 새롭고 다양한 작품들이 쏟아져 나왔다. 서태지와 아이들이 등장하여 음악의 장르를 혁신시켰고, 그 뒤로 음악의 폭이 훨씬 넓어졌다. 서태지와 아이들을 기점으로써 젊은이들은 사회 비판, 세상 비판을 평이하게 노래했다. 대중가요에서 사회 의식적 메시지를 담아낸 것이다.[3] 이 당시 방송계와 영화계에 새롭게 진출해서 영화배우, 방송인, 연기자 등의 인생을 시작한 이들은 그 이후로 지금까지도 활발하게 활동을 하고 영향을 미칠 정도로 1990년대는 대중문화의 이정표가 되는 시기였다. 장석주는 소설가 공지영의 작품들이 이처럼 급속한 시대적 전환의 후유증을 드러낸다고 평가한다.[4]

당시의 베스트셀러 저서인 유홍준의 『나의 문화유산답사기』는 한국인들에게 문화, 그것도 한국적 문화에 대한 심미안과 감수성을 열어주는 데 큰 역할을 하게 된다. 이 당시의 상황은 문화를 새로운 정치, 경제 권력의 실체에 대한 대안으로 인식하는 경향이 있었다. 신자유주의의 유입으로 인해서 자본주의의 심화가 진행되는 시기였기에, 자본과 권력이 결합하는 위험한 현상에 대해서 더 이상 현장 투쟁과 규탄으로만 대응할 것이 아니라 삶의 영역에서 문화 영역에서 노동, 권력, 국가, 계급, 변혁 등과 같은 개념들을 다루려는 진보적

---

3   강 헌, 『강 헌의 한국대중문화사 2』, 619.
4   장석주, 『나는 문학이다』, 928-929.

문화 이론과 활동이 요청되었다.[5]

문화에 대한 관심은 포스트모더니즘 사조의 유입과도 연관이 깊다. 거대 담론과 정형화된 지식을 추구하던 모더니즘이 서구사회에서는 이미 쇠퇴하였는데, 한국에서도 민주화의 도입과 공산주의 동구권의 붕괴가 시대를 인식하는 새로운 틀을 요구하게 되었고 이에 포스트모더니즘이 자연스럽게 소개되었다.

그러나 포스트모더니즘에 대한 지식인들의 높은 관심과 해석에도 불구하고, 한국 사회를 포스트모더니즘으로 규정지을 수 있는가에 대한 의문과 희의도 많이 제기되었다. 근대 계몽주의는 서구 지성사에서 중요한 비중을 차지하는 사건이자 사조였으나, 한국의 역사에서는 그와 같이 이성적이고 합리적인 사회 구축이 이루어진 적이 있었느냐 하는 것이다.

포스트모더니즘에 대한 논의가 활발하게 이루어지는 그 시점에 여전히 당시 여당에 의해 불합리하고 부당한 노동법과 안기부법이 날치기 통과되는 일이 벌어진 것을 보면, 한국 사회는 모더니즘의 기본 요건조차 충족시키지 못하고 있다는 것이 서구 사회가 오랜 세월을 거쳐 사회 구성체와 합의에 대한 실험을 해 왔지만, 한국 사회는 이제 지식인들의 담론만 일어났을 뿐 사회는 여전히 초보적인 모더니즘에 머물고 있었다.[6] 포스트모더니즘으로 이동하기 전 모더니

---

5 김민웅, "자본주의의 한계, 문화가 메워야 한다,"「시사저널」(1997. 2.13/20), 112. 김민웅은 이 에세이에서 문화가 사람들의 치열한 생존 조건과 인문학적 성찰을 무시하고 대중의 표피적 감각에만 부응한다면 이는 현실을 도피하는 결과를 낳을 것이라고 우려하며, 문화를 통해서 자본주의의 폐해를 극복하는 새로운 공동체 구상을 제안한다.

6 조형준, "우리가 언제 근대를 살았던가?"「세계의 문학」83 (1997년 봄호), 407f.

즘의 가치인 이성, 합리성, 역사의 진보 등이 정착되기도 전에 포스트모더니즘이라는 담론을 빌려오는 것은 관념 자체를 수입하는 우리에게 어울리지 않는 태도라는 것이다.

한국 사회와 포스트모더니즘에 대한 또 다른 논의에서 '포스트모던'이라는 문화 코드, 즉 감성과 이미지, 권위와 형식보다는 개인과 자유로움 등이 패션과 삶의 양식으로 나타나고 있으나 이는 매우 가벼운 징후들이고 이와 같은 외적인 표현을 일으킨 사유에 대한 성찰이 없다는 포스트모더니즘이 부정적으로 수용되는 것이라고 진단했다.[7]

지식인들의 이와 같은 인식은 포스트모더니즘이 표면에 드러난 신자유주의 이데올로기 아래서의 감성주의와 소비주의 등으로만 사용되는 현실을 지적한 것인데, 한국 사회가 모더니즘과 포스트모더니즘의 치열한 추상적 논의 과정은 빈약했으나 이미 전 세계적 차원에서 벌어지는 문화적 포스트모더니티(postmodernity)는 경험하는 중이었음을 유의해야 한다. 즉, 철학 사조로서의 포스트모더니즘에 앞서 문화적 현상으로서의 포스트모더니티를 통해 새로운 정신적 가치가 부상하였다.[8] 해체주의, 상대주의, 다원주의를 특징으로 하는 포스트모더니즘이 우리의 사유에 깊이 논의되지는 못했으나, 감성, 비정형성, 이미지, 개별성 등의 포스트모더니티 문화가 먼저 삶의 영역에 들어선 것이다.

---

[7] 장석주·김정란·남진우·오형엽, "다시 '현대성'이 문제다," 「현대시」 8권 (1997년 3월), 18ff.

[8] 포스트모더니즘과 포스트모더니티의 구분에 대해서는 James K. Smith, *Who's Afraid of Postmodernism* (Grand Rapids: Baker, 2006), 21을 참조하라.

2) 개인의 발견

이 시대는 다른 한편으로 개인의 시대라 할 수 있다. 1991년 구소련의 붕괴로 말미암아 냉전 체제가 와해되면서, 이 당시 젊은이들에게는 해결해야 할 공통의 과제나 공동의 목표가 부재하게 되었다. 따라서 그 빈자리에는 개인의 자유와 권리라는 욕구가 입성하게 된다.[9] 사람들은 자신을 위한 행복을 추구하기 시작한다. 그리고 그 행복의 경험 주체는 개인으로서의 나다. 집단을 위해서 개인의 취향을 버리고 의무를 다하는 것이 권장할만한 덕목으로 제시되는 일이 줄어든다.

사람들은 나와 너라는 개인과 개인의 관계를 발견하기 시작했다. 이 시기에 나오는 가요들의 특징은 가사에서 잘 나타나던 '우리'라는 단어가 '너' 혹은 '나'와 같은 단어로 대체되는 것이다. 예를 들어, 1983년에 송창식이 직접 작사, 작곡하고 발표한 '우리는~'과 같은 노래는 세상사에 대한 감정을 표현한다.

이 노래는 만들어질 당시에 발생한 KAL 747 여객기 피격 사건과 아웅산 묘역 폭탄 테러로 슬픔에 잠긴 국민을 위로하는 곡으로 사랑받았다. 이 노래의 가사는 '우리'라는 정서를 깊이 담고 함께 슬픔의 세월을 견뎌 나간다는 내용을 표현한다.

그런데 1995년에 발표된 김건모의 노래 '잘못된 만남'과 같은 노래는 286만 장이 팔린 한국 기네스북에 최다 판매 앨범에 수록되었

9　최샛별, 137.

는데, 연인과 친구 사이의 삼각 관계를 그리고 있는 이 노래는 연속해서 '나' 그리고 분리된 '너,' '내 친구'라는 가사로 관계를 묘사하고 있는 것이 흥미롭다. 이후의 노래들 역시 우리보다는 나, 너(심지어 너의 경상도 방언인 '니')가 주된 표현의 언어로 자리 잡는다.

이와 같은 개인의 발견은 당시에 인기를 끌던 대중 문학에서도 드러난다. 공전의 베스트셀러 소설이었던 이은성의 『소설 동의보감』은 반상의 차별이 뚜렷하고 뚫을 수 없는 공고한 벽과 같은 조선 시대에 자신의 신분적 한계를 극복하고 명의가 되는 길로 치열하게 들어서는 허준이라는 한 인간에 대한 묘사였다. 나중에 TV 드라마로도 제작되어 엄청난 인기를 끈 이 소설의 성공 비결은 당시 역사 속 인물 허준에 대한 관심이라기보다는 1990년대의 개인에 대한 발견, 그리고 개인적 야망 추구라는 당대의 시대 정신과 잘 맞아 떨어졌기 때문으로 볼 수 있다.

하지만 세계화 시대 개인의 발견과 개성 추구는 문화적으로 활용 및 소비되고 있었으나, 정작 현실 속의 개인들은 혼란을 겪고 있었다. 문학작품 곳곳에서 개인들은 이념이 몰락한 뒤 개인의 정신세계가 공허해지며 부유하는 존재로 묘사되곤 했다. 박일문의 『살아남은 자의 슬픔』은 순수하게 이념과 공익을 추구하던 개인 정신의 죽음을 우울하고도 완곡하게 그리고 있으며, 양귀자의 『천년의 사랑』은 시간을 뛰어넘는 사랑의 이야기라는 다소 신비적이고 몽환적인 양식을 통해 한국인의 자아 형성에 수정을 가하고 있다.

1980년대의 문학들이 지극히 굴절된 현실 속에서 치열하게 살아가는 인간들의 삶을 그렸다면, 양귀자의 소설은 환타지 장르를 빌려 우리의 자아와 공동체가 무엇인지를 더 큰 세계의 맥락에서 탐색하고 있다. 이는 인간과 인간만이 아니라, 우주와 인간 사이에 묶계된 인연과 약속에도 관심을 둔다.[10]

1990년대는 자기에 대한 정체성을 찾는 시기였고, 현실의 한계에 갇힌 이념이나 집단을 넘어서는 독자적 정체성을, 그것도 시공간에서 더욱 큰 맥락에서 모색하는 시기였다. 그래서 이 시기에는 공주병, 왕자병, 왕비병과 같은 나르시시즘적 용어들이 TV에도 자주 등장하고 사람들 사이에서도 희화화되어 쓰이기 시작하는데, 이는 자아를 집단 안에서의 지위와 역할로 보지 않고, 독자적 존재로 보려는 몸부림이었다. 또한, 전생 신드롬과 최면에 관한 관심이 불었고, 한국의 전통문화에 대한 관심(유홍준의 『나의 문화유산 답사기』에서 나타나듯)이 더욱 높아졌다.[11]

이때의 한국인들은 비민주적이고 불의한 지배 체제와의 투쟁적 혹은 순응적 관계에서 자아를 보는 것이 아니라, 자신을 찾을 수 있는 더 큰 이야기와 공동체를 모색하고 있던 것이다. 물론, 이 시기에는 코스모폴리타니즘(cosmopolitanism: 세계주의)과 같은 경계 없는 타자와의 관계에 대한 전향적 관심은 약했고, 세계화 시대에서 개인과 집단의 관계를 재정립하려는 시기라 볼 수 있다. 특히, 열린 우리로서 민족 공동체의 의미가 무엇이냐 하는 것이었다.[12]

민족과 우주에 대한 재성찰은 섭리와 운명에 관찬 고찰이기도 하

---

10 최정운, 591.
11 Ibid., 615.
12 Ibid., 618.

며, 이는 개인을 무엇인가에 귀속시키려는 열망이 담긴 것은 아니었을까?

3) 공동체에 대한 향수

개인의 자아실현이라는 가치가 더욱 중요하게 주목받으면서, 세계화와 도시화도 급속히 진행되고 있었다. 그러는 가운데 개인은 기존 공동체로부터의 느슨함과 새로운 공동체로의 편입 사이에서 고민할 수밖에 없었다. 공지영의 『고등어』와 같은 소설은 바로 이러한 복잡한 개인과 집단의 관계, 거기로부터 도출되는 인간적 삶의 가치에 대한 질문과 모색이 잘 드러난다.

군사 독재 정권과 싸움에서 민주주의를 쟁취한 이들이 그때의 투쟁에서 경험한 준 절대 공동체에 대한 자부심 어린 회상과 그리움, 그리고 신뢰감이 이 소설에 배어 있다. 이것은 1980년대에 청소년기와 청년기를 지내온 이들의 특별하고 소중한 기억이기도 하다. 그래서 이들 중 많은 이들이 민주화 운동 이후에 지역 공동체 운동과 문화 운동으로 흘러 들어가기도 했다. 『고등어』의 한 대목은 다음과 같다.

> 자기만 위해서 살지 않을 수도 있는 거구나. 이토록 이타적인 공동체를 이룰 수도 있는 거구나. 사람으로 태어난 것이란 게 참 대단한 거구나 하는 생각. 그것도 참 비과학적인 거지만…, 난 그런 생각에 감동하였던 것 같아.[13]

---

13 공지영, 『고등어』 124. 최정운, 629에서 재인용.

비록 이 유사 절대 공동체가 희미해지고, 그때의 치기 어린 관계에 대한 도전들이 빛을 발하긴 했으나 여전히 80년대의 투쟁을 기억에 담은 세대는 시간이 흐르면서 그와 같은 공동체에 대한 소중한 기억을 간직하고 있었다.

2013년부터 케이블 TV에서 드라마로 제작된 "응답하라 0000" 시리즈는 사실상 바로 이 시기에 청춘을 보낸 이들의 이야기를 다루고 있다. 특히, "응답하라 1988"의 경우는 도봉구 쌍문동 골목에서 함께 정겹고 힘겨운 시절을 보냈던 이웃들의 이야기를 진솔하게 담아내서 큰 인기를 끌었다. 이 드라마가 한창 유행일 때, 여러 문화 비평가들은 왜 사람들이 이 드라마에 빠지게 되었는가를 분석하면서 그 당시의 상부상조 공동체를 그리워하기 때문이라고 한다. 21세기 한국 사회는 그때와 비교해서 경제적으로 훨씬 향상되었지만, 이웃 간의 교류와 정이 급속도로 상실되면서 상대적으로 행복하지 못하다는 것이다.

따라서 이 시기는 자유스럽고 다양한 문화의 세계에 들어서서 자아와 개인이 격상되는 경험을 하였고 개인의 자유를 구가하기 시작했지만, 공동체를 향한 신뢰가 여전히 식지 않은 상태에 있었다고 볼 수 있다. 행복의 조건으로서 공동체의 기능은 여전하였으며, 사람들은 그러한 공동체를 제공할 수 있는 종교에 의지할 수 있었다.

2. 종교와 행복의 시대

그렇다면 이처럼 복잡 미묘한 시기에 종교들은 어떻게 사람들과 동반자가 되었을까?

종교는 인간의 현실 행복을 위해서 존재하고 그에 부합되는 기능을 할 것인가?

개인의 행복과 자유스러운 문화적 표현을 추구하는 세태는 한국의 전통적인 종교들에는 익숙한 현상이 아니었다. 탁석산은 그동안 한국의 전통적인 종교인 불교나 주자학의 문화에서는 개인의 행복이란 가치가 당연하거나 중요한 가치가 아니었다고 말한다. 개인이 원하는 것을 추구하고 경험하기 원하는 사람들의 열망은 높아져 가는데, 전통적인 가치관과 문화는 이에 대한 준비가 안 되어있었다.

> 불교를 문화의 중심으로 삼았을 때는 극락왕생이 지상 목표였고 자비를 베푸는 것이 으뜸 덕목이었다. 불교 문화에서 개인의 행복이라는 말은 낯설다. 인간은 행복을 위해 사는 것이 아니다. 아무리 타력 구제 신앙이라 할지라도 중심은 여전히 부처와 아미타불에 있는 것이지 개인에게 있지 않기 때문이다. 자신보다는 남을 먼저 생각하고 자비를 베푸는 것이 당연한 것이 된다. 이런 불교 문화에서 개인 중심의 행복론은 자리가 없다.
> 그렇다면 주자학에서는 어떤가?
> 주자학 역시 남에게 베푸는 인을 우선한다. 자신을 위해 행하는 것은 비난의 대상이 된다. 도를 위해 가문을 위해 그리고 왕을 위해

행하는 것이 우선이다. 이때 개인의 행복론은 자리하기 힘들다. 현재 우리에게 당연하게 생각되는 개인의 행복추구는 사실은 얼마 되지 않은 낯선 개념이다. 생존의 시대에도 생활의 시대에도 개인의 행복은 우선하는 가치가 아니었다. 하지만 생활이 안정되고 정치적 자유가 보장되면서 행복이 서서히 삶의 중심에 들어서게 되었다.[14]

비록 개인의 행복과 전통 종교들 사이에 긴밀한 연결 고리가 없다 하더라도, 이 시기에 전통 사상으로서의 종교들은 사회과학적 이념의 틀을 넘어서서 개인과 사회를 이해하는 데 일정한 역할을 했다. 한국의 전통 사상과 문화에 대한 관심이 높아지면서 유교와 불교에 대한 강연과 서적들을 많은 사람이 찾긴 했다. 그래서 김용옥과 같은 대중적인 해설가가 주목을 받기도 했다. 하지만 실제 대중의 삶과 현장에서 문화적 수요에 대한 공급을 전통적인 종교들이 채워 주는 것과는 괴리가 있었다.

한국의 대중문화도 세계화 시대의 코드를 따라갔기에, 아무래도 서구 친화적인 기독교가 훨씬 더 유연한 문화적 감수성을 지닌 것이 사실이다. 특히, 한국 기독교에 지배적인 영향력을 미친 미국 기독교는 그 특성상 유럽의 공적 종교 전통과 달리 개인주의적이며 체험적이며 엔터테인먼트적 요소를 강하게 풍기고 있었다. 따라서 개인 행복의 시대를 위한 종교적 버전으로서 기독교는 여타 종교들보다 우위의 조건을 누릴 수 있었다.

---

14 탁석산, 『한국인은 무엇으로 사는가』, 41.

3. 기독교의 대응

1990년대 통계청의 종교 인구 조사에 의하면 한국 개신교 신자는 전체 인구 중 19.4%로서 2005년의 18.2%보다 높았고, 최근에 상승한 조사인 19.7%와 비율에서 거의 비슷했다. 그 이전에는 통계청에서 종교인구 조사를 시행하지 않았기에 통계상의 지표는 없지만, 대략 한국교회의 성장세가 1980년대 중후반부터 둔화한 것으로 보이는데, 1990년대만 하더라도 교회에 대한 비판이 거세지는 시점이었고 성장세는 주춤했지만, 한국교회는 이미 사회에서 상당한 위상을 굳히고 있던 시기였다. 또한, 이러한 개인주의와 문화 소비로 특징지어지는 행복의 시대에 한국 기독교는 신속하게 대응할 여력도 갖추고 있었다.

1) 문화 사역의 부상

이와 같은 개인 행복의 시기에 한국 기독교가 대응하던 두드러진 사역 방향 중 하나가 '문화 사역' 혹은 '문화 선교' 등의 이름으로 나타난다. 이때쯤 기독교 TV가 설립되었고, '낮은 울타리'와 같은 문화사역 단체들이 속속 등장한다. 당시의 세속 문화를 어떻게 볼 것인가는 교회 청소년과 청년 사역에서는 중요한 관심사여서, 뉴에이지 비판 열풍도 불기 시작한다. 또한, '전문화되고, 특화된 경배와 찬양'과 같은 찬양 사역이 활발히 일어나면서, 이는 개교회의 프로그램으로 시작했다가 가히 전국의 교회들이 따라 할 정도의 선풍적 인기 사역이 되었다.

　원래 한국교회는 문화 영역에서 타종교들 뿐 아니라 일반 사회보다도 더 활발하고 우월했다. 70-80년대에 크게 유행했던 '문학의 밤'이나 '여름성경학교'와 같은 프로그램은 교회가 있는 지역의 거의 모든 청소년과 어린이들이 접하지 않을 수 없을 만큼 독보적이었다. 문학의 밤은 당시에 청소년들이 정서적, 문화적 감수성을 표현하고 나눌 수 있는 거의 유일한 교외 행사였다고 할 수 있다. 교회 성가대는 노래와 음악에 재능이 있는 이들이 종종 발굴되는 현장이기도 했다. 이처럼 한국교회가 이전부터 지니고 있던 문화적 역량이 90년대 문화의 시대에 들어서서 더욱 다양하고 풍성하게 표현된다.

　한국교회는 다양한 종류의 악기나 미디어 도구들을 활용하는 데 있어서 다른 종교들보다 훨씬 더 유연하고 적극적이었다. 물론 교계 일각에서는 CCM이나 요란한 악기들에 대한 거부감이 심했으나, 교회 찬양 집회의 활기와 사람들의 호응 때문에 많은 교회가 이에 참여하게 된다. 이러한 감성적이고 표현 중심의 찬양 문화는 70-80년대의 억압적 분위기에서 선교단체들이 주도하여 청년 학생들에게 폭발적 호응을 일으켰던 방식이었다.[15]

　이와 같은 문화 사역의 발전은 한국교회 내부에서 신선한 활력을 준 것은 사실이지만, 일반 사회의 정신적 변동에 대한 민감하고 섬세한 이해와 대화보다는 교회 내부에서의 감성적 충족에 머무른 것도 사실이다. 당시 한국교회의 성장은 정점에 있던 것으로 파악되나,

---

15　한국기독교역사학회,『한국 기독교의 역사 III』, 138-139.

사회의 문화적 상황에 대한 깊은 이해와 선지자적 대응은 부족한 상태에서 자기의 문화적 표현과 욕구충족에 더 비중을 두었다.

교회는 성장하고 건물은 더욱 세련되어 가지만, 당시 한국 사회가 직면할 신자유주의로 인한 경제 양극화와 물질 문명으로 인한 관계의 소외와 공동체성 상실을 선교적, 목회적으로 다루는 데에는 소홀했다.

2) 자아 중심의 사역과 메시지

이즈음에 한국교회는 개인의 내면과 자기 계발을 존중하는 메시지와 프로그램들로 갖춰지기 시작한다. 기독교 목회자들의 메시지도 서서히 중산층 신도들의 안정과 자기 존중의 욕구에 초점을 맞추게 되었다. 문화 사역뿐 아니라 감성적 터치의 신앙 프로그램이 활력을 얻으며, 또한 성경을 개인에게 적용해 자기를 돌아보며 구체적 삶에서 적용하는 큐티 운동도 활성화된다. 치유와 회복이라는 주제가 일반 신도들의 마음속으로 파고들기 시작했다.

기독교 상담 사역이 본격적으로 한국교회에 소개되는 때도 이 시기였다. 이처럼 여러 채널을 통해서 사람들의 신앙과 감성을 보살피는 사역은 원래 파라처치(parachurch)라 불리는 선교 단체에서 시작되었다. 이전부터 한국 기독교에는 학원 선교 단체 운동에서 일대일 양육, 제자 훈련, 소그룹과 QT 모임 등이 활성화되었는데, 여기서 실험된 사역들이 후일에는 교회로 도입되어 교회 생활에 새로운 활력을 제시한 것이다.

"학원 선교 단체들은 격동의 시대를 살면서 혼란을 겪고 있던 수많은 학생을 개종시켰으며, 체계적인 신앙 훈련을 통해 많은 교역자, 평신도 지도자, 그리고 선교사들을 배출하여 한국교회의 성장에 크게 기여했다."[16]

대형교회들을 중심으로 가정 사역과 내면 치유의 상담 사역이 일어난 것도 이 시기였다. 심리학에 대해서 거부감을 지녔던 보수적인 교회들에서도 상담의 중요성에 공감하기 시작했고, 젊은 신학생들과 차세대 사역자들이 상담을 더욱 본격적으로 공부하기 시작했다. 인간 관계와 내면 세계에 대한 기독교적 해석과 처방이 인기 있는 강연이자 저서가 되었다. 물론 이 시기에 기독교 세계관 운동도 일어나긴 했으나, 전체적인 균형의 추는 이러한 자아 중심적 메시지가 공적인 메시지를 상회하는 방향으로 바뀌었다.

박노자는 한국 사회가 1990년대 이후로 본격적인 소비, 개인주의 사회로 들어서기 시작했다고 본다. 이 시기에 개성과 행복을 중시하는 도시 중산층이 대거 등장하면서 그들의 문화적, 정서적 욕구에 부응하는 종교적 공략에서 개신교는 단연 돋보였다.

> 교회는 그들의 수요에 안성맞춤인 새로운 종교 상품을 내놓아야 했는데, 이것은 '웰빙'으로 총칭할 수 있는 라이프 스타일 상품인 듯합니다. 대형교회, 즉 '웰빙교회'는 여태까지 획일적이고 천편일률적이던 상품과 다른, 중상류층 소비자 개개인에게 맞는 새 상

---

16 Ibid., 136.

품을 개발해야 했는데, 그러한 새 상품에 포함된 내용이 무척 다종다양했습니다. 청년들의 결혼 알선부터 단기 선교라는 이름의 개인적인 해외 체험까지 아우르는 것이었죠.

교회는 이제 피곤한 영혼들의 안식처라기보다는 원자화되어가는 사회에서 그나마 '귀족적인 안일함'이나 '고급 안정성'을 체험할 수 있는 공간이 된 것 아닌가 싶습니다. 요컨대 교양을 갖춘 소비자, 모종의 고급스러운 안정과 각종 영적, 교양적, 교육적 부분을 체험하고 싶은 소비자를 위해 후발 대형교회들이 서로 경쟁하면서 새 상품을 내놓은 것이라 할 수 있겠습니다.[17]

1990년대 후반과 2000년대 초반 이후 한국 사회에 떠오른 코드가 반공이나 성장이 아닌 웰빙(지금은 힐링)이었는데, 이는 한국인들의 일상 문화에서 독특한 정서적 담론을 만들어 낸다. 또한, 몸과 마음의 웰빙을 제공하는 곳이 상당 부분 후발 대형교회였다는 점도 흥미롭다. 이는 강남과 신도시 등을 중심으로 세워진 신흥 중산층 대형교회들의 대표적인 사역 현상이었다.

교회가 소비 자본주의가 유발하는 가정의 위기와 개인의 심리적 필요에 부응하여 사회적 네트워크와 자녀 돌봄의 혜택을 제공한 것이다. 그러나 이와 같은 사역들은 물적, 인적 자원을 갖추며, 도시인들의 문화적 수요를 파악하고 이에 대응할 수 있는 '세련된' 교회들의 전유물이었다. 이로 인해 교회의 양극화가 더욱 가속화되기 시작

---

17 김진호 외, 『권력과 교회』, 101.

했다. 김진호는 이를 '교회의 젠트리피케이션'이라 명명한다.[18]

이와 같은 문화 사역은 저 신뢰 연줄형 사회인 한국에서 교회는 학연에 못지않은 '교연'이라는 자산을 제공할 수 있었던 것이 사실이다.[19] 후기 산업 사회로 접어든 1990년대 한국 사회에서는 서서히 와해하여가는 기존의 가족, 지역 연대 망을 보완해줄 대체재가 필요했으며 교회는 그러한 틈새를 보완할 수 있었다. 하지만 당시의 이러한 사역들은 교회의 사회적이고 공동체적인 본질에 천착하기보다는 (비록 그와 같은 기능을 했음에도 불구하고) 여전히 개인의 구원 확신과 신앙 성장을 위한 양육에 초점을 두고 있었다.

거리에 화염병이 난무하던 시절 격동의 시대에 성경 공부와 양육, 중보 기도 등으로 기독교인 젊은이들을 영적 무장시킨 파라처치의 자산과 경험이 1990년대에는 지역교회들로 흡수되어 개인의 시대에 개인들을 진단하고 성장시키는 유익한 프로그램으로 변모했다. 개인의 발견과 계발은 생애의 과정에서 반드시 필수적인 발판이 되지만, 이러한 사역들이 교회 내의 용도에 머물고, 사회적, 공공 신앙으로 발전하지 못함으로 인해 한국 기독교는 한계를 느낀다. 대부분의 보수 교회들이 사회의 제반 문제들에 무지하거나 무관심하였으며, 이에 갈증을 느낀 이들이 진보적인 복음주의 운동을 일으킨다.

---

18 Ibid., 104.
19 Ibid., 105.

3) 사역의 분화와 정교화

중산층, 고학력 대형교회들이 등장하고, 사람들의 개인적, 가족적인 생활의 필요가 중요해지면서 교회 사역도 획일적이거나 엄숙한 종교 의식을 벗어나서 편안하고 필요충족적 프로그램들로 분화되어 갔다. 소위 '앞선' 교회에서는 어린이, 청소년, 청년 부서들이 전문 사역자를 구하며 독립적인 예배와 활동을 허락하였으며, 각 사람의 기호와 감성에 부합되는 맞춤 사역을 설계하는 능력이 중요한 사역 전문성으로 인정받았다. 특히, 젊은 세대를 위한 사역일수록 문화적이며 감성적으로 기독교를 번안할 수 있는 능력이 중요했다. 따라서 기성세대에게 익숙한 찬양과 신앙의 언어들은 차세대와 접점을 찾기 힘들었다.

청소년 예배, 청년 예배, 심지어는 한 교회 다 회중의 공동체를 추구하는 움직임도 나왔다. 한 교회 다 회중(multi-congregational church)이 미국에서와같이 인종이나 민족에 따라 이루어지는 것이 아니라, 각 세대의 자율성을 인정하는 방향으로 용인되었을 때, 회중 내 세대 간 단절의 위기, 신앙 지속성의 문제가 일어날 수 있다.

이와 같은 사역의 전문적 분화는 적절한 커뮤니케이션을 위해서 어느 정도 필요성을 인정할 수 있다. 특정 세대에게 익숙한 언어와 방식의 교회 생활을 고수하는 것은 다른 세대에게는 강요이자 폭력이 될 수 있기 때문이다. 그러나 한 몸으로서의 교회는 계속해서 상호 일치와 배려를 추구해야 하는데, 이처럼 고도로 분화된 구조에서는 상호 간에 연결이 되는 공동체의 기능이 상실될 우려가 있다.

목회자 또한 특정한 분야(찬양, 교육, 상담 등)에 전문 사역자가 될 것을 권장 받았는데 이는 그들의 다양한 은사를 계발하고 활용한다는 유리한 측면이 있는 반면에, 목회자들이 교회의 유기적 사역, 즉 예배, 말씀, 양육, 친교, 봉사가 통합되어 나타나는 신앙의 성장이라는 과제에 취약해질 위험도 안고 있다.

또 다른 문제는 이와 같은 사역의 변화와 정교화가 대형교회들에서만 가능하며 교회를 종교적 소비를 제공하는 기관으로 전락시킨다는 점이다. 사람들의 욕구에 대한 교회의 분화된 사역 구조와 필요 중심적 다양한 프로그램의 개발은 교회를 바라보고 기대하는 시선을 변화시킨다. 사람들은 교회에서 자기를 성찰하고 의미 있는 삶으로의 변혁을 체험하기보다 교회가 현재의 상태(status quo)를 보호하고 만족하게 해주는 자기 중심적 종교 서비스 기관으로 은연중 인식하게 된다.

오늘날 한국교회가 안고 있는 인간과 사회에 대한 깊이 있는 성찰의 부재와 타인에 대한 존중의 결핍은 이 시기의 소비주의적이며 필요충족적인 기독교 신앙의 개발과 일정 부분 기인할 것이라 본다.

4) 복음주의 운동의 시대

1990년대는 절차적 민주화가 진행되고, 사람들의 소비 여력이 늘어나면서, 과거와 같은 거대 정치 담론에 대한 관심보다는 미시적 일상의 개혁에 대한 관심이 늘어난다. 이러한 상황에서 복음주의 기독교는 기성 정치세력이나 공권력과 맞서 투쟁하는 방식의 사회참여가 아닌, 생활 속의 변화 및 건강한 문화 운동으로서의 기독교 사회 운동을 벌인다. 여기에는 1980년대 중반부터 일기 시작한 기독교 세계관운동과 강남복음주의교회운동이 구축한 역량이 대 사회적인 방식으로 전개된 결과라 볼 수 있다.

이에 대해서는 정정훈의 87년 복음주의 체제에 대한 분석과 평가를 중심으로 살펴보고자 한다.[20] 비록 시기가 87년으로 잡혀 있지만, 여기서 87년은 한국 사회의 민주화 운동이 정점이었던 그 당시의 자극을 받아 복음주의 기독교가 각성하고 사회적 책임 의식을 느꼈다는 의미에서 1990년대와 2000년도에 본격적으로 사회적 운동을 전개했다는 의미이다.

정정훈은 87년형 복음주의를 네 가지 그룹으로 나눈다.

첫째, 보수 신앙을 가진 개혁적 기독교인 전문직 명망가들.
둘째, 범강남을 중심으로 한 새로운 중대형교회 목회자.
셋째, 진보개혁적 성향의 젊은 목회자 그룹.
넷째, 진보개혁적 열정을 가진 젊은 청년대학생들.

첫째 그룹은 이만열과 손봉호 같은 이들로서 기독교윤리실천운동이나 남북나눔운동 등을 이끌며 공익 활동과 복음주의 운동 전반에 리더쉽을 발휘한다.

둘째 그룹 목회자들은 강단을 통하여 보수 기독교인의 사회적 책

---

20 정정훈, "87년형 복음주의의 종언(終焉)과 전화(轉化)를 위하여," 제3시대 그리스도교연구소 제149차 월례포럼(2012.1.30.)에서 발표된 글

임이 정당함을 교인들에게 설득하고 자신들의 교회들을 통해 인적, 물적 자원을 공급하는 역할을 했다.

셋째 그룹의 젊은 목회자 그룹은 교회의 청년 사역자들이나 대학 선교 단체 중견 간사들로서 복음주의 사회참여 운동의 의제 개발, 이론적 근거 확충, 대중 조직, 운동 실무의 기획 및 운영 등의 역할을 맡았다.

넷째 그룹은 각 교회 청년들과 선교단체 소속의 학생들로서 대중 집회에 참여하는 이들이었다.

이러한 인적, 물적 토대와 함께 복음주의 운동을 끌어가기 위해서 필수적인 것이 담론적 토대인데, 사회 참여를 위한 신학적 정당성을 확보하는 일이었다. 여기서 기독교 세계관과 복음주의 사회 윤리 이론, 그리고 하나님 나라의 현재성이 그 역할을 해 낸다. 복음 전도와 사회참여를 동등하게 실천하기로 한 세계복음주의자들의 선언인 '로잔언약'의 계승을 표방한 잡지 「복음과 상황」이 1992년 창간되면서 이러한 담론을 수용하고 홍보할 근거도 생긴다.

정정훈에 의하면 이들 복음주의 그룹은 사회의 변화보다 교회의 변화를 더 갈망했다고 한다. 이들은 교회가 하나님 나라의 공동체이자 대안, 대조 사회로서 갱신되어야 한다는 인식을 공유하고 있었다. 그래서 이들의 담론은 기독교 세계관, 사회 참여 신학, 하나님 나라론, 로잔언약, 대안 공동체로 토대를 이루었다. 그 뒤, 복음주의 운동은 윤리, 교회 개혁, 정치, 통일, 경제, 공교육, 학문, 문화, 법률, 의료, 아카데미 운동 등으로 분화되고 성장한다. 2000년대 중반에 이르면 이와 같은 제 복음주의 운동 기관들의 연합체로서 '성서한국'과 같은 기구가 등장하게 된다.

이처럼 왕성한 활동성과 확장성을 보여준 복음주의 운동에 대한 정정훈의 평가는 냉정하다. 그는 87년형 복음주의의 패러다임은 유통 기한을 다했다고 판단한다. 그 이유는 무엇보다도 주력 과제인 사회 참여와 교회 갱신의 영역에서 무능했다는 것이다. 오히려 한국 기독교에서 더 강력한 파급력과 대중적 동원 능력을 갖추고 사회에 관여하는 진영은 '한국기독교총연합회'나 '기독교 뉴라이트'였다. 정정훈은 뉴라이트의 기독교 분파인 '기독교사회책임'과 같은 운동이 87년형 복음주의 운동의 한 귀결이라는 점을 안타까워한다.

따라서 87년형 복음주의가 내세웠던 사회 참여적 키워드들이 오히려 근본주의 진영에 의해 장악당했으며, 여전히 사회 참여는 모호한 당위적 구호로만 남아 있고 신학적 성찰도 더 깊어지지 않았다. 교회 갱신의 차원에서도 신선한 대안적 모델을 보여 주지 못하고 명망가 담임 목사 개인의 캐릭터와 지도력에 의존하며 물량주의와 수구주의라는 대형교회들의 속성을 벗어나지 못했다는 것이다. 더군다나 1세대 복음주의 운동의 지도자들이 나이가 들고 은퇴하면서 카리스마적 리더십에 익숙해 있던 복음주의 운동의 대중적 저변도 취약해지는 패러다임의 한계를 고스란히 드러냈다.

정정훈이 끝으로 지적하는 복음주의 운동이 한계에 다다른 이유는 신학의 빈곤이다.

사회 참여 담론이 말해왔던 하나님 나라의 확장, 공의의 실현, 성경적 가치와 원리의 구현 등과 같은 상징적 구호들보다 그 구체적인 실천의 내용이 무엇인지는 명확하지 않았다. 다시 말해, 어떤 정치 제도를 복음주의는 지지하며, 어떤 경제 체제를 복음주의는 옹호하는지, 어떤 사회 질서를 복음주의자들은 실현하고자 하는지에 대해서 복음주의자들은 구체적으로 제시하지 못했다.[21]

오늘날 한국의 정치, 경제, 사회, 문화의 현실에서 하나님 나라를 실천하고 구현하기 위해서 복음과 상황이 어떻게 조우하며, 교회와 세상이 어떻게 관계를 맺어야 하는지에 대한 각론적 탐구가 빈약하다 보니, 오히려 우익 기독교 단체들에게 사회 참여라는 근거만 제공하고 현장에서는 약화하였다는 것이다.

이러한 진단과 평가는 가장 최근에 일어난 한국 기독교의 사회적 참여 노력과 그 경과에 대한 흔치 않은 연구라는 점에서 중요한 문제를 제기했다고 볼 수 있다. 복음주의 운동의 태동과 신앙 성격, 그리고 사회와의 관계에 대한 객관적 관찰에 입각한 서술도 유익하다. 한국에서 복음주의라는 단어는 미국에서 보수 기독교 운동을 총칭하는 단어로 쓰이는 데 반해, 이 글에서는 근본주의와 수구주의 기독교를 개혁하는 신앙운동으로 쓰이고 있다. 그러나 이 운동이 실패한 것인가에 대해서는 주관적 평가이며, 여전히 진행되는 운동을 판단하기란 쉽지 않다.

---

21 Ibid., 14.

다만, 필자는 이러한 복음주의 운동이 행복의 시대에 활발하게 전개됨으로 비록 기대에 못 미치고 과소하게 보일 수는 있으나 한국 사회와 동반하는 기독교의 모습을 보여 준 점에 대해서는 중요한 의의가 있다고 평가한다. 또한, 그간의 반공 기독교, 친정부적 기독교에서 거리를 두고 기독교적 가치를 사회 속에서 실현하기 위한 다각도의 노력을 기울였다는 점이 이전과는 다른 경험이었으리라 본다. 이는 교회 내부에도 한국 기독교의 방향성이 종래의 반공과 국가주의적 성격에서 이탈할 수 있으며, 일반의 사회, 문화적 지성과 소통할 수 있음을 보여 줌으로 그 토대 위에서 새로운 기독교 운동이 전개될 가능성도 열어놓았으리라 믿는다.

4. 평가

행복의 시대에 일부 기독교는 세련되고 화려하며 고급스러운 종교로 발전한다. 이러한 외적 향상 속에서 한국 기독교는 개인에게 집중하며 종교 문화적인 공여자의 역할을 하게 된다. 자기 사랑과 도취의 문화인 나르시시즘적 성격이 한국 기독교에 짙게 배어들었다고 볼 수 있다. 물론 이는 전쟁과 군사 정권, 근대화라는 굴곡을 숨 가쁘게 달려온 한국인들의 정서적 허기를 채워 주는 선물일 수도 있다. 하지만 교회 성장을 위한 효율성이 지배하는 상황에서 기독교의 복음이 지니는 공공성과 제자도라는 가치가 양보 되거나 내세적이고 개인적인 신앙 열망으로 대체되었다.

물론 교회 중에는 문화적 유연성을 바탕으로 이 시대의 사람들에게 더욱 설득력 있게 다가간 경우들도 많이 있으며, 이원론적이거나 편협한 신앙의 모습을 극복하고 전인적인 영성과 사회적 책임의식을 일깨운 경우도 많았다. 그러나 대체로 교회들은 기독교 신앙을 표현하고 나누는 방식에서는 과거의 내세주의적이고 도피주의적인 양식에서 현세적 개인주의로 이동했을 뿐, 신앙의 공적 책임을 자각하는 수준은 아니었다.

많은 교회와 선교 단체들이 문화적 공감과 소통에 방점을 두면서 현대적 감각에 부응하고자 하였으며, 이를 '문화 선교'라는 프로젝트로 수행하기도 했으나 오히려 기독교를 감성화, 청소년화(the juvenil-ization of Christianity) 시키는 수준에서 벗어나지 못했다.

'기독교의 청소년화'는 문화적 감성이 확장되는 시기에는 어느 정도 사회와의 공감대를 형성하고 적절하게 다가갈 수는 있지만, 그다음 단계의 고차원적 요구인 소속감, 배려, 존중 등과 같은 가치로 나아가는 데 걸림돌이 되기도 한다. 80년대와 90년대 한국 기독교에는 중산층과 지식인 중심의 대형교회들이 늘어나고 사회적으로도 주목할 만한 세력을 형성하였지만, 그 책임과 영향력에서 박한 평가가 나오는 것은 기독교 신앙의 표현 양식이 초보적 단계에 머무른 탓이 아닐까 생각한다. 사람들의 현실적 필요를 자각하고, 문화적으로 신속하게 대응하기는 했으나, 기독교 신앙의 성숙한 차원, 즉 공적인 책임의식과 인간의 다양함을 존중하고 품어 주는 신학적 사고로는 발달하지 못했다.

이 시기의 한국교회는 대형화되고 세련되게 변모하긴 했으나, 한국 사회의 전형적인 반공 이념과 산업화 성장주의를 진지하게 성찰하고, 복음과 사회적 책임의 관계를 톺아볼 만한 수준의 의식을 갖추지지 못했다. 그러나 사회 일각에서는 그와 같은 한국 사회의 오랜 관습적 사고에 대한 이의 제기가 일어나면서 젊은 세대일수록 과거의 이데올로기적 사고로부터 자유로워지고 있었다. 반면, 기독교는 문화적으로는 유연했으나 사회 의식에서는 여전히 새로운 도전과 대면하기를 버거워했다.

그렇게 해서 한국 기독교는 사회가 안고 있는 경제적, 문화적 한계점과 모순, 그리고 구조적 문제들에 천착하지 못했고, 이로 인해 일반 사회 속에서의 타당성 구조가 흔들리기 시작했다. 이러한 상황은 결국 교회를 다음 시대의 사회적, 정신사적 가치에 대한 이해와 대응에서 둔감해지게 하면서, 사회 정치적 의식뿐 아니라, 문화적으로도 과거에 매인 집단으로 인식하게 했다.

제8장

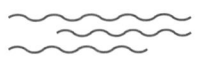

의미의 시대와 기독교의 성장

 의미의 시대는 지금 우리가 살고 있는 시대이기도 하다. 노무현 정권이 출범한 2002년부터 한국 사회는 행복을 넘어서 인생의 의미를 중시하는 시대로 전환하는 중이다. 물론 개인 행복의 추구가 약화하거나 무시되는 것은 아니다. 행복한 삶은 여전히 필요하지만, 행복하면서도 의미 있는 삶을 추구하는 시대적 자각이 일어난 것이다.

1. 의미의 시대란 무엇인가?

 이전의 시대에는 먹고 사는 문제를 해결하는 것이 가장 급선무였기에 다른 어떠한 가치도 우선시될 수 없었다(생존의 시대). 먹고사는 문제가 해결되니, 사회적 체제를 합리적이며 공정하게 정비하고 생활의 질을 갖추는 것이 필요했다(생활의 시대). 어느 정도 사회적 체제의 안정이 마련되자, 사람들의 관심은 개인에게로 향해졌고, 개인의 자아실현과 행복 추구가 중요한 가치가 되었다(행복의 시대). 그런데 개인이 원하는 것을 이루고 만족감을 느끼는 것만으로는 무언가 허전하다는 것을 느낀다. 삶에서 그 이상의 가치가 없는가 하는 것이다. 탁석산은 의미의 시대가 보여주는 풍경을 이렇게 묘사한다.

> 봉사와 기부가 널리 퍼지고 있는 것도 인생의 의미를 찾는 모습 중 하나이다. 자신보다는 남을 위해 무엇인가를 하는 것이 의미 있는 인생을 만드는 길이라고 생각하는 것이다. 또 동호회를 통해 의미를 찾기도 한다. 인터넷에 개설되는 수많은 동호회가 그것으로 보여준다. 여행 역시 의미탐색의 한 방법이다.
> 길을 떠나 무엇을 찾겠는가.
> 미국에 대해서도 "미국이 우리에게 무엇인가?"라는 질문이 대통령에 의해 공개적으로 제기되었다. 또 "반미(反美)하면 안됩니까?"라는 발언이 공식적으로 나오게 된 것이다.[1]

이제는 외적 조건의 충족을 통한 행복 그 이상이 필요하다는 것이다. 심리적 안정과 만족만으로도 진정한 행복을 찾기에는 뭔가 부족한 것이 있음을 직감했다. "과연 인생의 의미는 무엇일까"라는 질문이 불거지기 시작했으며, 남을 위해 사는 삶인 봉사와 기부가 널리 퍼지고, 다양한 동호회를 통해 각기 삶의 의미를 찾는 이들이 늘어

1 　탁석산, 『한국인은 무엇으로 사는가』, 43.

났다. 사회적 기업에 대한 호감이 늘어나면서 기업이 단순히 자신들의 이익만을 추구하는 것만으로는 부족하고 사회적 약자를 돌보는 모습도 보여줘야 했다.

현대인들이 의미를 추구하는 형식은 '여행'과 '공동체'라는 모티브다. 여행이라 하면 사람들이 모색과 경험을 추구한다는 말이다. 일회성 만남이 아니라 늘 새로운 것을 모험해 보고 실수와 어설픔 속에서 변화와 성숙을 이루는 과정을 중시하는 것이다. 공동체란 이 여정을 혼자 하는 것이 아니라 함께하기 원한다는 것이다. 다른 이들과 더불어 시간과 공간을 섞으면서 배우고 느끼고 서로 의지하는 삶을 원하는 것이다.

근래에 몇 년간 대중들에게서 가장 사랑받는 TV 프로그램들을 보면, 거의 대부분 여행(혹은 모험)과 공동체라는 두 가지 모티브를 내포하고 있음을 확인할 수 있다. 공동체와 여행(여정)은 불확실한 시대에서 자기 정체성과 삶의 의미를 찾게 해 주는 가장 유력한 매개체이다.

이 시대에 또 다른 현상은 영성적 가치를 추구하며 의미를 발견하려 한다는 것이다. 영성의 발견은 대표적 미래 트렌드로 주목받고 있다.[2] 복잡하고 분주한 삶 속에서 사람들은 내면 세계를 탐구함으로 참된 자기를 재발견하도록 도와주는 프로그램을 찾고 있다. 특정한 소수의 사람이 취향으로 뉴에이지나 명상과 같은 영성 코드를 찾는 것이 아니라, 일반 직장인과 경영인들 생산과 이익을 극대화하기 위해 일하는 가운데서 목적과 의미를 찾는 움직임이 커지고 있다.

---

2   패트리셔 에버딘, 『메가트렌드 2010』, 윤여중 역 (서울: 청림출판, 2006), 제1장.

영적 변화는 삶을 근본적으로 바꾸어 놓는다. 그 때문에 어떤 장벽에 부닥친다고 해도 영적인 삶 이전의 방식으로 돌아가진 않는다.…

프로젝트나 목적, 미션, 그리고 이 세상에서 우리가 얻은 깨달음을 필요로 하는 곳에 투입하라.

사실 사람들이 체화한 영적인 힘은 이미 조직에 반영되고 있다. 비즈니스에서도 마찬가지이다. 개인적 차원에서 촉발된 영적인 변화는 이제 사적 영역은 물론 제도적 영역으로까지 넘쳐흐르고 있다.[3]

이런 경우에 사람들은 의미와 목적을 찾기 위해 종교를 모색하는데, 종교의 교리와 신념 체계를 따라가기보다 종교가 제공하는 영성적 분위기와 경험을 추구할 수 있다. 종교들도 기존의 관습적 방식으로 포교를 하기보다 종교 밖의 현대인들과 공유할 수 있는 경험을 제공한다.

최근 불교에서는 일반인들도 참가할 수 있는 템플스테이라는 사찰 체험을 제공하기 시작했고, 가톨릭에서는 피정을 가족이 함께 참여할 수 있는 프로그램을 수정하여 일반인에게 개방함으로 현대인들의 의미 추구에 대해 해법을 제시하고 있다. 단순한 삶과 느림의 가치에 사람들이 눈을 뜨기 때문이기도 하다. 기독교에서도 현대적 찬양과 문화적 상관성을 중심으로 하던 예배에서 경건하며 내면을 깊이 있게

3　Ibid., 38-39.

관조하는 예배로의 변화가 필요하다는 소리도 높아지고 있다.[4]

영성적 가치의 추구는 현대인들에게 나타나는 뚜렷한 코드라는 주장은 이미 제기되었으나, 기존의 종교 제도와 교리에 얽매이고 싶어 하지 않는 이중성을 띤다는 분석도 있다. 기독교가 중심을 차지했던 서구 사회에서 최근에 일어난 '영적이지만 종교적이지 않은'(SBNR: Spiritual But Not Religious) 문화 현상은 한국 사회에도 전파되고 있다.

물론, 현대 한국인들에게 영성이라는 단어가 종교만큼 익숙하게 들리지는 않을 것이다. 용어보다는, 사람들이 제도적이고 관습적인 종교의 틀 밖에서 삶의 의미와 가치를 추구하는 성향이 확산하리라는 것이다. 그렇다고 해서 제도적 종교의 역할이 점차 소멸하리라고 쉽게 단정 지을 수는 없다.

현대 미국인들의 영성과 종교성을 연구한 다이애나 베스(Diana B. Bass)에 의하면, 사람들은 종교적이지 않으면서 영적 실체를 추구하기도 하지만, 종교적인 것과 영적인 것을 동시에 추구하기도 한다.[5] 의미의 시대를 관통하는 중요한 가치가 될 것으로 보인다. 현대인들의 영성 추구는 제도로서의 종교를 넘어서면서 내면을 양성하고 실생활과 연결된 공동체에 대한 열망으로 드러나고 있다. 이러한 의미

---

4 노영상, "한국교회의 대사회적 이미지와 신뢰성 실추 원인에 대한 분석과 이미지 제고 및 교회의 임파워먼트에 대한 방안," (기독교윤리연구소, 2009년 6월), 13.

5 Diana Butler Bass, *Christianity After Religion* (New York: HarperOne, 2012), 92. 베스는 갤럽 통계를 인용하며 2009년을 기준으로 그전 10년 전(1999년)보다 영성만을 추구하는 사람들은 30%로 동일하나, 영성과 종교를 모두 추구하는 사람들은 9%에서 48%로 급증했다고 한다. 반면 종교성만을 추구하는 사람은 54%에서 9%로 급감했다. 따라서 종교는 영성과 반대되는 개념이라기보다는 영성을 경험하는 통로가 될 수도 있다.

추구의 시대에 대응해서 기독교는 어떠한 메시지를 재발견하고, 어떠한 사역의 형식을 제시할 것이냐는 과제와 마주하고 있다. 이 시기는 삶의 내면적 가치와 의미에 대한 질문에 답을 주는 종교적 영성을 추구하는 시대인 것이다.

2. 새로운 세대와 문화의 출현

1) 탈 위기 인성 세대

이러한 의미의 시대를 2000년 이후에 대한민국 사회에 진입한 젊은이들의 특성과 연관해서 이해할 수 있다. 인류학자 한경구는 현대 대한민국의 세대를 '위기'라는 코드로 분석하면서 이러한 위기 인성과 위기 문화가 세대에 걸쳐 어떻게 나타났는지를 설명하는데, 이를 '직접 위기 인성 세대,' '간접 위기 인성 세대,' 그리고 '탈 위기 인성 세대'라고 부른다. 이를 도식화하면 다음과 같이 나온다.[6]

[표1] 위기 인성 세대

~1949년 까지 출생	직접 위기 인성 세대	한국 전쟁, 3.15 부정선거, 4.19 혁명, 5.16 쿠데타
1950~1979년 사이 출생	간접 위기 인성 세대	근대화, 유신, 광주 민주화 운동, 문민정부, 세계화
1980 이후 출생	탈 위기 인성 세대	IMF, 정권 교체, 남북정상회담, 2002 월드컵

---

6 한경구, "위기의 인성과 21세기 한국 사회," 「열린지성」 8호(2000), 136.

위의 표를 보면, 위기 모드가 세대에 따라 점점 약화되는 양상을 띠고 있다. 현대 한국인의 삶에서 전쟁은 인간 관계에 대한 위기 태도를 형성하게 했다. 직접 위기 인성 세대는 전쟁과 가난을 몸소 경험하면서 그와 같은 위기에 대응하는 판단과 행동 양식을 터득한 세대다. 간접 위기 인성 세대는 직접 전쟁과 같은 위기 사건들을 경험하진 않았지만, 부모 세대로부터 위기 상황에 대한 학습을 받았기 때문에, 결정적 순간에 위기 모드로 삶이 조정될 수 있는 잠재력이 농후한 세대이다.

그렇지만, 다른 한편으로는 직접 위기 인성 세대와 탈위기 인성 세대 사이에 중재 역할을 할 수도 있고, 과거와 같이 일방적으로 위기를 조장하는 정치 선전이 통용되는 세대가 아니다. 간접 위기 인성 세대가 한국 사회의 주역으로 등장하면서 한국 사회의 전반적인 위기 모드는 완만하게 약화할 수 있으며, 탈위기 인성 세대는 위기 모드에서 벗어나서 좀 더 정직하고 당당하며, 성공과 출세를 인생의 유일한 목적으로 삼지 않는 세대일 것으로 전망한다.

그러나 또 다른 전망도 가능하다. 최근에 계속되는 경제적 위기와 사회적 불안이 확산할 경우, 간접 위기 인성 세대는 위기감을 완전히 해소하기보다는 '불안 인성'으로 전환될 가능성도 있다. 따라서 새롭게 등장할 '탈 위기 인성 세대'는 비록 3차 위기인성 세대로 이어지지는 않지만, '불안 인성'을 소유할 가능성도 우려된다는 것이다.[7]

비록 새로운 세대들이 갈수록 위기에 의한 설득에는 취약하지 않

---

7 한경구, "아름답고 슬기로운 우리나라," 172.

고, 한반도를 둘러싼 긴장 구조도 상당히 완화되고 있지만, 한국 사회가 고도의 경제 성장이 종료되며 후기 자본주의 사회로 들어가는 양상을 보이면서 평생 고용의 신화가 사라지고 극한 경쟁과 자기 계발의 요구는 더욱 심화 되어가고 있다. 이러한 상황에서 사람들의 삶은 불안하고 불확실한 도시 유목민과 같이 변모한다.[8] 이러한 불안 심리의 확산은 한국 사회가 긍정적 미래를 위해 해소해야 할 중요한 사회적 현상이다.

실제로, 이러한 우려는 의미의 시대에 대한 탁석산의 평가와 전망에서도 드러난다. 그는 의미 추구는 절반의 성공밖에 거두지 못할 것이라고 보는데, 그 이유는 의미라는 것 자체가 추상적이어서 분명하게 다가오지 않기 때문에 대중의 공감대를 형성하기 어렵기 때문이라는 것이다.[9] 게다가 한국 문화는 허무주의적이고 현세주의적인 특성이 있어서 의미라는 것은 눈에 보이는 것 이상의 가치여야 하는데 의미는 현실적 위기나 욕망이 자극될 경우 교착 상태에 빠질 수 있다는 것이다.

그는 세계화, 선진화라는 구호 속에서 사람들이 삶의 방향을 찾지 못하고 답답해하다가 눈에 보이는 경제나 안보와 같은 이슈에 호응을 보이는 일시적 불안정성을 가질 수 있다고 한다. 그러나 이는 의미의 시대라는 큰 흐름을 바꿀 수 없으며, 의미 문제를 제기하는 쪽

---

8 Ibid., 184-186.
9 탁석산, 『한국인은 무엇으로 사는가』, 43.

이 다시 흐름을 장악하리라 전망한다.¹⁰

2) 라이프 스타일의 변천

의미의 시대 양상을 좀 더 파악하기 위해서, 연령별 세대의 차이뿐 아니라 동일한 세대 안에서 일어나는 라이프 스타일의 변화, 즉 심리적 생활 습관과 가치관의 차이를 파악하는 것도 도움이 될 것이다. 세대라는 날줄과 라이프 스타일이라는 씨줄이 함께 직조되면서 새로운 시대의 문화적 변동 방향을 설정하기 때문이다. 이러한 포괄적 시각을 갖지 못하면 시대의 문화적 변동에 대한 이해는 환원주의적 편견에 빠질 수 있다.

한국인의 문화적 라이프 스타일에 대한 탐구에서 황상민과 그의 연구팀은 지난 몇 년간 중요한 결과를 공급해 왔다. 그들은 89개 문항들로 구성된 설문 조사를 통해 신세대의 동년배 집단 내부에서 가치관과 라이프 스타일을 구분할 수 있는 8가지 대표적 요인들이다.

① 전통적 가족주의.
② 전통적 집단주의.
③ 개인주의.

---

10 Ibid., 44. 실제로 과거와 같은 경제성장의 기대로 국민을 한껏 부풀린 이명박 정권과 그 뒤를 이은 박근혜 정권에 대한 비판과 탄핵이 탁석산의 전망에 힘을 실어준다고 볼 수 있다. 최근의 흐름은 사람들은 경제적 이슈를 가장 중요하게 보지만, 성장 일변도의 과장된 약속에 크게 동요하지도 않으며 안보 이슈를 전략으로 삼는 것에도 과거와 달리 별다른 반응을 보이지 않는 것이 이를 증명한다.

④ 문화적 개방성.
⑤ 물질주의적 삶.
⑥ 사회 의식.
⑦ 능력과 역할주의.
⑧ 전통 위계 의식.[11]

이러한 요인들은 동시대 사람들의 라이프 스타일을 구분하고 분류하도록 기준이 되는 다양한 삶의 유형들이다. 또한, 이러한 요인들을 토대로 황상민은 한국 사회에 나타나는 대표적인 라이프 스타일 유형들이다.

① 물질주의적 봉건형.
② 개인주의적 보스형.
③ 현실적 추종형.
④ 동질주의적 개방형.
⑤ 전통주의적 보수형.[12]

대학생과 젊은이 집단에 대한 설문 조사에 추출된 이러한 라이프 스타일 유형을 좀 더 확장시켜 전국 단위의 연구로 이끌고, 각 라이프

---

11 황상민, "한국 사회의 세대집단에 대한 심리학적 탐색: 전이적 공존 관점을 통한 대학생 집단의 세대 이미지 분석," 「한국심리학회지: 사회 및 성격」 16권 3호 (2002), 75-93.

12 황상민, "세대집단의 가치로 구분된 라이프 스타일 유형과 그에 따른 권위주의 성향의 비교," 「한국심리학회지: 사회 및 성격」 17권 2호 (2003), 17-33.

스타일 유형을 연령별로 대입시켜 각 연령대마다 어떠한 라이프 스타일들이 공존하는지를 밝혔다. 이를 정리해서 요약하면 아래와 같다.[13]

첫째, 물질적 신봉건형은 사회적, 공적 문제에 무관심하며, 집안, 학벌, 연줄, 성 역할, 상하서열 관계 등의 전통 가치를 존중한다. 물질을 중시하며, 개인과 가족만의 행복을 추구하지만, 도덕성과 질서에 대해서는 보수적 성향이 있다.

둘째, 개인주의적 보스형은 자기 개성과 자기 발전을 가장 중요하게 여긴다. 타인은 자기 발전에 경쟁 상대일 수도 있지만, 타인의 생활방식과 가치에 크게 관심을 두지 않는다. 이들에게는 물질적 풍요와 사회적 인정이 모두 중요하다. 물질적 풍요는 자기의 자유롭고 세련된 삶을 위해서 필요하다. 따라서 전문성과 사회적 성공을 추구하지만, 물질적 신봉건형과는 달리 자유와 개인의 선택을 가장 중요하게 본다.

셋째, 현실적 동조형은 한국 사회에서 가장 많은 비중을 차지하는 이들의 라이프 스타일인데 집단 속에 거하기를 편하게 생각하며 자신을 드러내고 싶어 하지 않는다. 개인 중심적이며 자기의 취향을 공개적으로 알리는 스타일은 아니다. 그렇다고 집단을 좋아하고 집단적 의기투합을 선호하는 것은 아니며, 대세에 순응하는 스타일이다. 이들은 중용을 미덕으로 삼고 가급적 평화적이고 안정적 성향을 지향한다.

---

13 황상민, "한국인의 라이프 스타일과 세대의 심리적 정체성: '세대 차이' 연구를 위한 심리학적 모델," 「한국심리학회지: 사회 및 성격」 18권 2호 (2004), 31-47. 이하의 기술은 황상민의 연구에 나온 라이프 스타일별 특성들을 필자가 다시 요약하여 정리한 것이다.

넷째, 공동체적 개방형은 개인의 독특성과 취향을 무척 중시하지만, 공동체에 대한 애정과 헌신도 지니고 있다. 이들은 서로 뜻이 통하고 마음만 맞으면 나이, 성별, 지위를 초월하여 개방성을 발휘하고 공동체를 형성한다. 개인적 출세와 사회적 인정보다는 더불어 사는 사회의 가치를 중요시한다. 이들에게는 참여와 협력이 매우 중요한 가치이다.

다섯째, 전통적 보수형은 전통 가치를 존중하는 사람들이며 질서와 예의를 강조한다. 이들은 전통적 도덕주의자들이지만, 물질적 신봉건형과는 달리 사회 문제에도 비판적 관심을 기울인다. 이들은 가부장적 성향을 갖고 있지만, 집단과 조직에 대한 충성과 희생, 의무를 당연시한다. 사회의 부정부패에 매우 비판적이지만, 무질서와 과격한 행동에 대해서도 거부감을 보인다. 따라서 개방성과 관용은 부족한 모습을 지니며, 새로운 가치와 라이프 스타일을 이해하고 받아들이기 힘들어한다.

황상민과 그의 연구팀은 2002년 4월과 2003년 11월에 각 연령대별로 나타난 라이프 스타일 분포도를 조사했는데, 흥미 있는 결과들이 도출되기도 했다.

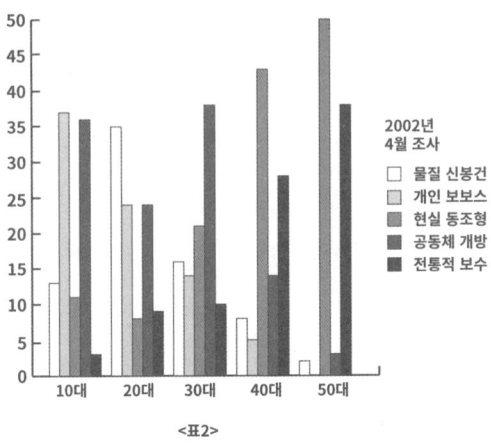

<표2>

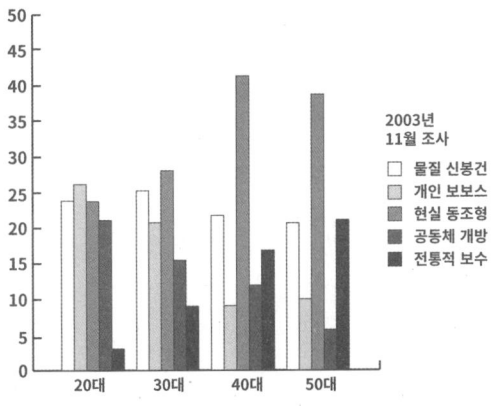

위의 두 표(「신동아」 2004년 6월호에서 발췌)는 2002년과 2003년에 별도의 조사를 통해서 위의 다섯 가지 라이프 스타일들이 각 연령에 따라서 어떻게 달리 분포되는지를 보여 준다. 시차는 1년 7월밖에 안 되는데, 여기서 꽤 유의미한 차이가 드러남을 볼 수 있을 것이다. 그리고 이 시점은 탁석산이 의미의 시대라는 분기점으로 삼은 때이기도 하다.

위의 표들을 보면, 20대들에게는 전통적 보수형은 거의 없거나 매우 미미하게 나타난다. 그리고 두 번에 걸친 조사에서 물질적 신봉 건형과 개인주의 보스형, 그리고 공동체적 개방형은 일관성 있게 비중 있는 수치로 나타났다. 현실주의 동조형은 2003년 11월 조사에서 급격한 증가세를 보였다.

반면 상위 연령층으로 갈수록 현실 동조형이 매우 높게 치솟고 있으며, 전통적 보수형도 다소 높게 나타난다. 50대의 경우 2002년 4월 조사에서 개인주의적 보스형이 거의 안 나타났는데, 2003년 11월 조사에서 약 10%가량의 수치로 등장한 것을 보면 한국 사회에 나타나는 가치관 변동의 양상을 보여준다. 불과 1년 반 만에 50대들이 자신의 라이프 스타일을 자유롭고 개인주의적인 가치관과 일체감을 느끼는 기현상이 일어난 것이다.

왜 이러한 차이가 발생했을까?

우리는 이 두 시기 사이에 발생한 사건들에 주목을 기울일 필요가 있다. 2002년 4월과 2003년 11월 사이에 대한민국에서 두 가지의 큰 사건이 일어났는데, 하나는 월드컵 4강 진출이고 다른 하나는 노무현 대통령의 당선이다. 월드컵 4강 신화에서 감독인 히딩크의 리더십이 큰 화제가 되었다. 히딩크는 선수들 개개인의 의견과 기량을 적극적으로 장려하며, 나이와 관계없이 시합 중에도 서로 자유롭게 소통하고 서열의 질서를 파괴하는 훈련 방식을 취했다.

그리고 이것이 신화적인 업적을 이룩하게 한 것이다. 이는 기존의 파벌과 상호 위계 질서, 집단주의적 조직 문화가 한국 국가대표 선수들의 개인 역량을 발휘하는데 매우 큰 걸림돌이었음을 증명하는 것으로 인식되었다. 개인의 표현과 자유라는 가치를 한국 사회에 충격적으로 일깨워줬다.

또한, 노무현의 대통령 당선에서는 20대부터 40대에 이르는 이른바 20-40의 역량이 결집하였는데, 이들은 상식과 인간 존중이라는 가치에 열광적인 지지를 보였다. 한국 사회는 이때부터 다원화된 양상을 띠기 시작하면서, 세대, 민족, 성이라는 전통적 경계와 무관하게 인간이 존중받는 문화로 진입하기 시작한 것이다. 이러한 상황에서 전통적인 보수 세력이라 인식되던 50대들도 다원화되고 개인주의적 가치관에 부응해야 한다는 반응을 보이는 것이다.

라이스타일의 차이와 변화를 이해하는 일은 기독교의 효과적 선교와도 연관된다. 미국의 개신교 교세 현황과 미국인의 라이프 스타일을 연구한 텍스 샘플(Tex Sample)은 문화 우파, 문화 중도파, 문화 좌파라는 세 유형으로 나눈 뒤, 지난 20세기 중후반에 복음주의 교회들이 성장한 것은 주로 문화 우파 그룹에서였다고 주장한다. 반면, 문화적 좌파나 중도파 그룹에서 기독교의 호감이나 영향력은 심각할 정도로 미미했다는 것이다.[14]

샘플이 기술하는 문화적 좌파나 중도파 그룹의 라이프 스타일을 보면, 전통과 권위보다는 개인의 선택과 자유를 훨씬 선호하고 문화적인 세련됨과 풍요를 중요한 가치로 삼는 성향을 지닌다. 개인주의적이면서도 지적인 탐구심이 강하고 사회적 옳고 그름에 대한 민감함이 높은 이들에게 기독교는 개종과 신앙에 대한 요구보다는 대화

---

14 Tex Sample, *U.S. Lifestyle and Mainline Churches* (Louisville, KY: Westminster/John Knox Press, 1990), 5.

와 설명의 과정이라는 방식을 취해야 한다고 샘플은 말한다. 문화적 변동은 라이프 스타일의 변화를 가져올 것이다.

그렇다면 기독교 신앙이 전파되고 해석되는 통로 또한 재점검되어야 할 상황이 아니겠는가?

3) 흔들리는 공동체

한국 사회에 대한 최근의 진단들은 사회적 유대의 해체로 인한 한국인의 불행과 괴로움을 진단하고 이를 상당히 심각한 문제로 인식하고 있다. 김태형은 80-90년대에는 한국 사회에 비교적 친절과 신뢰라는 관계망이 존재했으나, 신자유주의가 도입되던 2000년 이후 적대감과 대립으로 대체되었다고 진단한다.

그러면서 그는 불안을 증폭시키는 심리 코드로 이기심, 고독, 무력감, 의존심, 억압, 자기 혐오, 쾌락, 도피, 분노 등을 열거하면서, 고통의 원인을 의식화하고 사회적 스트레스를 막아주는 보호막이 될 건강한 공동체가 필요하다고 역설한다.[15] 현대 한국 사회는 압축 근대화라고 불리는 고속 성장의 그늘 아래 국가의 복지 체계는 도시민들의 삶을 지켜줄 만한 준비가 안 되었고, 오직 가족이라는 얇은 보호막만이 남았었다.

그러나 계속되는 도시 개발과 전통적 이웃 관계의 붕괴 등으로 인해 사람들이 의지할 만한 준거 공동체가 무너진 상태에서 마지막 남

---

15 김태형, 『불안증폭사회』(서울: 위즈덤하우스, 2010).

은 가족 관계도 신자유주의의 거센 파고 아래 와해되고 있는 형편이다. 따라서 개인의 존재 가치와 공동체적 보호막이 급속도로 제거된 모습이 현대 한국 사회의 현실이며, 이는 세계 최고의 자살률로도 증명된다.

김찬호는 오늘날 한국 사회가 저성장 자본주의에 접어들면서 개인이 자본의 지위에 따라 잉여적 존재로 내몰리는 현실을 진단한다.

> 사회적 결속이 느슨해지고 사적인 영역에서도 친밀한 관계가 어려워지는 상황, 그렇다고 개인주의적 세계관이 형성된 것도 아니어서 타인의 시선에 늘 전전긍긍하는 삶은 모멸감에 취약할 수밖에 없다.[16]

그래서 그는 소수자들의 연대와 결속, 그리고 우정과 환대의 공동체를 통해 인간의 존엄한 삶을 회복할 것을 주장한다. 특히, 이들 지식인이 인간 관계의 문제와 상호 환대하는 삶을 강조한 것은 의미심장하며, 목회 사역에도 중요한 과제를 던져 준다. 한국 사회에서 지난 수십 년간 지역 공동체 운동을 활성화해 온 이들의 이야기를 담은 "우리 동네"라는 다큐멘터리 DVD를 보면, 이러한 운동을 주도한 이들의 주된 관심은 중앙의 정당 정치가 아닌 지역을 기반으로 한 풀뿌리 층위에서 정치적 이념과 생활 변혁을 결합하자는 데 목적이 있다.[17] 즉, 그들이 지향하던 사회, 경제적 이념을 지역이라는 구조

---

16 김찬호,『모멸감』(서울: 문학과 지성사, 2014), 143.
17 박지선,『우리동네: Welcome to Our Town』(부산: 평상필름, 2010).

에서 실현하자는 것이었다. 이는 오늘날의 지적, 문화적 풍조가 대단위의 집단적인 변화가 아니라, 지역적이고 구체적인 생활 영역에서의 실천과 변화를 모색하는 포스트모더니즘 현상을 반영하는 것이기 때문이기도 하다. 그래서 지역 공동체 개발을 통한 시대의 문제를 극복하려는 움직임이 활발해지고 있다.

이러한 문화적 상황은 한국 사회에 개인, 공동체, 자유, 존중, 배려 등의 가치를 한층 높여 놨으며, 비록 이명박 정권과 박근혜 정권에서 보수의 가치가 다시 사회를 잠식하는 듯했으나, 이는 신자유주의 경제 질서에서의 불안감과 전통적인 안보 심리의 발동으로 인한 현상일 뿐, 점점 더 확산하는 개인주의, 다원주의 문화를 거스를 수준은 아닌 것으로 보인다. 특히, 밀레니얼 세대라 불리는 20~30대의 라이프 스타일을 보면, '개인 존중의 시대'라고 불릴 만큼 자기를 보호하고 자유롭게 표현하는 데에 익숙해지고 있다.

이러한 풍조는 상대적으로 젊은 세대에게서만 나타나지 않고, 기성세대에게도 확산이 되고 있다. 일례로, 여성이 갱년기를 어떻게 맞이하는가에 대한 빅데이터 키워드를 보면, 과거에는 '버틴다'가 지배적이었으나 이제는 '챙긴다'는 개념이 더욱 우세하게 등장했다고 한다.[18] 자기 몸을 스스로 챙겨 갱년기를 소극적으로 버티는 것이 아니라 친구들과 훌쩍 여행도 다녀오고 자기 하고 싶은 일을 하려는 욕구가 더욱 커지고 있다.

그렇다고 해서 개인주의로만 치닫는 것은 아니다. 인간의 공동체

---

18 송길영, 『상상하지 말라』(서울: 북스톤, 2015), 158-159.

소속 욕망은 근본적이다. 요구되는 인식의 전환은 개인을 존중하는 공동체적 비전이다. 위로부터 명분과 지침을 하달하며 개인을 종속시키고 억압하는 유형의 공동체가 아니라, 개인의 자유와 리듬을 존중하고 기다려주는 공동체이다. 여럿이, 또한 따로 함께하는 공동체여야 한다.

3. 의미의 시대와 기독교

의미의 시대와 탈위기 인성 세대, 그리고 개인주의 및 다원주의적 가치관의 확장은 기독교에도 전혀 새로운 문제를 제기한다. 지난 수십 년 동안 한국 기독교는 반공주의, 자본주의, 국가주의와 동반자적 협력 관계 속에서 한국 사회의 주요 세력으로 성장해 왔다. 그러나 시대 문화와 정신적 가치가 전환함으로 말미암아 기독교의 메시지와 교회라는 제도의 성격에 대한 도전이 일고 있으며, 이는 다음 세대와 기독교가 조우할 것인가에 대한 큰 숙제를 던져 주고 있다.

한편으로 외형적 성장의 기독교에 대한 반성을 요청하며, 기독교가 어떻게 문화와 적응하면서 긴장 관계를 유지함으로 기독교의 독특성을 견지할 것이냐는 질문을 던지고 있다.

1) 가나안 교인 현상

가장 먼저 나타난 현상은 기성 제도권 교회로부터의 이탈이다. '가나안 교인'이라는 현상은 최근에 매우 주목받고 있다. '가나안'은 '안나가'를 거꾸로 발음한 것으로 교회에 안 나가는 기독교인을 익살스럽게 표현한 것이다. 가나안 교인 현상은 최근 정재영의 실증적 연구에서 입증되는데 이들은 교회의 주변인들이며 규모는 10% 정도 해당된다고 한다.[19]

이들은 구원의 확신이나 보편적 교회에 대한 소속감은 느끼고 있으나 여러 가지 이유, 크게는 소속에 매이지 않은 신앙 욕구와 기존 교회에 대한 상처로 교회를 떠난 이들이고, 단순히 다음 교회를 찾는 유랑자가 아니라 교회에 대해서 마음을 닫은 자들이다. 아마도 이들이 기성교회에 대해 갖는 감정과 요구는 다소 까다롭거나, 때로는 교회 밖의 중립적인 사람들이나 구도자들보다 덜 호의적일 수 있다.

이들은 이미 교회를 경험했고, 교회의 실상을 충분히 알기 때문이다. 그래서 기성교회는 정통 기독교 교리에 회의를 보이거나, 교회의 권위 구조에 고분고분하지 않은 이들의 '이탈'까지 끌어안기 힘들어할 수도 있다.

---

[19] 정재영,『교회 안나가는 그리스도인: 가나안 성도를 어떻게 이해할 것인가?』(서울:IVP, 2016). 그런데 최근 한국기독교목회자협의회에서 펴낸『한국 기독교 분석리포트: 2018 한국인의 종교생활과 의식조사』(서울: URD, 2018)에 의하면, 개신교인 중에서 교회에 출석하지 않는 이들이 23.3%에 이르는 것으로 나왔다. 이는 같은 기관의 2012년 조사인 10.5%에 비해서 두 배 이상이 증가한 수치이다. 이에 대해서는 실제 가나안 교인의 급격한 증가인지 조사 방법의 변화(오프라인에서 온라인으로)로 인한 차이인지 객관적인 검토가 필요하다.

이러한 가나안 교인 현상이 일어나는 이유로 소속 없는 신앙의 요구가 늘기 때문이라는 분석이 있다. 그러나 정재영의 조사 내용을 살펴보면 그와는 약간 다른 함의를 볼 수도 있다.[20] 가나안 교인 통계 분석에서 이들이 교회를 떠난 이유가 자유로운 신앙 생활을 원해서라는 답(30.3%)이 가장 많긴 하다. 그래서 소속 없는 신앙의 가능성을 거론했다.

하지만 다른 응답 항목들을 살펴보자.

목회자에 대한 실망이 24.3%이고, 교인들에 대한 불만이 19.1%로 나오며, 이 둘을 합쳐 교회에 대한 실망이나 불만으로 볼 때 43.4%를 차지하며 가장 높은 비율이 된다. 더군다나 신앙에 대한 회의로 인해 교회를 떠났다는 이들이 13.7%에 달하므로, 이 수치까지 합치면 67.1%가 기존 교회의 행태에 대한 실망과 회의 때문에 가나안 교인이 되었다는 것이다. 이는 전체 가나안 교인의 2/3에 해당하는 비율이다.

또한, 가나안 교인들을 과거 직분자(안수집사와 서리집사) 경험과 과거 직분자 비경험의 비교 구도 아래 관찰해 보면 흥미로운 대조점들이 나타난다. 과거 직분자들이 교회를 떠난 이유는 목회자와 교인들에 대한 불만이 약 67%(과거 안수집사와 서리집사 경험자들을 합한 평균)에 이르지만, 과거 비직분자들의 경우는 35.6%이다. 반면 자유로운 신앙생활을 원했기 때문이라는 대답은 직분자들의 경우 20% 정도이

---

20 이하의 통계에 대한 분석은 더 이상 발간되지 않는 기독교 웹진인 www.crosslow.com에 필자가 제시한바 있다. 필자의 글이긴 하지만, 선행 출처를 표기할 수 없음을 밝힌다.

지만, 비직분자들의 경우 34.1%이다. 즉, 과거 비직분자들에게서 교회를 떠나는 이유가 자유로운 신앙생활을 원한다는 답이 유의미한 차이로 가장 높게 나온다는 것이다. 그러므로 소속 없는 종교성을 원하는 이들일수록 교회 경험이 깊지 않았음을 암시한다.

일반적으로 기독교 신앙의 진정성을 가늠하는 기준으로 종종 제시되는 구원의 확신 문제를 보자.

과거의 직분 경험자들은 구원의 확신하는 경우가 평균 60%를 넘어서는 데 반해, 과거 교회 직분 경험이 없는 자들은 43.3%로 나온다. 즉, 교회 생활의 정도에 따라 구원의 확신이라는 '기독교적 정체성'의 차이가 뚜렷하게 나타난다. 또한, 과거 교회 직분 경험이 없는 자들은 교회를 떠날 때 크게 고민하지 않았다는 비율이 35.7%로 나타난다. 이는 과거 직분 경험자들의 평균 12.2%보다 훨씬 높다.

교회를 떠날 때 고민했느냐의 여부는 가나안 교인들의 소속 없는 종교성을 입증할 때 자주 거론되는 지표임을 유의하면, 그 간단한 주장에 비해서 가나안 교인들의 교회 이탈에 대한 이해와 감정은 훨씬 더 복잡하다. 더군다나 과거 직분 비경험자들은 구원의 확신 문제가 중요하지 않다고 보는 견해에서도 과거 직분자들의 평균 약 15%를 훨씬 상회하는 40%에 이른다. 게다가, 구원의 확신을 가진 시기에서 과거 교회 직분 경험자들은 주로 20대 이후에 많이 나타난 데 비해, 과거 교회 직분 비 경험자들은 초등학교부터 20대에 집중된다.

교회를 떠난 시기에서도 직분자들은 30대부터 시작되는데 반해 (놀랍게도 30대 이전에 구원의 확신을 가진 경우는 통계에서 0%로 나온다!), 교회 직분 비경험자들은 고등학교 이전, 이후, 그리고 30대까지의 비교적 젊은 시기에 집중된다. 나이가 젊을수록, 상당수는 부모의 신앙 지도를 벗어난 직후에 '이미' 교회를 떠났으리라고 짐작할 수 있게 하는 대목이다.

2012년에 조사된 한국 개신교인들의 교회 출석 여부를 보면 10.5% 정도가 교회를 다니지 않는 것으로 나오고, 비출석 이유로는 목회자들에 대한 부정적 이미지(19.6%), 배타적이고 이기적인 교인들(17.7%), 헌금 강조(17.6%) 등으로 교회 내부의 문제들을 주로 지목했다. 개인적 이유라 할 수 있는 시간이 없기 때문은 15.8%였다.[21] 하지만 같은 기관의 5년 뒤 2017년 조사에서 교회 비출석 이유로 가장 많이 나온 응답이 얽매이기 싫어서(44.1%)였다.

이는 새롭게 추가된 항목이었는데, 특히 응답자가 젊을수록 비율이 더 높았다. 19-26세의 경우지만, 60세 이상은 28.3%로 큰 차이를 보인다. 5년 전과 달리 시간이 없어서는 8.3%로 낮아졌다. 아마도 얽매이기 싫어서라는 응답 항목과 중복되어 보이기 때문일 수 있다.[22] 젊은층에서의 교회 이탈률은 더욱 높다. 학원복음화협의회에서 조사한 바에 따르면 개신교인 대학생의 28.3%가 교회를 다니지 않고 있으며, 특히 서울(39.3%)과 인천, 경기 (29.3%) 등 수도권 지역에서 비율이 높게 나온다.[23]

정리하자면, 원래 가나안 교인 현상은 교회와 목회자에 회의를 느꼈거나 신앙이 깊이 형성되지 않은 이들에게서 주로 나타난 것으로

---

21 한국기독교목회자협의회 편, 『한국기독교 분석리포트 2013』(서울: URD, 2013), 70-71.
22 『한국 기독교 분석리포트: 2018 한국인의 종교 생활과 의식조사』, 82.
23 학원복음화협의회 편, 『청년 트렌드 리포트』(서울: IVP, 2017), 157-158.

볼 수 있다. 그러나 가나안 교인이라는 명명이 이루어지고 사회적 논의가 확대되면서 자신의 정체성을 가나안 교인으로 규정하는 이들이 높아지는 것으로 추측된다.

이러한 교회 비출석자들의 증가는 가나안 교인이라는 담론이 만들어 냈다기보다는, 한국 사회에서 주체적 개인이 강조되는 현상과도 연결되었다고 본다. 한국교회의 오랜 관행과 신앙 양식에 대한 회의와 실망을 느낀 이들이 교회라는 집단과 전통으로부터의 고리에서 떨어져 나가는 데 망설일 만한 이유가 점점 줄어들기 때문이다.

그동안 기존 교회들이 개인의 주체성을 인정하지 않고 강요된 신앙을 요구했으나, 이제는 웃자란 개인들이 제도화된 종교 생활과 거리를 두는 영성을 추구하지 않을 수 있음은 세속화 시대의 종교가 어떤 모습이어야 하는가에 대해서 진지한 고민거리를 던져 준다. 간섭을 받기 싫어하는 현대인들이 자기 주도적으로 영성을 추구하는 흐름이 대세인 것은 부인할 수 없다. 그러나 이러한 소속 없는 신앙에 대한 평가에는 양면성이 있다고 본다.

집단주의적이거나 강요적인 신앙 문화는 극복되어야 한다. 하지만 인간의 본질적 사회성과 신학의 본질적인 교회론은 이러한 개인주의 문화의 번창 속에서도 새롭게 음미되어야 한다. 이러한 소속 없는 신앙에 대한 욕구는 현시대의 개인주의와 소비주의 문화에 포섭될 가능성도 크다. 또한, 신앙이 공적 영역과 분리되어 개인의 사적인 영역으로 축소되는 세속적 이원론에 따라 끌려다닐 위험도 있다. 인간은 관계로 존재하며, 관계 때문에 인간다움을 가장 잘 회복할 수 있다.

교회는 사람들이 그리스도와의 단독적 관계를 맺는 곳인 동시에

서로에게 헌신하며, 그처럼 회복된 관계를 기반으로 세상과 조화로운 관계를 추구하는 공동체이다. 공동체적이고 개인존중적인 역설적 교회 생활의 재편이 요구되고 있다.

그동안 한국 기독교는 근대화 시대의 국민 동원과 계몽이라는 패러다임에 익숙해 있었고 그와 같은 패러다임을 잘 활용해서 효과적인 성장을 거두었다. 그러나 이제 교회의 수많은 집회와 프로그램들로 인해 교회 봉사자들의 피로감이 높아지고 있으며, 개인의 시간과 취향을 확보하고 싶어하며 다원화된 사회에 적응해야 하는 현대인들과 부조화를 이루고 있는 것도 사실이다. 교회의 집단화된 동원 문화가 자유와 상호성을 지향하는 현대인들의 삶과 괴리를 일으키는 것은 당연하다.

따라서 교회는 덜 간섭받고 자기 주도적인 리듬으로 신앙생활을 영위하려는 욕구가 증대하고 있음을 인정해야 한다. 단순히 집회나 짜인 틀에 맞춰 결신을 유도하여 방점을 찍는 신앙 지도가 아니라, 인생의 여정 가운데 더욱 명료하고 깊은 신앙의 헌신에 이르도록 지속해서 인도하는 동반자적 사역이 기독교의 과제로 떠오른다. 의문과 반항을 억누르는 권위적인 교회 생활이 아니라, 함께 신앙의 의미를 삶 속에서 탐색하는 영적 여정이 필요하다.

2) 차세대 기독교의 전망 [24]

가나안 교인 현상과 비슷한 시점과 위기의식 속에서 제기된 또 다른 쟁점이 차세대 기독교인가 어떻게 될 것인가에 대한 고민이다. 앞서 밝힌 것처럼, 의미의 시대는 새로운 세대와 라이프 스타일이 한국 사회에 도입되었음을 보여 준다. 반면, 한국 기독교는 2000년대 이후 차세대 사역에서 상당한 고전을 겪고 있다.

한국교회 차세대의 신앙 지속성에 대해 총체적으로 불길한 진단이 나오는 셈이다. 전체 종교 인구의 연령별 상황을 보면,[25] 개신교는 0세부터 9세까지가 19.9%, 10세부터 19세까지가 20.4%로 미성년자 신도 수 1위를 차지하며, 이는 1985년부터 2005년까지 변하지 않았다.

그다음으로 불교가 0세부터 9세까지 13.2%, 10세부터 19세까지가 17.7%를 점한다. 하지만 20세부터 29세까지의 종교 인구에서 개신교는 17.%로써 불교의 19.3%에 비해 뒤진다. 천주교도 성인 교세의 증가와 더불어 청소년 교세 또한 증가 추세이다. 즉, 20대로 접어들면서 개신교 교세가 타 종교들보다 아동기와 청소년기의 우세를 유지하지 못한다는 뜻이다. 10세에서 19세까지의 개신교 인구는 1995년 통계에서는 22.5%를 차지했는데, 그로부터 10년 뒤 이들이 청년기에 접어들었을 때의 통계는 17.9%로, 4.6%가 감소하였다.

---

24 치세대 기독교에 관한 이하의 내용은 필자의 졸고 "오래된 미래 관점에서 보는 차세대 복음화,"「복음과 선교 20」(2012년 4권): 9-39를 요약 및 첨삭하였다.
25 이하의 통계는 통계청 조사 결과에 대한 다음의 분석에 근거한다. 최현종,『한국 종교인구 변동에 관한 연구』(서울: 서울신학대학교출판부, 2011), 23.

교회의 자녀들이 비단 20대에 들어서야 신앙을 떠나는 것이라고 볼 수도 없다. 현장의 사역자들은 많은 기독교 가정의 청소년들이 비록 자신의 종교를 크리스천이라고 표기하지만, 사실상 이미 마음으로는 교회와 신앙으로부터 멀어졌을 것이라고 진단한다. 최근 교계 언론들에서 조사한 바에 따르면, 수도권 교회들의 절반이 교회학교가 없으며, 출산율 저하와 경쟁적 입시 체제도 다음 세대 신앙 전승에 위협이 되고 있다.

기독교 교육학자 한미라는 아동, 청소년, 청년대학생에 이르는 연령을 주일학교 구성원으로 보면서 이들의 비중이 2004년 기준으로 전체 개신교인의 27%에 해당하며, 이와 같은 주일학교의 비율은 1987년의 약 50%에서 1994년의 32%로 감소한 데서 더욱 떨어진 것으로 분석한다.[26]

이러한 감소 현상은 무엇보다 일차적으로 연령별 인구 규모의 변화에 기인한 점이 있다. 전체적으로 볼 때 인구의 고령화는 지속하는 반면, 출산율 감소로 인한 아동과 청소년 인구의 비중은 계속 줄어들기 때문이다. 그러나 차세대 교인 비중의 감소는 단순히 전체 인구 및 개신교 교세 비중의 감소에 따른 자연스러운 현상은 아니다.

1995년의 전국 아동 수는 10년 전인 1985년도와 비교해볼 때, 95만 명가량이 줄어들었지만, 같은 해의 개신교 아동 수는 오히려 10년 전보다 24%가 증가한 93만 명에 이르는 것으로 나타난다. 하지만 2005년에는 10년 동안 전국 아동 수가 다시 증가하였지만, 개신

---

[26] 한미라, 『개신교 교회교육』(서울: 대한기독교서회, 2005), 102-103.

교 아동 수는 88만 명으로 감소하였다.[27]

그렇다면 이러한 문제는 한국교회가 차세대 신앙 교육에 대한 투자를 소홀히 했던 결과일까?

물론 그점도 현 상황을 설명하는 대답 일부는 된다. 그러나 한국교회는 선교 초창기부터 교육에 지대한 관심을 두었던 것으로 평가된다. 한국 사회의 고유한 교육열은 교회 현장에서도 발견할 수 있었고, 차세대의 각 부서 전문 사역자를 배치하며, 물질과 에너지를 투자하는 데 있어서 한국교회가 서구교회에 비할 때 그리 미흡하다고 볼 수 없다. 신앙의 적극성에서도 개신교회는 불교나 천주교보다 훨씬 앞서 있으므로, 가족간에 신앙생활을 권면하고 지지해 주는 성격이 더욱 짙다.

또한 주일학교(Sunday School)라고 하는 개신교회의 차세대를 위한 전문적인 신앙 교육 시스템과 문화적 유연성은 다른 종교들에 비해서 경쟁력이 훨씬 더 강한 것으로 보인다. 이는 한국교회가 그동안 구축해온 사회, 문화적 환경의 변화에 대한 빠른 적응력에 기반을 둔다. 또 한 가지 고려할 문제는 신앙 지식의 전수에 관한 것이다.

한국교회의 다음 세대는 과연 얼마나 그 부모와 선배의 신앙을 제대로 알고 있을까?

20대에 이르러 급증하는 신앙 이탈이 바른 신앙 양육의 부재와 연관되어 있지 않을까?

아이들의 신앙에 대한 관심과 열의는 사소하게 보아서는 안 된다.

---

[27] 양금희, 『교회학교 진단 침체와 부흥』(서울: 쿰란출판사, 2008), 38-39.

2015년 총신대학교 함영주 교수가 연구 분석한 자료에 따르면, 교회의 아이들이 교회에 나오는 가장 중요한 이유는 '자신의 신앙 때문'(청소년의 경우 66.4%, 초등학생의 경우 52.3%)이라고 답했다.

또한, 장로회신학대학교 기독교교육연구원에서 행한 아동들의 교회 생활 만족도 조사에서도 아이들이 가장 지루해하는 시간이 성경공부이면서, 동시에 가장 선호하는 교사도 '성경을 재미있게 가르쳐 주는 교사'라고 했다. 이러한 통계들은 단초에 불과하지만, 기독교인의 자녀들이라고 해서 성경과 기독교 신앙을 이미 다 받아들였고 싫증을 내리라고 전제하지 않도록 경종을 울린다.

오히려 관례화된 교회 문화 속에 젖어 있는 믿음의 자녀들은 홍수 속에 마실 물 없는 처지와 같이 믿음에 무지할 수 있다. 차세대를 위한 기독교 세계관과 성경 지식의 교육은 실질적이고 효과적인 방법을 모색해야 할 시점에 와 있는 것이 분명하다. 과거의 한 방향적이고 지식주입적 방식으로 해결되지 않는다. 이는 오히려 기성 신앙에 대한 반작용을 불러일으킬 수 있다. 안전함과 신뢰, 그리고 개인의 자발성과 참여성이 보장되는 환경에서 기독교 신앙의 전승이 이루어지도록 해야 한다.

3) 공동체의 붕괴와 한국교회

현대 한국 사회는 성공적으로 산업화와 도시화를 급속히 성취한 대가로 사회 유대 망의 붕괴라는 위기를 경험하고 지금도 직면하고 있다. 2017년 현대경제연구원에서 발표한 바에 따르면, 한국의 사회

자본 지수는 OECD 36개국 가운데 최하위인 36위로 나타났다. 공적 사회자본(OECD 32개국 중 31위)이 사적 사회자본(28위)에 비해 더 낮게 나왔음을 볼 때, 우리나라는 공적인, 즉 제도적인 복지와 안전망이 현저히 낮다.

반면 한국인들이 만족스러운 사회적, 공적 자본을 보유하지 못했음에도 불구하고, 공적 참여 지수(16위)와 사적 참여 지수(18위)는 OECD 국가의 평균을 웃도는 수준으로 나왔다. 경제협력개발기구(OECD)에서도 주기적으로 36개 회원국을 대상으로 '행복 지수'(Better Life Index)를 조사하는데, 한국은 늘 하위권에 머무르곤 했다. 이 조사에서는 여러 항목에 대한 회원국의 지수를 조사하는데, 한국은 공동체 항목에서 늘 최하위권을 벗어나지 못하고 있다.

더군다나 경제소득이 중하류층으로 갈수록 공동체 지수는 더욱 낮게 나온다.[28] 공동체 지수는 사회적으로 정서적으로 지원을 받을 수 있는 네트워크와 사회적-성적 차별 등을 통한 삶의 만족도를 측정하는데, 한국 사회는 전체적으로 공동체적 사회적 연대망의 약화를 경험하고 있으며, 경제적 양극화는 이러한 공동체 경험의 양극화까지 초래하고 있다. 심지어, 종교 생활마저도 경제적 양극화에 비례하는 것으로 드러나는 조사가 나오기도 했다.

이처럼 공동체 지수가 현저히 낮게 나오는 원인에는 급격한 도시화와 전통 사회의 붕괴, 개인주의와 물질주의의 팽배를 들 수도 있지만, 한편으로는 전쟁의 두려움과 근대화의 열망 속에서 살아온 현대 한국

28　http://www.oecdbetterlifeindex.org/countries/korea/ 2017년 조사에서 사회적 연대, 즉 공동체 영역에서 한국은 말 그대로 꼴찌였다.

인들의 습속 때문일 수도 있다. 정치학자 김동춘은 전쟁 정치의 시대를 살던 사람들은 이웃 사람들이 억울하게 누명을 쓰고 죽어도 자신이 같이 연루되는 것은 부담되고 위험하므로 목숨을 부지하고자 피해자의 억울함과 상처를 외면하는 데 익숙해졌다고 한다.[29]

사람들은 국가의 요구에 부응하며 권력에 집착하며 경쟁하는 가운데 타인에 대한 공감과 포용의 여유를 잃게 된다. 그래서 김동춘은 지적한다.

> 끊임없이 지위의 상승을 추구하고 이웃을 누르고 성공해야 한다는 강박증에 사로잡혀 있는 사회에서 사람들은 타인의 고통에 무감각해지고, 권력과 부를 얻은 사람만을 승리자로 칭송하다.[30]

결국, 현대 한국인들이 앓고 있는 소외와 단절의 병리성은 과거 기독교가 기반으로 삼아왔던 안보와 성장 논리의 과잉 지배로부터 연원했다 하더라도 과언이 아닐 것이다. 이 지점에서 기독교는 스스로를 반성하며 사역의 방향을 전환해야 할 시점에 이르렀다. 앞서 살펴본 것처럼 전쟁과 가난이 격동하던 현대사에서 위기 인성은 한국인들에게 체화될 수밖에 없었고, 도시화와 근대화의 물결이 사람들이 전통적 근거지를 떠나서 부유할 때, 교회는 그들에게 보호처이자 안식처의 역할을 하였다. 정체성과 소속감의 위기를 겪는 현대 한국인들을 가장 능동적으로 수용한 곳이 바로 교회였다.

---

29 김동춘, 『전쟁정치』(서울: 길, 2013), 255.
30 Ibid., 300.

친미 반공 이데올로기만으로 현대 한국교회의 기능이 단순 채색되기에는 지난 세기 한국인의 삶이 매우 절박했고 갈급했다. 그러나 문제는 과거의 국가적, 집단적 위기 상황에서 기독교가 보호와 안식, 구원을 제공했다면, 이제는 더욱 개인 존중적이고 도시 공동체적 차원에서의 보호와 돌봄을 제공할 필요가 부상한다는 것이다.

이러한 상황에서 최근 한국교회 일각에서 자구적인 노력은 선교적 교회론, 즉 교회로 사람들을 끌어모으는 것이 아니라 지역 사회와 이웃 속에서 기독교 공동체를 구현하는 움직임으로 나타나고 있다. 지난 생활의 시대에 교회 성장론이 도입되어 한국교회에 실질적으로 큰 영향을 주었고, 행복의 시대에도 교회 성장론에서 제시하는 문화적으로 유연하고 상관성 있는 교회론에 입각한 대형교회와 문화 사역론이 등장했다고 볼 수 있다. 즉, 생활의 시대와 행복의 시대에는 모두 교회 성장론으로부터 영향을 받은 기독교의 대응 체계를 갖췄다면, 의미의 시대에는 더 이상 관습적 교회 성장론이 효력을 발휘하지 못하고 지역과 이웃에 천착하는 선교적 교회 운동이 주목을 받을 수밖에 없을 것이다.

선교적 교회 운동은 삶의 전 영역에서 하나님의 나라를 증언하고 그리스도의 길을 따르는 방식을 권장한다. 여기서 교회의 형태는 자생적으로 매우 다양하게 모색될 수 있다. 따라서 가시적인 기독교 체제의 확장보다는 교회가 세상의 한복판에서 하나님 나라의 덕목과 삶을 증언하고 공유하는 데 초점을 맞춘다. 선교적 교회론은 특정한 신앙공동체가 특정 지역 특정 집단을 향해 구체적으로 이웃을 섬기고 진실한 관계를 맺으며 영적 여정을 함께 하도록 격려한다.

한국교회의 상황에서도, 기존의 교회 중심 팽창주의와 번영주의가 비판과 한계에 봉착하면서, 현실적으로 새로운 문화적 상황 속에서 기독교 공동체란 어떤 모습이어야 하는지에 대한 진지한 고민이 일어났고, 다원화된 사회 속에서 삶의 의미를 모색하는 이들에게 전통적 교회가 답이 되지 못함으로 인해 자연스럽게 대안적 교회 운동으로서 지역 공동체와 함께하는 선교적 교회론이 주목받고 있다.[31]

4. 평가

의미의 시대는 경험, 여정, 공동체, 다원주의, 환대 등의 여러 새로운 시대의 가치들을 던진다. 이는 기존의 한국 기독교가 익숙했던 문화적 패러다임이 아니다. 그런 면에서 한국교회 앞에는 새로운 과제가 놓여 있고, 이에 어떻게 대응하느냐 하는 것은 현재 진행형의 과제이다. 여기서 현재 한국 사회에서 기독교의 위상은 과거의 타당성 구조의 지위에서부터 멀어지고 있음을 인정해야 한다.

이는 서구 기독교의 역사적 경험에서도 배울 수 있다. 그것은 서구사회가 탈 기독교 세계(Post-Christendom)라는 시대적 조류로서 기독교의 신념 체계가 더 이상 사람들에게 설득력과 유력한 가설로서의 영향력을 발휘하지 못하는 상황에 놓인 것이다. 한국 기독교도 비록 같은 차원은 아니지만 이와 유사한 상황에 부닥쳐있다.

---

31 이에 대해서는 필자의 졸고인 "선교적 교회론의 복음주의적 수용연구: 실천신학적 관점에서," 「복음과 실천신학」 제36권 (2015.8): 147-183을 참조하라.

기독교 문화가 맹위를 떨치는 듯해 보이는 서구 사회에서도 교회가 주변부로 전락하면서, 교회가 주변부로 밀려나고 있다. 시간이 지날수록 젊은 세대와 사회 엘리트층에서는 기독교에 대한 인식과 관심조차 사라져 가면서, 기독교의 존재 위상에 심각한 문제 제기가 일어날 수밖에 없다. 실제 종교에 대한 의식을 살펴보면 기존 교회가 어떤 식으로 변화돼도 교회와는 무관하게 살아갈 사람들이 영국의 경우 4천만 명(전 인구의 70%), 미국의 경우는 8천5백만에 이른다고 한다. 이것이 바로 첨단 시설과 실용적이고 흥미로운 프로그램으로 교회를 채워도 다수의 사람과는 관계없는 탈 기독교 세계(Post-Christendom)의 현실이다.

그런데 이러한 상황에서 문제는 단순히 기독교의 비중과 위상에 관한 외면적 요인에 있는 것이 아니다. 오히려 사람들의 의식 구조와 가치의 이동을 기독교가 인식하고 치열한 대응을 하지 못하기 때문으로 보인다. 그것은 바로 의미의 시대에 다원화된 가치들을 기독교의 관습적, 전통적 신념 체계가 수용하고 대응하는데 미숙하기 때문이다.

비록 2015년도 통계청의 종교 인구 조사에서 한국 개신교가 제1위의 종교가 되었으나, 전체 종교 인구의 감소와 기독교에 대한 신뢰도와 부정적 이미지는 한국 기독교가 결코 사회 내에서 타당성 구조를 과거와 같이 유지할 수 있으리라는, 전망을 어둡게 만든다.[32]

---

32 최현종, 97. 개신교에 대한 외부적 평가는 부정적인 요소들이 훨씬 많은데, 공격적이고 강요하는 전도방식에 대한 비판, 배타적이며 교리적이라는 비판이 주요한 내용이다.

관용과 환대라는 가치가 오늘날의 다원화된 사회에서 매우 필수적이고 중요한 삶의 덕목이자 태도임에도 불구하고, 한국 기독교는 여전히 타인에 대해서 잠재적 포교의 대상으로 보는 시각 외에는 어떻게 상호 교류와 대화를 통해서 인식 지평을 넓힐지에 대한 준비가 부족하기 때문이다.

최근에 한국 기독교의 이슬람과 동성애에 대한 포비아적 우려는 이를 반영한다. 기독교의 고유하고 차별적인 교리와 신념을 견지하는 것은 불가피하지만, 다원주의 사회에서 이를 표현하고 나누는 데서는 환대와 포용이라는 가치를 진지하게 배울 필요가 있다. 기독교의 유일신 종교라는 성격상 선교적이고 배타적인 지향성은 필연적이라고 본다.

그러나 배타성은 신념에 대한 선택에서의 배타성이지 타인을 향한 태도에서의 배타성일 수 없으며, 선교는 기독교 세계관에 의한 하나님 나라의 구현과 완성이라는 측면에서 재조정될 필요가 있다. 배제의 문제를 민감하게 인식하고 환대의 가치를 고민하는 기독교는 오늘날 다양한 사람과 문화가 몰려오는 대한민국 사회에서 기독교의 역할과 타당성을 새롭게 모색하게 할 것이다.

제9장

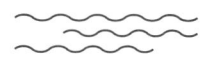

한국 기독교의
새로운 타당성 서사(plausible narrative)를 찾아서

지금까지의 논의는 20세기 현대 한국 문화와 기독교 성장의 상관성에 대한 객관적 진단을 하는 데 초점을 맞추어 왔다. 기독교 내적인 요소들, 즉 한국교회의 남다른 열정적인 영성이나 전도의 열심 등과 같은 교회 내부의 요인들에서 성장의 근거를 찾기보다는 기독교가 성장할 수 있는 사회, 문화적 타당성 구조들을 주목하고자 했다. 물론 교회 내부적이고 신앙 요인들은 성장을 설명하는 데 가장 중요한 배경인 것이 사실이다. 그러나 내부적 요인들이 객관적이고, 외부적 환경들과 어떻게 조화를 이루었는지를 보는 것이 좀 더 균형 잡힌 관점일 것이다.

최근 한국교회는 성장의 어려움을 겪게 되면서 과거와 같은 열정과 방식에 더 박차를 가하며 전도와 기도의 열의를 잃은 것이 문제라고 보기도 한다. 하지만, 우리의 시각을 전후좌우로 돌릴 필요가 있다. 모든 종교적 열성이 그 종교의 성장을 보장하진 않는다. 종교가 더 큰 사회, 문화의 가치들과 긴밀한 연관성을 지니면서 종교적 열성은 외형적인 성장의 결과를 낳을 수 있다.

1. 한국교회 성장의 타당성 구조들과 그 한계

본서에서는 정치적, 경제적, 그리고 문화적 삶의 영역에서 현대 한국 사회가 기독교의 역할과 메시지를 수긍하고 지지하기에 용이한 환경이 조성되었음을 설명했다. 정치적으로는 반공과 안보의 논리가 한국인의 삶을 강력하게 지배해왔기에, 교회는 공산주의에 맞설 수 있는 이념적 보호막으로 인식되었다. 북한의 위협으로부터 우리를 지켜줄 수 있는 가장 강력한 보호자인 미국과의 유대 관계는 기독교라는 고리를 통해 공고해지리라는 기대가 자연스럽게 형성될 수 있기 때문이다.

더군다나 박정희 정권에서 야심차게 진행된 근대화와 새마을 운동은 미신과 구습의 추방을 수반하였기에, 전통 종교들의 영향력이 현저히 약화된 사상적 공동화 시대에 개신교는 한국인의 신앙 세계에 무혈 입성했다고 평가받는다.[1]

2016년의 대통령 탄핵 열풍과 촛불 집회, 그리고 2017년 대선을 둘러싸고 시민들 사이에서 일어난 여러 집회와 정치적 표현 중에서 도드라진 현상 가운데 하나는 보수 집회에 한국의 몇몇 대형교회의

---

1 이길용, 『종교로 읽는 한국 사회』(서울: 꽃자리, 2016), 55.

교인들이 동원되었다는 것이다. 이른바 태극기 집회라 불리며 주로 노인 세대들이 큰 비중을 차지했던 이 군중 집회들의 참석자 상당수가 대형교회의 교인들인 것으로 알려졌다. 시위 참석자들은 보수 애국을 부르짖으며 태극기 뿐 아니라 성조기를 함께 들고 나왔다. 심지어는 성경과 기독교가 유래한 곳이라고 생각해서인지, 아니면 대한민국이 하나님의 선민이어야 한다는 열망 때문인지, 이스라엘 국기까지 등장하는 진풍경도 벌어졌다. 이와 같은 시위의 풍경에서 한국의 20세기를 살아온 노인 세대의 의식 속에 공고하게 형성된 보수-친미-기독교라는 삼각 관계가 엿보이기도 한다.

그런데 여기서의 친미는 자유분방한 미국 사회와 문화적 윤리와 친하다는 의미가 아니다. (그렇다면 미국에서 유학하고 미국적 라이프 스타일과 유행에 민감한 필자야말로 지독한 친미가 될 것이다.) 그것은 냉전 시대 공산주의의 위협으로부터 자유세계를 수호해주는 종주국으로서의 미국에 대한 의존을 의미한다. 자본주의와 자유 경제의 대국으로서 미국이 지니는 역할도 무시할 수 없겠지만, 일반적으로 노인 세대의 뇌에 박혀 있는 미국에 대한 이미지는 반공과 자유 이념의 중심 국가이다.

앞서 말한 것처럼 조선 시대 성리학 사대부들이 더 크고 우월한 문명질서로의 귀속을 염원했듯이, 현대사의 굴곡과 위기를 온몸으로 체험한 그들에게 미국은 한국이라는 제후국이 생존하고 번영하기 위해서는 응당히 따르고 의지해야 할 기준이었다.

한국의 현대사에서 사람들이 전쟁과 광기의 시대에 자기를 보호하는 수단으로써 기독교를 선택했고, 그 기독교는 반공과 친미의 성격을 띨 수밖에 없었다. 필자는 반공과 친미를 부정적으로 가치 평가하는 것이 아니라, 하나의 문화적 형상으로 볼 뿐이다. 천주교는 19세기에 극심한 탄압을 받으며 성장의 동력이 약화되었고, 20세기의 해방과 전쟁 이후에도 한국의 권력 집단과 거리를 두었지만, 개신교는 이러한 반공과 근대화, 그리고 친미의 타당성 구조 속에서 비약적 성장을 이루게 되었다.[2]

이는 미국과의 교류에서 사신 역할을 해 왔던 기독교의 타당성 구조를 약화시키는 요인으로 작용한다. 더군다나, 자본주의 체제의 도입과 압축 근대화로 인해 경제적인 양극화와 불평등의 후유증을 겪게 되는 상황에서 기독교는 기득권층에게 더 가까운 실망스러운 종교로 비쳐지기도 했다. 근대 한국인의 정서를 지켜왔던 반공 이념도 북한과의 적대적 공생 관계의 일환이었을 뿐, 평화와 통일의 시대로 나아가는데 동반자가 되기에는 적절하게 보이지 않는다.

물론 한국 사회의 민주화와 개혁에서 개신교는 중요한 역할을 감당하기도 했다. 폭압적 권위주의 정권에 저항하는 이들을 지지하고 앞장서서 그들을 보호하는 교회들도 많았다. 따라서 20세기까지 기독교는 한편으로는 지배 이데올로기에 복무하는 실망스러운 기성 종교로 비쳐지기도 했지만, 다른 한편으로는 모순되고 억압된 세상에서 투쟁하고 고난당하는 이들과 함께하는 모습도 보여줬다. 20세기 후반에 기독교는 한국 사회와 소위 애증의 관계를 유지했다 해도 과언이 아닐 것이다.

2　옥성득, 『다시 쓰는 한국 초대교회사』, 500.

정치적으로 보수적인 교회 출신의 진지하고 헌신된 그리스도인들이 우리 사회에서 건강한 기독교적 책임을 자발적으로 감당하고자 토지 공개념, 경제 정의 실천, 공명 선거 운동 등을 일으키기도 했다. 하지만 이러한 노력들은 기독교의 유력한 사회적 표현으로 자리 잡지 못했다. 21세기로 들어서면서 개신교에 대한 사회 전반의 시각은 냉소적으로 변모해간다. 잇단 목회자들의 성추문과 대형교회의 세습이 사회적 논란으로 비화되면서 '안티 기독교,' '개독' 등의 용어가 사회에 만연하고, 개신교에 대한 인식은 냉소를 넘어서 혐오의 수준으로 발전했다.

경제적인 차원에서도, 이미 저성장 후기 산업 사회의 양상이 뚜렷한 한국 사회에서 교회가 특별히 유리한 위치에 놓여 있지도 못하다. 한때 기독교의 전유물이었던 적극적 사고방식과 번영 신학은 21세기 한국 사회에서 기독교에 대한 매력적 요인으로 기능하기 어려워졌다. 오히려 경제적 측면에서 기독교가 제공할 수 있는 선물이 있다면, 그것은 경쟁과 결핍의 시대에 심플 라이프 운동이나 나눔의 정신과 실천이 될 것이다.

흔히 20세기가 산업화를 위한 생산과 성장을 일으키는 엔돌핀 시대였다면, 21세기는 내면 성찰과 쉼의 상징인 세로토닌 시대라고도 한다. 그동안 성장과 생산 동력에 익숙한 한국교회에는 열정과 헌신 등과 같은 외적인 성과를 보여 주는 신앙의 가치가 돋보여 왔다. 반면, 후기 산업 사회를 사는 사람들에게 요청되는 안식, 성찰, 묵상, 절제 등과 같은 가치들은 교회에서 그리 강조되지 않았다.

문화적으로 기독교는 해방 이후 구원자의 역할을 했던 미국 문화의 통로로서 세련되고 동경할 만한 신문물을 상징하였으나, 한국 사회의 자율적 문화 역량이 강화되면서 그와 같은 문화적 우위성을 충분히 누리지 못한다. 물론 여전히 헐리우드를 비롯한 미국의 대중문화와 엔터테인먼트 산업이 전 세계의 문화 상징을 잠식하고는 있으나, 이제는 교회가 일반 사회에 비해서 문화적으로 '앞선' 코드를 지녔거나 문화적 역량을 표현하는데 유리한 환경이 되지 못한다.

영화 평론가 최은은 한국 영화사에서 나타난 기독교 이미지를 고찰하면서, 1950년대와 1960년대에는 성경책을 들고 교회에 가는 인물들은 서구적인 신여성이나 모던한 스타일로 묘사되었다고 한다. 기독교는 전통과 대립하면서 교육받은 엘리트와 중산층 가정의 이미지로 활용되었다는 것이다.[3]

이러한 기독교의 긍정적 이미지들은 1970년대와 1980년대에 이르러 절정에 이르는데, 당시 주기철 목사의 순교를 다룬 "저 높은 곳을 향하여"(1977), 맹인 목사 안요한의 일대기인 "낮은 데로 임하소서"(1982)와 같은 영화들은 기독교의 헌신과 회심을 다룬 영화임에도 일반인들에게도 큰 호응을 얻었다.[4]

이러한 영화 비평은 생존의 시대(주로 1950년대와 1960년대) 서구 문명의 상징으로서 기독교가 인식된 것과, 생활의 시대인 1970년대와 1980년대에 교회가 한국 사회의 산업화 및 근대화의 동력에 부응했다는 본서의 논점과 정확히 일치한다. 그러다가 1990년대 이후부터

---

3 최 은, "한국영화에 나타난 기독교 이미지 사를 보다," 「목회와 신학」(2008년 1월호), 71.
4 Ibid., 73. 최 은은 이러한 영화들이 군사 독재 시대에 대중의 감성을 순화시키는 기능을 함으로 당시 정권에게도 호의를 얻었을 것이라고 말한다.

제9장 한국 기독교의 새로운 타당성 서사(plausible narrative)를 찾아서 287

변화의 조짐이 일어나는데, 한국 기독교의 성장이 정체되고 교회가 사회적 질타를 본격적으로 받기 시작한 1990년대 중반 즈음부터 교회 집사인 비리 경찰의 위선을 고발하는 "투캅스"(1993)와 황당 사기극의 현장으로 교회가 묘사된 "할렐루야"(1997)에서는 기독교가 희화화되기 시작한다.[5]

이는 교회에 대한 비판적 시선이 반영되었을 뿐 아니라, 행복의 시대를 관통하는 코드인 쾌락과 웃음의 대상으로서 교회가 상정되었음을 보여 준다. 교회는 더 성스러운 공간으로 사람들이 함부로 시비를 걸 수 있는 실체로 인정받지 못했다. 21세기 이후의 영화들은 교회를 냉소적인 시간을 보내기 시작한다.

최은에 의하면, "친절한 금자씨"(2005)나 "밀양"(2007)과 같은 영화들은 단순히 기독교를 비판하는 것이 아니라 현실의 모순과 고통 앞에서 기독교 신앙의 무력함에 대한 냉소를 담고 있는 것이다.[6] 여기에는 한국의 현대사에서 기득권의 위치를 지켜온 교회에 대한 사람들의 실망과 좌절이 담겨 있다 해도 과언이 아닐 것이다.

그동안 한국의 현대사에서 기독교는 반공 내러티브, 근대화 내러티브, 그리고 선진 문화 내러티브를 디딤돌로 삼아서 고유한 종교적 열심과 더불어 성장하였다. 하지만 지금 우리는 그와 같이 한국 기독교의 성장을 위한 타당성 구조를 구축해 온 내러티브들이 급속도로 약화하는 시대적 변화를 직면하고 있다.

---

5 Ibid., 72.
6 Ibid., 72-73.

2. 한국 기독교가 대면해야 할 문화적 내러티브

종교사회학자 정재영은 한국교회가 10년의 미래를 내다볼 때 마주해야 할 사회적 현상으로 가족 형태의 다변화, 다문화 사회, 경제 양극화와 대안 경제 운동, 정보화 사회, 네트워크 시대, 한반도 통일 등의 이슈들을 제시한다.[7]

각각의 현상들은 교회의 복음 사역이 대면하고 대답해야 할 중요한 상황이자 의제들이다. 여기에 최근에 부쩍 관심을 일으키는 페미니즘과 이방인의 문제가 추가될 수 있을 것이다. 기독교가 그리스와 로마 문명을 거쳐 유럽에 공적, 제도적 종교로 정착되고, 미국으로 건너와 문화적 기독교를 이루었고, 한국 사회로 전파되면서 반공과 근대화 시대에 한국인의 심성과 열망 가운데 상황화(contextualization) 되었다.

이러한 상황화의 과정은 우리가 의식하든, 의식하지 못하든 필수적으로 발생하게 되어 있다. 상황화는 기독교의 핵심적 진리를 변경하거나 대치하는 문제가 아니라, 오히려 핵심적 가르침을 재해석하고 새롭게 발견하는 과제를 요청한다.

한국 기독교는 20세기 한국 사회가 직면한 안보와 생존의 문제, 가난의 탈출과 경제 성장의 과제, 활력과 위로를 주는 문화적 공급처의 역할을 넘어서는 새로운 사회적, 문화적 과제들을 이해하고 기독교의 표현과 이미지들을 재조율해야 하는 상황에 놓여 있다. 또한

---

[7] 정재영, 『한국교회, 10년의 미래』(서울: SFC, 2012).

복음이 오늘날의 상황과 도전에 어떻게 응답해야 할지를 숙의해야 한다. 그러기위해서는 먼저 21세기 사회가 던지는 질문과 도전들이 무엇인지를 알아야 한다.

리더십 전문가인 론 하이페츠(Ron Heifetz)는 리더십이 발휘되어야 할 두 가지 과제를 분류한다.

첫째, 기술적 도전(technical challenge)이다.

기술적 도전이란 마치 TV 리모컨이 작동 안 될 때 배터리를 교체하는 식으로 주어진 매뉴얼에 따라서 기술적으로 문제를 해결하는 차원이다. 여기서는 나를 바꿔야 할 도전이 없다.

둘째, 더 심각한 과제는 적응적 도전(adaptive challenge)이다.

예를 들어, 자녀가 사춘기에 이르면 부모는 그동안 익숙했던 대화법이나 아이와의 관계를 재조정해야 한다. 급격하게 변화하는 자녀와의 관계를 원만하게 이끌기 위해서는 부모 자신이 바뀌어야 한다. 사춘기 아이에게 필요한 부모의 역할과 자세는 이전과는 다른 국면을 맞는다. 똑같은 사랑과 책임의 관계이지만 자율적이고 인내를 수반하는 표현 방식이어야 한다.

지금 한국교회가 안고 있는 과제도 바로 이와 같은 적응적 도전이다. 21세기의 한국 사회는 복음이 응답해야 할 새로운 질문을 던지고 있다. 인문학자 도정일은 2007년에 행한 강연에서 21세기 한국인의 정신세계를 지배하고 있는 서사(narrative)로 '공포의 문화'와 '선망의 문화'를 꼽았다. 그는 이렇게 말한다.

이들 두 가지 문화는 서로 연결되어 있다. 공포의 정신 상태가 결정적으로 대두한 것은 97년 금융 위기 때의 '노숙자' 현상에서부터지만, 고용 불안과 비정규직의 일반화, 항시적인 실직의 위험, 사회적 열패자로 전락할 가능성의 상존… 이런 불안과 두려움은 지금도 상당수 한국인을 공포의 문화 속으로 밀어 넣고 있다.…
'선망의 문화'도 있다. 지금 우리 사회의 한쪽에는 높은 연봉과 물질적 성공을 자랑하는 사람들이 있고 다른 한쪽에는 그 반대 상황에 놓인 사람들이 있다. 매체들은 눈만 뜨면 '억대 연봉'의 사람들을 만인의 '모델'로 추어올리면서 그들처럼 되지 않으면 바보, 무능력자, 열패자라는 듯이 일방적인 '성공의 서사'를 퍼뜨린다.
소비의 신화는 이제 한국이 풍요 사회이다, 풍요 사회에서는 누구나 맘껏 소비할 수 있고 그래야 인간 품위가 올라간다는 식의 신화를 확산시킨다. 한쪽에는 불안과 공포와 방황이 있고 다른 한쪽에는 성공, 소비, 풍요의 신화가 있다. 문제는 이런 양극 사회에서 사람들이 "나도 뒤쳐질 수 없다"는 강박에 짓눌리고 성공 서사의 '모델'을 따라가려는 '선망의 문화'에 사로잡힌다.[8]

도정일의 지적처럼 현대 한국인들의 정신 세계를 사로잡는 문화적 내러티브가 선망과 공포라면, 이는 그 자체로 사람들이 의식하고 추구하는 내러티브가 아니라 좌절된 내러티브의 결과로 나타난 문화현상으로 보는 게 더 정확할 것이다. 즉, 선망과 공포의 서사는 사

---

8 http://www.pressian.com/news/article.html?no=86147

람들이 합리적으로 지향하는 내러티브라기보다는 자신들의 기대와 기준을 배신하는 어긋난 상황 속에 내쳐진 많은 한국인들의 삶의 결론이다.

사람들은 성공, 소비, 풍요의 서사를 좇아가다 선망과 공포의 서사라는 막다른 골목에 이르게 된다. 현재 한국 사회에서는 여전히 이러한 성공과 소비의 서사가 횡행하는 가운데, 선망과 공포의 도식에 자신을 빠트리지 않으려는 몸부림도 일어나고 있다.

원래 한국인의 정서는 타인의 시선에 대한 민감성이 높다. 인간은 다른 사람이 나를 어떻게 보느냐에 따라서 자존감이 높아지기도 하고, 낮아지기도 하기 마련이지만, 한국인은 전통적 집단주의 문화로 인해 사회적 유행에 획일적으로 자신을 맞추려는 강박증이 더욱 심하다. 예를 들어, 2018년 평창동계올림픽 즈음해서 검은색 롱패딩 열풍이 일자 너도나도 거의 같은 색상, 같은 길이의 롱패딩을 입고 다니면서 거리를 나가보면 (특히 젊은이들 사이에서) 마치 유니폼을 입고 다니는 듯한 모습을 연출한 것이다.

앞서 말한 것처럼 최근 한국 사회에서 개인 존중 문화의 바람이 불고 있는 것은 사실이다. 하지만 원래부터 동질적 집단주의 문화가 정서의 기반을 이루고 있는 한국인들은 공동체 속에서 자신을 평가하는 습관에 여전히 젖어 있다. 선망과 공포의 서사는 바로 이와 같이 자신만의 독자적 삶의 길을 추구하는 데 익숙하지 않은 한국인들에게 더 잘 침투할 수 있다.

이와 같은 현대 한국 사회의 선망-공포 내러티브 속에서 사람들은 우울증과 극단적으로는 자살의 증가로 나타나는 병리적 삶의 태도로 빠져들거나, 아니면 시대의 흐름에 아랑곳하지 않고 포기하는 달관의 태도를 취할 수 있다. 현재 20대 연령의 세대는 일컬어 '88만 원 세대'라고 경제적 좌절감을 반영하는 용어로 불린다.[9] 혹은 취업, 결혼, 출산 등을 포기하는 삼포 세대, 칠포 세대라는 매우 우울하고 비관적인 명칭들이 유행하다가, 아예 요즘에는 이 모든 좌절과 포기를 초연하게 받아들이며 현재를 즐기는 삶의 양식을 드러내는 '달관 세대'라는 용어도 나온다.

이러한 문화적 내러티브 속에서 기독교는 어떻게 적응하고 대응하느냐가 관건이 될 것이다. 과거에 안보 불안, 경제적 취약, 문화적 결핍 속에서 친미, 반공, 성장 기독교가 한국 현대사에서 상황화된 버전이라고 한다면, 이제는 더 이상 위기 인성과 성장 신화에 부응한 기독교 내러티브가 타당성 구조를 유지하기가 힘들어졌다고 봐야 할 것이다.

온도와 차원은 다를지라도, 인생과 사회에서 위기는 늘 경험하기 마련이다. 과거에는 안보와 경제라는 외부 환경의 위기에 대한 대응이 시급한 과제였다면, 현재 한국 사회는 개인의 정체성과 독립성을 지켜주고 존중해 주기를 바라는 열망이 더욱 점증하고 있다.

과거의 대중문화는 시대적 상황에서의 불안감을 진정시키고 해소하는 역할을 해주었다면, 이제는 자신을 맘껏 드러내고 표현하는 글로벌 디지털 양식으로 이동하고 있다. 특히, 젊은 세대에게서 자

---

9 최샛별, 『한국의 세대 연대기』. 최샛별은 광범위한 자료 수집과 연구를 통해 현대 한국인의 세대를 88만 원 세대, X세대, 베이비붐 세대, 산업화 세대로 객관적 지표에 따라 구분하였다.

기 중심적 성향이 무척 강하게 드러나는데, 이는 단순히 이기주의라 기보다는 개인존중주의라는 표현이 더욱 적절할 것이다.[10] 개별성의 존중, 각 사람이 지니고 있는 취향과 가치를 있는 그대로 인정하고 존중해 주는 문화는 젊은 세대뿐 아니라 장년층으로도 더욱 확산될 조짐을 보이고 있다.

과거에는 전통이나 집단을 위해서 개인의 의견이나 사정이 묻히는 것을 당연하게 여겼지만, 이제는 그와 같은 일률적 관행이 통용되기 힘든 사회로 접어들고 있다. 이러한 개인존중주의는 부정적인 측면에서 개인주의나 이기주의로 흐를 수도 있지만, 어떤 의미에서는 개별성이 존중받으며 공공의 예의와 관용이 세워지는 전환점이 될 수도 있다.

한국 사회의 집단주의와 연줄 문화에 대한 '자발적 거절'로서 젊은 세대들은 점점 '혼자'를 선택하는 것이다.[11] 그렇다면 기독교는 이러한 개인존중의 내러티브를 찾고 그 개인을 존중하는 공적 구조의 메시지를 전통이나 교리에서 재발견하는 과제를 안고 있을 것이다. 이는 기독교의 핵심적 가르침을 변경하거나 간과하는 것과는 전혀 다른 문제이다.

새로운 상황과 문화적 내러티브를 정직하게 파악함으로서, 기독교 복음의 풍성함과 다양성을 새롭게 발견하는 과제이다. 이전에 간과했던 복음의 요소들을 재발견하는 것이다. 오히려 과거의 패러다임에서 복음을 제한적으로 이해했던 한계를 넘어서는, 그래서 복음

---

10 타파크로스, 『빅데이터로 보는 밀레니얼 세대』(서울: 북투데이, 2017), 146.
11 Ibid., 232.

을 더 풍성하고 심오하게 과제라 할 수 있다. 각 사람의 다양성과 개성을 존중하고 이해하며 개별적이고 인격적으로 기독교를 전하는 메시지와 사역의 양식이 요청되는 것이다.

개신교 종교개혁은 하나님과 개인의 직접적 관계를 강조하면서 발전했다. 이는 중세 천주교의 사제주의나 성직주의와는 다른 양상으로서 신자 개개인이 성경을 읽고 하나님과의 책임 있는 관계를 발전시키는 것이었다. 그렇다고 기독교가 사적인 종교성으로 축소되지는 않았다. 존 칼빈의 제네바 개혁에서 나타난 것처럼, 기독교 신앙이 제도와 권력에 기생하는 것이 아니라 도시를 재건하는 공적 비전으로서의 마중물 역할을 하기도 했다.

이러한 비전은 하나님의 총괄적인 영역 주권과 개개인이 하나님 앞에서 고유한 소명과 은사를 지니고 있다는 강력한 신념이 있었기에 가능했다. 개인의 존중과 청지기적 사명을 강조했던 개신교 사상이 현대 한국의 기독교 성장에서는 내세 구원주의에 머무르는 모습을 보이기도 했다. 개개인의 가치보다는 종교의 집단적 목표가 더욱 중요하게 강조되었다. 신앙에 대한 개인적 회의와 질문을 정직하게 다루기보다는 관습적 신앙의 틀 안에서 무조건 믿고 따라야 한다는 분위기가 더욱 팽배했었다.

그렇다면 21세기 상황에서 기독교 신앙이 진지하게 고려해야 하는 것은 군중 집회적 영성보다는 신앙의 개별성과 인격성, 그리고 공공성이 아니겠는가?[12]

---

12 유현준, 『도시는 무엇으로 사는가』(서울: 을유문화사, 2015), 164.

따라서 교회는 외부 공간과의 접점이 부족하고 폐쇄적인 느낌을 줄 수 있는데, 그는 이러한 모습이 전도를 중시하는 개신교의 기본 방향에 부합되지 않는다는 흥미로운 지적을 한다.[13] 건축학적 측면에서 교회와 절의 차이는 단순히 얼마나 종교를 알리고 사람들에게 개방적이냐의 문제보다도, 한국 기독교가 개인을 존중하고 개인을 위한 공간과 자유를 허락하는 데 익숙하지 않음을 드러낸다는 것이 중요하다.

본서에서 계속 논의했듯이, 지난 20세기 한국의 기독교는 근대화와 산업화, 그리고 반공이데올로기의 통제 사회 속에서 가장 효율적으로 동원되는 인적 기반을 이루었다. 그런데 현재 21세기 한국 사회에서 개인의 자유와 존중이 시대 가치로 부상하자 기독교는 이에 대응할만한 축적된 역량이 부족한 것이다. 최근에 일어나는 여러 가지 사회적 쟁점인 페미니즘, 다양성 존중, 소수자 인권 등은 바로 그간의 전통 윤리와 제도적 관습으로부터 개인을 발견하고 자기의 특수성을 존중 받겠다는 문화적 투쟁이라 할 수 있다.

이러한 개인존중의 문화를 21세기 한국 기독교는 어떻게 해석하고 수용, 보완할 것인가?

이 문제가 중요한 과제로 떠올랐으며, 이는 지난 수십 년간 익숙했던 패턴과는 전혀 다른 기독교의 상황화를 요구한다. 이는 새로운 문화적 요구에 기독교를 맞추자는 것이 아니라, 복음의 새로운 해석적 과제가 한국 기독교에 주어졌다는 것이다.

---

[13] Ibid., 165.

3. 한국 기독교의 책임과 과제

한국 기독교는 현대 문화의 변동을 공정하고 진지하게 파악해야 할 과제뿐 아니라, 엄중한 사회적 책무의 과제도 지니고 있다. 종교가 한 사회 안에서 자리매김을 하려면 특정한 전략적 입장을 취할 수밖에 없다.

강인철은 이를 '헤게모니 전략,' '영향력 전략,' '생존 전략'이라는 세 가지 태도로 분류한다. 한국 역사에서 기독교는 초기에는 생존 전략을 사용할 수밖에 없었지만, 점점 근대화를 이루면서 영향력 전략을 구사하게 된다. 그런데 영향력이 높은 종교가 사회에서 공신력을 잃을 경우 이는 선교의 위기와 쇠퇴로 이어질 수 있음을 그는 지적한다.[14]

2005년 통계청의 종교 인구 조사에서 개신교가 3대 종교 가운데 유일하게 감소하여 교계에 상당한 충격을 주기도 했지만, 그전에도 한국 역사에서 개신교가 쇠퇴했던 사례가 두 차례 있었다.[15]

첫 번째 시기는 1940년부터 1945년까지로서, 이전까지 개신교는 계속 성장을 해 오다가 소폭 퇴보하는 양상을 보인다. 이 시기를 평가하자면, 일제의 신사참배 강제와 우리 사회에 대한 수탈이 극심해지는 때였다. 그런데 한국교회 지도자들 상당수와 교단들이 신사참배에 굴종하고, 일제의 통치권에 순응하는 모습을 보여줌으로서, 한국 기독교는 식민지의 백성에게 희망이 되기에 역력히 부족했다.

---
14 강인철,『한국의 종교, 정치, 국가: 1945-2012』(서울: 한신대학교, 2013), 364.
15 Ibid., 361-362. 이하의 내용은 강인철의 진단을 빌린다.

두 번째로 기독교가 쇠퇴한 시기는 1955년부터 1962년까지이다. 이 당시 기독교 신자수의 감소는 충격적이라 할 만큼 급진적인 추락 양상을 보인다. 아마도 한국 기독교사에서 가장 뚜렷하고 파격적인 쇠퇴의 시기일 것이다.

이 시기에 무슨 일이 일어난 것일까?

이때는 이승만 정권의 말기와 몰락, 그리고 새로운 정권이 들어서기 직전이었다. 당시의 정권에서는 장로인 이승만 대통령과 그의 측근 이기붕을 중심으로 한 기독교인들이 독주하던 상황이었다. 전체 사회에서 기독교 인구의 비중은 높지 않았으나, 기독교인들 중심의 정부였고, 또한 미국이 한국의 강력한 우방이자 배경이었던 만큼 그러한 현상은 아주 낯설지 않았다. 하지만, 이승만 정부의 실정과 학정으로 인해 민심은 급속도로 이반되었으며, 이는 동시에 교회에 대한 실망으로 이어졌다.

이 기간의 기독교 쇠퇴는 결국 한 종교가 그 사회에서 높은 영향력에도 불구하고, 공신력을 획득하는 데 실패할 경우 교세의 확장과 선교에서 얼마나 부정적인 결과를 보여 준다. 높은 영향력과 낮은 공신력의 위험한 결합은 우리로 하여금 기독교의 미래에 대해서 각성하게 만든다.

강인철이 통렬하게 지적한 것처럼, 문제는 개신교의 공신력 하락으로 인한 교세 위축의 직격탄을 맞는 이들은 규모의 힘으로 유지 가능한 대형교회들이 아니라, 엉뚱하게도 공신력 하락 과정에 거의 책임이 없는 중, 소형교회들과 개척을 꿈꾸는 목회자 후보생들이라는 점이다. 결국 '행복한 가해자'와 '엉뚱한 피해자'라는 어처구니없

는 구도가 생겨나고 만다.[16]

그나마 대형교회들은 기존 신자들을 위한 종교적 보호의 울타리로서 그 존재감을 지키고 있지만, 중, 소형교회들은 기독교에 비우호적 시대 정신의 등장에 실질적 피해를 받고 있는 것이다. 문제는 개신교의 공신력 하락에 책임 있는 일부 대형교회들이 한국 기독교를 가장 대표하는 것으로 비쳐진다는 점이다.

한국 사회에서 기독교가 지니는 타당성 구조는 약화되며 좁아지고 있는데, 여전히 목소리가 큰 종교라면 그것은 비속어로 '꼰대들의 종교'가 되어버릴 것이다. 최근 한국 사회에 불고 있는 소수자 감수성과 개별성 존중 문화는 획일적이고 집단적인 성장주의에 익숙한 한국 기독교에 상당히 생소하고 위협적으로 느껴질 수밖에 없다. 그리고 한국교회가 이에 대한 깊이 있는 분석과 신중한 비판이 아닌, 무조건적인 거부와 정죄로만 대응한다면 기독교는 소통을 기대하기 힘든 게토화된 집단으로 비쳐질 것이다.

한국의 기독교는 이미 도입기부터 지속적인 상황화를 통해서 한국 사회에 정착했다. 한국 기독교의 경이적인 성장은 자발적, 비자발적 효과적 상황화의 과정을 빼놓고서는 설명이 불가능할 정도이다. 본서의 분석 키워드인 '타당성 구조'는 한국 기독교가 불교 및 유교의 지배력 약화 속에서 하나의 문명 질서로서, 대안 체계로서 기존 유교와 불교의 관습과 신념을 흡수해가면서, 또한 서구 문명이 낳은 현대 대중문화의 틈바구니에서 적응하면서 성장을 이루어 간

---

[16] Ibid., 365.

과정을 설명하는 하나의 틀이었다.

한국 기독교는 새로운 문명 체계로 다가왔고, 생존의 반공주의를 이끈 가장 큰 세력이었으며, 국가 주도의 근대화에 가장 충실한 협력자이자, 국민적 계몽과 생명력이 요청되던 당시에 강력한 후견자였다. 또한 서구문화의 주된 학습 통로로서 문화적 유연성을 배경으로 한국의 현대 문화적 발전에도 상응하는 영향력을 행사했다.

그러나 최근 서구의 탈 기독교 세계 현상이 뚜렷해지고 포스트모더니즘의 가치들이 확산되면서 한국 기독교도 이러한 타당성 구조를 재고해야 할 시점에 처했다. 그 동안 한국 사회는 기독교가 국교이거나 지배 세력까지는 아니었으나, 영미교회들의 패턴을 따라 현대사회의 발전 속에서 기독교가 새로운 타당성 구조로서 부상했다.

19세기와 20세기 초반 영적 각성을 통해 성장했던 영미교회들의 영향을 받은 한국교회도 20세기 초반과 중반에 폭발적 성장을 경험한다. 20세기 중반 이후로 영국교회가 먼저, 그리고 미국교회가 그 전철을 밟아가며 쇠퇴해왔는데, 한국교회는 20세기 후반부터 성장의 둔화를 경험하다가 21세기 들어서 뚜렷한 감소세를 보이고 있다.

이러한 현상은 아마도 한국교회들이 영미교회와 선교사들로부터 상당한 영향을 받으면서, 동질적인 하위 구조를 이루고 있음을 반영한다. 현재 한국교회가 당면한 마이너스 성장, 전도의 어려움, 대 사회적 신뢰도 저하, 심지어 속출하는 교회 건물의 파산 등도 서구교회의 전철을 밟고 있는 현상임은 부인할 수 없다.

비록 한국교회가 오랜 역사에 기반을 둔 '정착된 기독교 세계'는 아니지만, 근대화와 더불어 기독교가 사회적 영향력을 확대했던 '잠정적 기독교 세계'를 경험했다고 볼 수 있다. 서구 문물과 기독교는 동시에 한반도에 도래했으며, 전통 유교 질서가 붕괴되면서 식민 통치와 공산화의 위협을 물리치고 근대화를 이루는 데 기독교가 지대한 역할을 한 것은 사실이다. 물론 한국 사회와 문화에서 기독교가 지배적 영향력을 발휘하는 규범 체제가 됐던 적은 없었다.

세상의 질서와 차별되는 하나님 나라의 가치가 전면적으로 구현된 적은 더욱 없었다. 하지만 '우월한' 서구 문명을 대변하는 기독교(특히 미국교회의 기독교 중심주의)의 세례를 받으면서, 한국교회 안에 어느덧 기독교 세계의 습관과 논리를 내재화시키려는 착시 현상이 일어난 것으로 보인다. 우리 사회의 중심부에 기독교인들이 다수 포진하고 있다는 인식은 자칫 규모와 힘으로 복음을 대변하려는 패권적 선교 의식을 형성할 수도 있다.

그러나 최근 급증하는 개신교에 비우호적인 분위기와 명백한 신앙이탈의 움직임들(가나안 교인 현상, 차세대 기독교의 위기 등)은 이러한 착시 현상에서 우리를 깨워 준다.

구한말과 일제강점기에 서민의 영적 동반자로 성장했고 근대화와 한국 사회 문화의 발전기를 함께 했던 한국 기독교는 어느덧 현대 한국인들의 의식과 삶의 필요와는 동떨어진 채, 기독교 세계의 표지인 종교적 특권과 안전 의식 안에 머물러 있던 것이 아닌가?

이와 동시에 새로운 교회를 모색하는 움직임도 일어나고 있다. 제3시대 그리스도교 연구실장 김진호는 '변방의 교회들'이 오늘날 한국 기독교의 현실을 재해석하기 시작했다고 한다. 그는 변방의 교회들이 자폐적 성공을 추구하는 큰 교회가 아니라 작음을 향유하고 이웃과 공공적 가치를 나누는 수평적 삶을 추진한다고 평한다.

> 목사와 신자의 거리 두기가 해체된 교회는 수평적 관계를 적극적으로 해석한 예배 형식과 내용을 발전시켰다. 또 예배당을 종교적으로 변별된 공간이 아니라 삶과 뒤섞인 공간으로 채워갔다. 나아가 이웃들과 간격 없이 직면한 교회는 이웃과 '밥'을 나누고 '가치'를 나누는 생활의 동료로서 살아가려 한다(「경향신문」 2017년 10월 27일 "개혁의 몸짓 '변방의 교회들'").

이러한 움직임은 비단 작은 교회들에 국한되지 않는다. 기성교회들 중에서도 규모에 관계 없이 지역 공동체 및 마을과 연대하며 교회의 사회적 책무, 공공 역할을 회복하려는 노력들이 더욱더 중요하게 인식되고 있다.[17] 이제 한국교회는 다시 세상의 주변부에서 하나님 나라를 소망하는 거류민이자 나그네로서의 자기 정체성을 재발견하며 겸손하고 소박하게 선교적 공동체의 소명에 천착하는 과제를 품게 되었다. 이는 기존의 교회의 지위가 흔들리는 위기이기도 하지만, 교회를 신선하게 표현하는 새로운 선교적 기회가 될 수도 있다.

지난 2015년의 지표상 개신교 성장과 달리, 한국 사회에서 기독교에 대한 비호감 정도는 계속해서 높아졌다. 이를 타개하기 위해 여러 전략과 해법들이 등장하겠지만, 한국의 현대 역사 속에서 기독교가 사회, 문화적으로 어떠한 역할을 감당했는지에 대한 이해와 그

---

[17] 이러한 현상과 사례들을 보기 위해서는, 정재영의 『함께 살아나는 마을과 교회』(서울: SFC, 2018)를 추천한다.

리고 현재의 문화 패러다임 속에서 기독교가 어떻게 상황화 되어 타당성 구조를 재조정할 것인가에 대한 관심과 연구가 시급히 요청된다는 것을 깊이 인식해야 할 것이다.

그리고 새로운 타당성 구조는 대안적 도시공동체의 필요성, 개별성의 존중, 소수자에 대한 배려와 존중과 같은 현대의 문화적 요구에 어떤 식으로든 응답해야할 것이다

4. 한국 기독교의 전망

최근에 개인적으로 만난 한국교회의 한 지도자는 국민소득 3만 불과 인구 5천만이 넘는 경제 대국의 상황에서 기독교 성장은 용이하지 않을 것이라는 전망을 내놓았다. 한국 기독교도 쇠퇴했던 서구 교회의 전철을 밟는 것이 역사적 순리라고까지 말했다.

정말 그렇게 될까?

이에 대해서는 그 누구도 쉽게 예측할 수 없겠지만, 필자는 지나친 낙관이나 비관 모두 경계해야 한다고 본다.

우선 한국의 기독교는 서구에 비해서 역사가 짧다. 수백 년에 걸쳐서 계몽주의와 인본주의가 낳은 불가지론과 무신론 사상이 깊이 좌정한 서구 사회와 이제 130년의 기독교 역사를 재성찰하게 된 한국 사회가 같은 상황이라고 보기는 힘들다. 실제로 서구 기독교 역사에서도 여러 차례에 걸쳐 교세의 부침이 존재했다.

종교사회학자 로드니 스타크(Rodney Stark)는 종교의 발흥과 쇠퇴

를 경제적 원리로 조명하고 해석한 바 있다. 특히 미국의 역사에서 종교들이 어떻게 부침해왔는지를 진단하는데, 그는 독과점 경제가 지배하면 자생적인 경쟁력이 약화되듯이, 종교 시장에서도 특정 종교나 교단이 독과점을 하게 되면 종교의 시장이 확장될 수 없다고 주장한다.[18] 한 두 종교가 아니라 여러 독립적인 종교 단체들이 경쟁할 때 종교의 활성화가 일어날 수 있다는 것이다. 흔히 미국 사회가 한때는 거의 모든 사람들이 교회를 다녔다가 최근에 와서 기독교가 약화된 줄로 생각하곤 하는데, 실제는 그렇지 않다.

독립 전쟁 직전에는 미국인의 17%만 교회에 다녔고, 남북 전쟁 즈음에 37%까지 올라갔으며 1906년에는 인구의 절반 이상이, 1980년대 경에는 교회 출석자 비율이 62%에 이른 것으로 나타난다.[19] 오히려 20세기 중반과 후반에서야 미국에서 교회 출석자들은 역대 가장 높은 수치를 보였다.

왜 이러한 현상이 나왔을까?

청교도들이 세운 나라인 미국에서 오히려 초기에 교회 출석자가 더 적었던 이유는, 종교적으로 소수파인 그들이 미국인의 공적인 삶을 지배했기 때문이다. 뉴잉글랜드 지역에서는 청교도들의 회중교회주의가 국교였고 세금을 내는 모든 사람으로부터 후원을 받았다.[20] 그래서 실제와 달리 거주민 수가 곧 교인수라는 환상을 가졌다. 19세기 이후로 독점 교단이었던 회중교회주의와 미국성공회는 급속도

---

18 로드니 스타크, 『미국 종교시장에서의 승자와 패자: 1776-2005』, 손현선 역 (서울: 서로사랑, 2009), 33.
19 Ibid., 50.
20 Ibid., 55.

로 교세가 줄었고, 신생 교단들인 감리교와 침례교, 오순절, 천주교 등이 성장하기 시작한다.[21]

전통적인 교단들이 쇠퇴할 때, 새로운 신앙의 표현 운동들이 일어났고, 침례교와 감리교, 그리고 부흥주의 운동은 죄, 회개, 인격적 결단, 은사, 지옥 불과 같은 구원의 주제들을 강조하면서 미국 사회에서 혁신적으로 기독교의 성장을 이끌어냈다.[22] 최근 20세기 후반의 미국 교회 지형에서는 복음주의 성향의 독립교회들이 새로운 예배 스타일과 실용적 메시지들을 개발하며 교세의 확장을 일으키기도 하였다. 그러나 이러한 새로운 교회 성장 운동들이 형태의 혁신을 일으키긴 했으나, 자신들의 교리를 현대화하고 일시적인 가치들(temporary values)을 수용할 때는 쇠퇴의 위험에 처한다고 스타크는 경고한다.

"지난 200년 이상의 미국 역사에 있어서 가장 빠른 성장을 보여주었던 것은 희생을 요구한 분파들이었다."[23]

자기 종교의 요구가 높은 것이 종교 성공의 충분한 조건은 아니지만, 종교가 활력을 찾는데 꼭 필요한 요건이기 때문이다. 특정 종교가 영향력이 높아진 상황에서 당위나 강제라는 원리를 채택할수록, 해당 종교는 실질적인 장악력을 잃어간다. 또한, 종교가 고유한 교리와 생활 양식과 관련해서 구별되게 요구하는 것이 없을 때 사람들은 그 종교에 대한 지속적 헌신을 할 이유를 찾을 수 없게 된다.

로마 제국 당시 초기 기독교에서 세례를 받아 신자가 되기까지 오

21　Ibid., 96.
22　Ibid., 136.
23　Ibid. 367.

늘날과는 비교가 안 될 정도의 오랜 기간과 훈련이 요구되었고 이것이 초기 기독교의 기이한 성장을 끌어내는 견인차 역할을 했음에 유의해야 한다.[24]

미국 기독교의 청소년화에 대한 연구를 했던 토마스 버글러(Thomas Bergler)는 미국의 복음주의교회들이 1950년대와 60년대에 형성된 새로운 청소년 문화의 유행에 맞춰 형성된 청소년 사역의 특징과 역동성을 수용하면서 성숙과 헌신이라는 신앙의 더 깊은 가치를 잃고 있다고 지적한 바 있다.[25]

기독교 신앙에서의 전통 교리와 제도를 경시하는 풍조는 일시적으로 (특히, 젊은) 사람들을 교회로 끌어들이는 데 효과적일 수 있지만, 그들이 신앙을 지속해서 유지하며 신앙공동체의 소속감을 느끼게 하기는 힘들 수 있다. 21세기에 들어서 20세기 후반의 르네상스를 맛보았던 미국의 복음주의 기독교가 점점 쇠퇴하는 양상이 나타나는 것도 이와 연관된 것으로 보인다.

다시 말하면, 시대의 가치관과 타당성 구조의 변화를 종교는 정직하게 이해하고 이에 대응해야 한다. 그러나 기독교가 지니고 있는 핵심적인 신앙의 내용과 요구를 변경하고 시대의 조류에 적응시키는 일은 신중해야 한다. 기독교를 표현하는 방식과 소통의 틀은 바꿀 필요가 있다.

그렇다고 형식만 바꾸고 내용은 과거의 것을 그대로 유지해야 한

---

24 로마 제국 시대 초기 기독교의 성장과 엄격한 신앙 입문의 관계에 대해서는 필자의 졸고인 『전도의 유산』(서울: SFC, 2014)의 2장과 3장을 참조하라.
25 Thomas Bergler, *The Juvenilization of American Christianity* (Grand Rapids: Eerdmans, 2012), 4-5.

다는 것은 아니다. 내용에서의 변화가 필요한데, 그것은 새로운 문법으로 기독교의 핵심 진리를 담아내는 것이다. 이는 복음의 상황화라는 진중한 과제를 요청한다.

예를 들어, 미국 뉴욕 맨해튼에서 세속적이고, 포스트모던적인 세대를 위해 효과적인 복음 사역을 해왔던 팀 켈러(Tim Keller)는 현대인의 개인 자유와 자아 정체성이라는 가치 추구는 기독교 복음의 핵심인 '그리스도 안에서 주어지는 것'이라는 가르침 안에서 최고로 발견될 수 있다고 했다. 따라서 그는 정체성은 성취하는 것이 아니라 받은 것임을 전하는 것이 기독교이며, 이는 자기 보존과 인정의 노력으로 피로한 현대인들에게 좋은 소식이 될 수 있다고 주장한다.[26]

한국 기독교가 과거에는 집단의 구원과 보호의 후견인이자 사회, 경제적 성장의 견인차 역할을 했다면, 오늘날에는 개인의 독특성과 정체성을 존중하고 보호해 주고 사람들의 깊은 내면을 어루만지고 치유하는 역할의 과제를 안고 있다.

개인주의와 자아주의에 순응하는 기독교로 바뀌어야 한다는 것이 아니다. 여기서 구원자 예수 그리스도와 하나님 나라의 소망이라는 메시지는 변하지 않는다. 그리스도의 제자가 되어 세상 속에서 증인의 삶을 살아가는 소명도 그대로 간직된다. 오히려 선교적으로 시대의 문화와 더 깊게 대화하고, 시대 정신의 중심에 놓여 있는 인본주의적 가치관과 대면해서 예수 그리스도의 십자가와 부활이 좋은 소식임을 더욱 설득력 있게 전달해야 할 과제를 안고 있는 것이다.

---

26 팀 켈러, 『팀 켈러의 답이 되는 기독교』, 오종향 역 (서울: 두란노, 2018), 194-196.

나가면서

다시 한국 기독교의 성장을 생각한다

성장이란 무엇인가?

본서에서 필자는 지금까지 성장을 단편적인 의미로 다루어 왔다. 한국 기독교가 수적, 양적으로 증가하여 사회적 영향력이 강력해진 궤적을 추적하고자 했다. 그리고 한국교회는 성장의 한계와 쇠퇴를 몸소 겪고 있는 중이다. 지금까지 외형적 팽창을 구가해 왔던 교회의 성장 패러다임은 이제 시대의 비우호적 환경 속에서 재고를 해야 하는 시점이 되었다. 한때 목회자들 사이에서 가장 인기 있었던 '교회성장학'은 한국교회를 병들게 했던 주된 원인으로 비판받고 있다.

필자는 교회의 성장 그 자체가 비판받아야 할 대상은 아니라고 본다. 큰 교회는 문제가 있고, 작은 교회는 그 자체로 선이라는 이분법은 현실을 지나치게 단순화시키는 방식이다. 그럼에도 불구하고, 교회 성장학은 한국 사회의 성장주의 패러다임과 짝을 이루며 교회의 대형화를 지고한 가치로 만들어 온 것이 사실이다. 그러한 가운데 지금 한국교회는 지난 시대의 병폐로 주목받는 교회 성장을 공공연하게 추구할 수 없는 상황에서, 기독교의 새로운 길을 모색해야 할 처지에 놓여 있다.

하지만 목회자들과 교회의 구성원들은 (대부분의 조직이 그렇듯이) 건강한 성장에 대한 관심을 포기할 수도 없는 상황이다. 이 지점에서 필자는 성장을 다시 생각해보고자 한다. 교회 성장학에서 말하는 마케팅과 사회과학의 방법론을 이용해서 사람들을 교회로 더 많이 모이게 하는 차원을 넘어서는 진정한 성장의 의미를 고민해야 한다고 본다.

그렇다면 성장이라는 단어의 부정적인 용법을 피하면서, 인간과 사회에 요구되는 진정한 성장의 의미를 어떻게 발견할 수 있을까? 한국 기독교에 적용할 수 있는 성장의 다른 차원은 무엇일까?

필자는 교육 평론가 엄기호의 책에서 그 단서를 찾고자 한다. 그는 한국 사회에서 이질성과 단절, 파편화된 삶이 증가하는 현실을 지적하면서, 성장이라는 단어의 의미를 깊이 있게 회고한다.

> 사람은 자신이 질서라고 믿는 한계 바깥에 더 큰 질서가 있다는 것을 알고 그 '낯선/모르는 것'과의 만남을 통해 성장할 수 있다.… 성장이란 낯선 환경을 만나 여러 방법을 시도해 보면서 재적응해 가는 과정이다. 낯선 환경이란 사물뿐 아니라 사람을 둘러싼 관계 전반을 일컫는다.[1]

---

1 엄기호, 『단속사회: 쉴 새 없이 접속하고 끊임없이 차단한다』(파주: 창비, 2014), 240-242.

여기서 엄기호는 '성장'을 낯설고 새로운 현상과의 만남에서 배우고 적응해 가는 과정으로 묘사하고 있다. 지금 우리 사회는 문화적 변화의 거친 세파를 안고 있다. 전통적 생활방식과 가치관의 장악력이 급속도로 약해지면서 사회적, 세대적 혼란과 갈등이 일어나고 있으며, 기독교는 구시대의 유물과 같은 도덕성과 가치관에 사회적 변화에도 아랑곳 않고 완고하게 똬리를 틀고 있는 것처럼 보인다.

이는 새로운 세대에게 기독교를 대화가 불가능한 실체, 기득권의 관습적인 전통만을 고수하는 세력으로 비쳐지게 한다. 또한 기독교계 일각에서는 새로운 사회적 어젠다인 복지 사회, 공정 경제, 다문화, 다원주의, 여성과 소수자 권리 등을 위협적으로 여기면서 공공연하게 혐오와 공포를 보이기도 한다.

물론 여기에는 기독교 신앙의 절대적 기준과 특수한 복음을 수호하려는 선의도 있다. 그러나 기독교는 비기독교적 질서와 대립하고 투쟁하며, 세상을 기독교적으로 바꾸려 하기보다는, 세상 속에서 신실하게 현존하는 것이 예수 그리스도의 가르침(하나님 나라를 보여주는 누룩과 겨자씨 원리)에 더욱 부합된다. 우리가 신중하고 책임있게 품어야 할 과제는 새롭게 변화하는 시대와 문화 환경 속에서도 인생의 가장 깊은 지점을 어루만지는 불변하는 복음을 적실하게 표현하는 선교적 태도를 견지하는 것이다.

기독교의 성장을 달리 생각해봐야 한다. 한국교회는 그동안 교회성장학의 큰 혜택을 보았지만, 또한 그 폐해도 오롯이 겪고 있다. 교회가 하나의 기업, 심지어는 대기업과 같은 조직을 닮아가면서 신자유주의 시대의 힘겨운 삶을 견뎌야 하는 민초들에게 위로와 희망이 아닌 실망과 좌절을 양산하고 있다.

　일부이긴 하지만, 부유한 교회들과 지도자들의 모습은 하루하루를 힘겹고 치열하게 살아가야 하는 많은 사람들과는 동떨어진 그들만의 리그로 비쳐지고 있는 것은 아닌가?

　게다가 교회는 우리 사회에서 도덕적으로 뿐 아니라, 정치, 경제적으로도 가장 보수적 좌표를 점하는 것으로 간주된다. 근래에 한국 사회는 촛불 혁명을 통해 드러났듯이, 공평과 정의의 가치와 기대가 한층 높아졌다. 이는 단순히 정치적 이념의 차이가 아니라, 공정한 사회와 인간에 대한 존중에 대한 요구가 높아졌음을 시사한다. 최근의 선거와 여론 조사를 통해 드러난 다수 민심이 요구하는 바는 좌우 정치 이념의 권력 교체가 아니라, 견제 없는 경제 양극화와 부도덕한 권위주의에 대한 강력한 시정이었다.

　그런데 몇몇 한국교회들과 지도자들은 이러한 시대 정신의 흐름에서 엉뚱하게 권위주의 정권의 도구로 이용된 해묵은 반공 이데올로기를 고수하고 구시대의 기득권 세력과 합세하는 모습을 보여 주면서 교회가 마치 청산되어야 할 과거의 유물 같은 집단이라는 인상을 심어 주고 있다. 교회가 보수나 진보 어느 한 진영에 밀착되어서는 신앙의 순수성과 초월성을 통해 사람들에게 근원적인 희망을 줄 수 없다.

　일부 대형교회들은 태극기 집회에 교인들을 동원하였고, 보수 기독교 지도자들 중에는 상대적으로 진보적인 정권에 극히 적대적인 발언과 행동을 보이는 이들이 많았다. 하지만 흥미로운 점은 한국교회가 마치 보수의 가장 오른편을 지키는 보루처럼 비쳐졌지만, 실제 개신교인들의 정치적 성향은 그처럼 비쳐졌던 모습과는 다르다는 점이다. 지난 2017년 대선의 출구 여론 조사를 종교별로 보면, 개신교인들의 지지 후보는 문재인(39.3%), 안철수(25.9%), 홍준표(21.5%) 순으로 나타나면서 전체 유권자의 지지 성향과 큰 차이를 내지 않았다.

천주교인들은 문재인(46.6%), 안철수(21.8%), 홍준표(20.1%) 후보 순이었으며, 불교인들이 홍준표(35.5%), 문재인(33.7%), 안철수(18.7%) 후보 순으로 가장 보수 성향을 보였다. 이념 성향에서도 개신교인은 중도가 36.0%로 가장 많았고, 보수가 29.7%, 진보가 29.0%이었다. 불교는 보수 36.7%, 중도 35.6%, 진보 20.5%로 나타났으며 가톨릭은 중도 39.9%, 보수 27.8%, 진보 27.1%인 것으로 조사됐다(「기독교연합신문」 2017년 5월 12일자 기사 참조).

단편적 사례일수도 있겠지만, 이러한 결과는 개신교가 가장 완강한 보수적 집단일 것이라는 통념과 다소 어긋난다. 사회 전면에서 극 보수적인 이미지로 비쳐지는 개신교 지도자들과 평범한 개신교인들 사이에 사회, 정치 문제에 대한 인식차가 상당하리라는 추론이 가능하다. 이는 다른 조사들을 통해서 더욱 개연성이 높아진다.

2107년 한국 기독교 언론포럼에서 발표한 바에 따르면, 종교인 과세에 대한 개신교 여론조사에서 목회자의 62.2%, 개신교인의 70.1%가 찬성하는 것으로 나타났다. 전 국민의 80% 이상이 찬성하는 것에 비하면 약간 낮기는 하지만. 일부 교계 지도자들이 기독교에 대한 위협이라며 공공연하게 반대했던 것과는 더 많은 다른 정서가 존재함을 시사한다.

2018년 4월에 한국기독교 사회문제 연구원에서 발표한 "2018 주요 사회 현안에 대한 개신교인 인식조사"를 보면, 개신교인들이 비

개신교인들과 비교할 때 동성애를 제외한 일반적인 사회, 정치적 현안들인 개헌의 필요성, 선호하는 통치 구조, 남북관계에 대한 인식에 있어서 의견의 차이가 크지 않은 것으로 나타났다. 남북의 통일에 대해서는 개신교인들이 비개신교인들에 비해 훨씬 더 적극적인 태도를 보였으며(57.3% vs. 46.5%), 통일에 상대적으로 무관심하다는 20대의 경우 개신교인이 비개신교인에 비해 2배 이상 통일에 찬성하는 입장이 나왔다. 동성애에 관해서는 개신교인들의 53.5%가 죄로 인식하기 때문에 비개신교인들(18.5%)의 인식 보다 훨씬 부정적이다.

그러나 필자는 이와 같은 현저한 차이는 한국 개신교에 끼친 청교도적 윤리신앙의 영향력에 기인한다고 본다. 또한 이러한 개인 윤리에 대한 강조가 반드시 기독교의 공공적 역할을 축소하거나 약화시킨다고 볼 수도 없다. 구한말과 일제강점기에 기독교가 우리 사회에 금주, 금연, 금욕, 절약, 교육 등의 운동을 주도하면서 절망과 암울에 빠진 우리 민족에게 자기 갱신과 희망의 동력으로서 역할을 했던 것도 사실이기 때문이다.

다수의 개신교인들이 동성애와 같이 개인 윤리와 관련된 문제에 대해서는 신앙의 관점에서 보수적 입장을 견지하는 것을 사회, 정치적 이념 성향 때문으로 단정하긴 힘들다. 일부 교회 지도자들이 주창하는 과거의 안보논리와 강경한 보수이념 성향이 개신교들의 여론을 선도하는 것도 아니다.

이러한 인식 차이가 교회의 사회적 신뢰도 저하, 가나안 교인의 증가라는 현상을 만들어 내고 있는 것은 아닐까?

이는 한편으로 지난 20세기 중후반 한국 기독교의 성장을 이끌었던 주요 동력들에 대한 진지한 성찰을 요청하게 한다. 반공주의와 번영주의로 채색되었던 한국교회의 성장 동력이 재검토될 필요가 있다. 과거와 같이 물질과 규모의 성장을 추구하는 기독교가 아니라 소소한 일에서 만족을 느낄 줄 알고 자신과 다른 사람들을 이해하고 수용하는 관계적 성장이 필요하다.

한국 기독교는 성장을 위한 새로운 도전과 마주하고 있다. 그것은 개인과 타자에 대한 존중, 공정, 환대, 상호 연대 등과 같은 21세기의 가치들이다. 이러한 가치들을 불온하게 취급하며 적대시하는 것은 사실상 기독교의 본질을 수호하려는 몸부림이 아니라 특정한 사회와 문화에서 형성된 기독교의 형태에 집착하는 것이다.

새로운 21세기의 가치들을 무비판적으로 수용하자는 것이 아니다. 기독교는 그와 같은 신흥 가치들에 어떤 식으로든 대답을 해야 한다. 평가를 하고 대답을 주기 전에 먼저 이해해야 한다. 그래야만 더욱 깊은 복음의 변증을 이끌어 낼 수 있다.

기독교의 본질을 충실히 보존해 온 텍스트와 전통을 오늘날의 질문들과 상황 속에서 다시 읽어야 한다. 거기로부터 종교가 제공하는 구원의 메시지가 신선하게 발견될 것이며, 그 메시지를 표현하고 사람들과 연결시키는 구원의 방법이 무엇인지를 고민할 수 있게 될 것이다. 최근에 일어나는 선교적 교회, 지역 공동체, 사회적 목회, 환대적 선교 등은 이러한 고민에 대한 응답이기도 하다. 그러나 시대의 요청에 대한 민감한 응답과 형태의 혁신만으로는 부족하다. 새로운 상황 속에서도 인간의 불변하는 질문인 인간됨과 삶의 의미, 죽음과 존재 등에 대한 기독교의 고유하고 초월적인 메시지를 연결시키지 못한다면 교회는 일시적으로 종교적 버전의 사회 운동으로 주목은 끌 수 있어도 지속가능하지 못할 것이다.

한국 기독교는 새로운 상황 속에서 성장의 과제를 안고 있다. 여기서의 성장은 외형적으로 측정 가능한 수량적 성장이 아니라, 현대 인간의 질문과 고민을 깊이 헤아리고 복음으로 조우하며 교회 스스로도 새로운 신학적 질문을 던지며 자기 갱신하는 성장을 의미한다. 그와 같은 성장이라면 여전히 한국 기독교가 고민하고 모색할 만한 가치가 있을 것이다. 그래서 이제 한국 기독교에는 새로운 성장이 필요하다. 그동안 외형적 성장을 넘어서는 질적 성장, 영적 성장 등의 제안들은 나왔다. 그러나 필자가 의미하는 성장은 시대의 변화 속에서 기독교의 정체성과 관계를 성장시키는 것이다.

성장이라는 개념 자체를 더 깊게 성찰해야 한다. 새로운 사회, 문화적 상황 속에서 기독교의 메시지를 해석하고 연결하는 역량의 성장을 말한다. 급속도로 변화하는 시대 속에서 혼란스러워 하는 이들, 인간의 자기결정과 자아존중이 숭배되는 사회 속에서 소외감과 낮은 자존감으로 힘들어 하는 이들, 그리고 물질 기술 문명의 화려함 속에서 열패감에 짓눌리는 이들에게 삶의 변혁과 새로운 희망을 비쳐 주는 기독교 복음의 성장과 확장이 필요하다.

교회의 외형적 규모에서 성장이 아닌, 우리의 곁을 세심하게 둘러보고 낯선 상황과 사람들을 끌어안는 그러한 성장으로 사고의 전환이 필요하다. 과거에는 교회가 경제적 발전의 희망을 얻고 격동의 시대를 통과할 수 있는 위로와 보호를 제공함으로 성장했다면, 지금의 성장은 다양성과 개성을 이해하고 존중하면서, 동시에 기독교적 해석과 정립을 해주는 결이 다른 성장이어야 한다. 이를 위해서는 대규모의 동원을 통한 성장은 원초적 종교성을 자극하는 집단주의적 방식이 아닌 한 거의 어려울 것이다.

따라서 기독교는 이전과 달리 공동체적이고 관계적이며 인격적인 모임으로서, 가정과 이웃에서, 일터와 삶의 현장에서 다양하고 신선한 표현의 신앙 운동으로 전개되어야 할 것이다. 그리고 그 중심에는 역사 속에서 구원과 변혁의 실마리가 되신 예수 그리스도의 임재가 경험되어야 한다. 그것이 20세기의 성장 시대를 회고하며, 21세기의 새로운 성장을 전망해야 하는 한국 기독교의 과제이다.

참고 문헌

국내 저자

강인철. 『종교와 군대』 서울: 현실문화, 2017.
_____. 『한국의 종교, 정치, 국가: 1945-2012』 서울: 한신대학교, 2013.
강준만. 『한국 현대사 산책 1960년대편: 4. 19혁명에서 3선 개헌까지』 서울: 인물과 사상사, 2004.
강 헌. 『강 헌의 한국대중문화사 2』 파주: 이봄, 2016.
권문상. 『부흥어게인 1906』(서울: 브니엘, 2010)
김덕영. 『환원근대』 서울: 길, 2014.
김동춘. 『전쟁정치』 서울: 길, 2013.
김민웅. "자본주의의 한계, 문화가 메워야 한다." 「시사저널」(1997. 2.13/20).
김선일. "초기 한국 교회의 성장 동력으로서 성경에 관한 연구." 「개혁신학 24호」 2013년 12월: 35-57
_____. "한국교회 초기 전도의 순례자 전통." 「목회와 신학」 2014년 9월: 70-75.
_____. "오래된 미래적 관점에서 보는 차세대 복음화." 「복음과 선교 20」(2012년 4권): 9-39.
_____. "선교적 교회론의 복음주의적 수용연구: 실천신학적 관점에서." 「복음과 실천신학」 제36권 (2015. 8): 147-183.
_____. 『전도의 유산: 오래된 복음의 미래』 서울: SFC, 2014.
김예림 편. 『한국의 근대성과 기독교의 문화정치』 서울: 혜안, 2016.
김인수. 『한국기독교회사』 서울: 한국장로교출판사, 2003.
김정수. 『한글의 역사와 미래』 서울: 열화당, 1990.
김진호. "종교인구 문제의 '황당함'과 '곤혹스러움'." 제 3시대 그리스도교 연구소 제 199차 월례포럼 (2017.02.06.).
김진호 외. 『권력과 교회』 파주: 창비사, 2018.

김찬호.『모멸감』서울: 문학과 지성사, 2014.
김태형.『불안증폭사회』서울: 위즈덤하우스, 2010.
김홍수.『한국 전쟁과 기복신앙 확산 연구』서울: 한국기독교역사연구소, 1999.
노영상, "한국교회의 대사회적 이미지와 신뢰성 실추 원인에 대한 분석과 이미지 제고 및 교회의 임파워먼트에 대한 방안." 기독교윤리연구소 (2009년 6월).
류대영.『한국 근현대사와 기독교』서울: 푸른역사, 2009.
민경배.『한국 기독교회사: 한국 민족교회 형성 과정사』서울: 연세대학교 출판부, 2007.
박기덕 편.『한국의 국가전략 2020』성남: 세종연구소, 2000.
박영호.『중국 기독교 선교를 위한 전략』미국 풀러신학교 목회학박사 미출간 논문, 2012.
박지선.『우리동네: Welcome to Our Town』부산: 평상필름, 2010.
배병삼.『우리에게 유교란 무엇인가』서울: 녹색평론, 2012.
송인규 편.『한국교회와 여성탐구』서울: IVP, 2013.
송호근.『한국인의 평등주의, 그 마음의 습관』서울: 삼성경제연구소, 2006.
_____.『인민의 탄생』서울: 민음사, 2011.
신동원. "변강쇠가로 읽는 성, 병, 주검의 문화사."「역사비평」67호 (2004): 307-332.
양금희.『교회학교 진단 침체와 부흥』서울: 쿰란출판사, 2008.
양미강. "초기 전도부인의 신앙과 활동."「한국기독교와 역사」제2호 (1992년): 91-109.
_____. "참여와 배제의 관점에서 본 전도부인에 관한 연구."「한국기독교와 역사」6호 (1997년): 139-179.
양현혜.『근대 한·일 관계사 속의 기독교』서울: 이화여자대학교출판부, 2009.
엄기호,『단속사회: 쉴 새 없이 접속하고 끊임없이 차단한다』파주: 창비, 2014.
옥성득.『다시 쓰는 초대 한국교회사』서울: 새물결플러스, 2016.
_____. "구역본 성경전서(1911)의 번역, 출판, 반포의 역사적 의미." 한글성경 완역 및 출간 100주년 기념 학술 심포지엄, 2011.
유현준.『도시는 무엇으로 사는가』서울: 을유문화사, 2015.
_____.『어디서 살 것인가』서울: 을유문화사, 2018.
윤정란.『한국 전쟁과 기독교』파주: 한울, 2015.
이길용.『종교로 읽는 한국 사회』서울: 꽃자리, 2016.

이규연 외.『대한민국 파워엘리트』서울: 황금나침반, 2006.
이덕주. "초기 내한 선교사들의 신앙과 신학."「한국기독교와 역사 6」(1997.2): 30-59.
_____.『한국 기독교인들의 개종이야기』서울: 전망사, 1990.
이만열.『한국 기독교 수용사 연구』서울: 두레시대, 1998.
이만열 외.『한국 기독교와 민족운동』서울: 보성사, 1986.
이영미.『한국 대중가요사』서울: 민속원, 2006.
이원규.『종교의 세속화: 사회학적 관점』서울: 대한기독교출판사, 1987.
장석만.『한국 근대종교란 무엇인가?』서울: 모시는사람들, 2017.
장석주.『나는 문학이다』고양: 나무이야기. 2009.
장석주·김정란·남진우·오형엽. "다시 '현대성'이 문제다."「현대시」8권 (1997년 3월).
정정훈. "87년형 복음주의의 종언(終焉)과 전화(轉化)를 위하여" 제3시대 그리스도교연구소 제 149차 월례포럼 (2012.1.30.).
장성진. "초기 한국개신교 역사에 나타난 전도부인의 주요한 공헌."「한국기독교역사연구소소식지」(2006년 7월).
전석원. "1884~1910년의 급성전염병에 대한 개신교 의료선교사업: 개항기 조선인의 질병관, 의료체계에 대한 계몽주의적 접근."「한국기독교와 역사」제36권 (2012년 3월): 227-268.
정수복.『한국인의 문화적 문법』서울: 생각의 나무, 2007.
정정훈. "87년형 복음주의의 종언(終焉)과 전화(轉化)를 위하여." 제3시대 그리스도교연구소 제 149차 월례포럼(2012.1.30.)에서 발표된 글.
정재영.『교회 안나가는 그리스도인: 가나안 성도를 어떻게 이해할 것인가?』서울: IVP, 2016.
_____.『한국교회, 10년의 미래』서울: SFC, 2012.
_____.『함께 살아나는 마을과 교회』서울: SFC, 2018.
조재국. "초기 기독교수용의 성격에 관한 한일 비교 연구."「신학과 실천」제41호 (2014년 가을): 487-513.
조형준. "우리가 언제 근대를 살았던가."「세계의 문학」83 (1997년 봄호).
최 은. "한국영화에 나타난 기독교 이미지 사를 보다."「목회와 신학」(2008년 1월호).
최정운.『한국인의 발견』서울: 미지북스, 2016.

최준식.『한국의 종교, 문화로 읽는다 1』서울: 사계절, 2011.
_____.『한국인을 춤추게 하라』서울: 사계절, 2007.
최현종.『한국 종교인구 변동에 관한 연구』부천: 서울신학대학교출판부, 2011.
타파크로스.『빅데이터로 보는 밀레니얼 세대』서울: 북투데이, 2017.
탁석산.『한국인은 무엇으로 사는가』서울: 창비, 2008.
학원복음화협의회 편.『청년 트렌드 리포트』서울: IVP, 2017.
한경구. "위기의 인성과 21세기 한국 사회."「열린지성」8호 (2000년).
한국기독교목회자협의회 편.『한국 기독교 분석리포트: 2018 한국인의 종교생활과 의식조사』서울: URD, 2018.
_____ 편.『한국기독교 분석리포트 2013』서울: URD, 2013.
한국기독교역사연구소.『한국기독교의 역사 I』서울: 기독교문사, 1994.
한국기독교역사학회.『한국 기독교 역사 III』서울: 한국기독교역사연구소, 2009.
한미라.『개신교 교회교육』서울: 대한기독교서회, 2005.
황상민. "한국 사회의 세대집단에 대한 심리학적 탐색: 전이적 공존 관점을 통한 대학생 집단의 세대 이미지 분석."「한국심리학회지: 사회 및 성격」16권 3호 (2002): 75-93.
_____. "세대집단의 가치로 구분된 라이프 스타일 유형과 그에 따른 권위주의 성향의 비교."「한국심리학회지: 사회 및 성격」17권 2호 (2003): 17-33.
_____. "한국인의 라이프 스타일과 세대의 심리적 정체성: '세대 차이' 연구를 위한 심리학적 모델."「한국심리학회지: 사회 및 성격」18권 2호 (2004): 31-47.

번역 서적

나카무라 시토시.『일본 기독교 선교의 역사』박창수 역. 서울: 홍성사, 2016.
로드니 스타크.『기독교의 발흥』손현선 역. 서울: 좋은씨앗, 2016.
_____.『미국 종교 시장에서의 승자와 패자: 1776-2005』김태식 역. 서울: 서로사랑, 2009.
아사미 마사카즈·안정원.『한국 기독교, 어떻게 국가적 종교가 되었는가』서울: 책과함께, 2015.
클리포드 기어츠.『문화의 해석』문옥표 역. 서울: 까치글방, 2009.
팀 켈러.『팀 켈러의 센터처치』오종향 역. 서울: 두란노, 2016.

_____. 『팀 켈러의 답이 되는 기독교』 윤종석 역. 서울: 두란노, 2018.
패트리셔 에버딘. 『메가트렌드 2010』 윤여중 역. 서울: 청림출판, 2006.

영문 서적

Bergler, Thomas. *The Juvenilization of American Christianity*. Grand Rapids: Eerdmans, 2012.
Dyrness, William. *How Does America Hear the Gospel?* Grand Rapids: Eerdmans, 1997.
Gabler, Neal. *Life the Movie: How Entertainment Conquered Reality*. New York: Vintage Books, 1998.
McKnight, Scot. *Turning to Jesus: The Sociology of Conversion in the Gospels*. Louisville, KY: WJK, 2002.
McGavran, Donald. *Understanding Church Growth*. Grand Rapids: Eerdmans, 1990.
Philips, Timothy R. & Dennis L. Okholm ed. *Christian Apologetics in the Postmodern World*. Downers Grove: IVP, 1995.
Rambo, Lewis. *Understanding Religious Conversion*. New Heaven: Yale University Press, 1993.
Smith, James K. *Who's Afraid of Postmodernism*. Grand Rapids: Baker, 2006.
Stark, Rodney. *Cities of God: The Real Story of How Christianity Became an Urban Movement and Conquered Rome*. New York: HarperOne, 2006.
Tillich, Paul. *Theology of Culture*. London: Oxford University Press, 1959.
Tocqueville, Alexis de. *Democracy in America*. Ed. J. P. Mayer. Trans. George Lawrence. New York: Anchor, 1969.
Wagner, Peter. *Leading Your Church Into Growth*. Grand Rapids: Baker Books, 1984.
Wuthnow, Robert. *After Heaven: Spirituality in America Since the 1950s*. Berkley and Los Angeles: University of California Press, 1998.